« Le mode d'être artistique d'une œuvre peinte est celui qu'elle tient de l'artiste et de l'art auxquels elle doit d'exister.
Le mode d'être esthétique d'une peinture est celui qu'elle tient de l'expérience par laquelle et dans laquelle elle est appréhendée comme œuvre d'art ».

Étienne Gilson de l'Académie française
fondateur de la collection

la philosophie analytique de l'art

dans la même collection

Jacques AUMONT, *Le montreur d'ombre*, 160 pages, 2012.

Éric ALLIEZ, avec la collaboration de Jean-Clet MARTIN, L'*œil-cerveau. Nouvelles histoires de la peinture moderne*, 480 pages, 2007.

Laure BLANC-BENON, *La question du réalisme en peinture. Approches contemporaines*, 384 pages, 2009.

Alain BONFAND, *Histoire de l'art et phénoménologie. Recueil de textes 1984-2008*, 448 pages, 2009.

– *Le cinéma d'Akira Kurosawa*, 204 pages, 2011.

– *Le cinéma saturé. Essai sur les relations de la peinture et des images en mouvement*, 2e éd. revue et augmentée, Vrin, 300 pages, 2011.

Fabienne BRUGÈRE, *L'expérience de la beauté. Essai sur la banalisation du beau au XVIIIe siècle*, 208 pages, 2006.

Noël CARROLL, *La philosophie des films*, avant-propos et traduction par É. Dufour, L. Jullier, A. Zielinska, 2014.

Anne-Marie CHRISTIN, *Poétique du blanc. Vide et intervalle dans la civilisation de l'alphabet*, 208 pages, 2009.

Danielle COHEN-LEVINAS, *La voix au-delà du chant. Une fenêtre aux ombres*, 320 pages, 2006.

– *L'opéra et son double*, 448 pages, 2013.

Thomas DOMMANGE, *Instruments de résurrection. Étude philosophique de* La Passion selon saint Matthieu *de J.-S. Bach*, 384 pages, 2010.

Formalisme esthétique. Prague et Vienne au XIXe siècle, textes réunis et traduits sous la direction de C. Maigné, 288 pages, 2012.

Roman INGARDEN, *Esthétique et ontologie de l'œuvre d'art*. Choix de textes (1937-1969), présentation, traduction et notes de P. Limido-Heulot, 288 pages, 2011.

– *L'œuvre architecturale*, 1945, introduction, traduction et notes de P. Limido-Heulot, 126 pages, 2013.

G.E. LESSING, *Traités sur la fable*, précédés de la *Soixante-dixième lettre*, suivis des *Fables*, édition bilingue, avant-propos de N. Rialland, postface de J.-Fr. Groulier, 224 pages, 2008.

Jacques MORIZOT, *Goodman : modèles de la symbolisation. Avant la philosophie de l'art*, 240 pages, 2012.

Frédéric POUILLAUDE, *Le désœuvrement chorégraphique. Étude sur la notion d'œuvre en danse*, 432 pages, 2009.

Roger POUIVET, *L'ontologie de l'œuvre d'art*, 272 pages, 2010.

Patricia TOUBOUL, *Instruire par l'image. Fénelon et les arts du dessin*, 336 pages, 2012.

Eugène VÉRON, *L'esthétique*, 448 pages, 2007.

Clélia ZERNIK, *L'œil et l'objectif. Psychologie de la perception à l'épreuve du style cinématographique*, 336 pages, 2012.

essais d'art et de philosophie

Karlheinz Lüdeking

la philosophie analytique de l'art

introduction et traduction par
J.-F. Groulier

Ouvrage publié avec le concours du Goethe-Institut
dans le cadre du programme franco-allemand de coopération
avec la Maison des sciences de l'homme

conception graphique
malte martin, atelier graphique
avec laurent feneau

directrice de collection :
Jacqueline Lichtenstein

6, place de la Sorbonne, Paris Ve
ISSN 0249-7913
ISBN 978-2-7116-2393-8

introduction

Parmi les recherches théoriques de l'esthétique allemande de ces trente dernières années, l'ouvrage de Karlheinz Lüdeking, *Analytische Philosophie der Kunst*, se signale par l'originalité de sa démarche. La question initiale qu'il pose est en apparence d'une extrême clarté : il s'agit de savoir comment les théoriciens analytiques anglo-saxons ont traité la question de l'essence et du statut de l'art et des jugements esthétiques. Le livre n'est pas une recherche historique sur les divers développements de la pensée esthétique telle qu'elle s'est constituée avec le *linguistic turn*, ni un exposé systématique des courants dominants des démarches analytiques, mais une analyse critique fondée sur une sorte d'inventaire méticuleux des divers arguments utilisés par des auteurs aussi différents que Morris Weitz, Frank Sibley ou Georges Dickie.

La démarche de Lüdeking se caractérise par la relation plutôt problématique qu'il entretient avec l'esthétique analytique telle qu'elle est pratiquée dans le monde anglo-saxon. A première vue, rien ne le distingue véritablement des autres chercheurs de ce courant, puisqu'il traite de problèmes théoriques identiques et recourt au même appareil conceptuel en s'appuyant sur les mêmes auteurs aujourd'hui canoniques, comme Frege et Wittgenstein. Seul Kant, auquel il se réfère souvent de manière plus discrète, fait exception. Autant le dire, les questions abordées, « le statut de l'art » ou « qu'est-ce que l'art ? », ne le distinguent guère de ses homologues américains ou anglais. On pourrait dire de Lüdeking ce que lui-même remarque à propos de Margaret Mac Donald ou de Morris Weitz, de Georges Dickie ou de Ted Cohen, à savoir qu'il est peut-être un personnage dont on ne sait s'il existe vraiment, évoluant sur cette scène de théâtre qu'il s'est construite pour nous présenter un drame philosophique où apparaissent successivement ces personnages qui nous exposent des thèses parfois déconcertantes, subtiles ou alambiquées. Il est raisonnablement possible de lire ce petit livre comme un drame philosophique, dominé par Wittgenstein que l'auteur désigne expressément comme le *deus ex machina* de cette entreprise, et où les philosophes s'affrontent avec des démonstrations complexes et des arguments incisifs jusqu'au dénouement souvent impitoyable pour les protagonistes. En risquant de paraître quelque peu emphatique, on peut dire que rien n'est peut-être plus accablant, pour ne pas dire cruel, qu'un naufrage philosophique ou disons simplement l'échec d'une théorie. L'auteur apparaît dans l'épilogue au cours duquel il répond aux critiques qui lui furent adressées et qui sont souvent l'expression d'une évidente incompréhension de sa méthode critique. Ce moment de réflexion au bout du chemin parcouru ne va pas sans une certaine amertume.

De nombreux théoriciens de l'esthétique allemande déterminent aujourd'hui leurs recherches en fonction des travaux analytiques anglo-saxons. Mais cela ne signifie pas pour autant que leurs réflexions relèvent exclusivement des méthodes de la philosophie analytique. Ce qu'il faut rappeler à propos de ces recherches, c'est que l'esthétique allemande d'inspiration analytique existe et qu'elle se déploie dans une très riche diversité d'orientations et de réseaux. Or, cette tradition semble encore méconnue, pour ne pas dire délibérément négligée : les chercheurs italiens la mentionnent rarement et les Français l'ignorent. C'est ainsi qu'évoquant la situation de l'esthétique analytique en Allemagne dans une sorte de tour d'horizon européen de la discipline, Paolo d'Angelo compare l'état des recherches en Italie (encore très modestes) avec celui de l'Allemagne[1]. Cette comparaison peut étonner venant d'un théoricien aussi érudit et précis : il existe en réalité une vieille tradition analytique de l'esthétique dans les pays de langue allemande. Peut-être même pourrait-on en cerner les premiers éléments dans Bolzano[2]. La première partie de ses *Untersuchungen* est composée d'une

1. Paolo D'Angelo, *Estetica*, Laterza, Roma-Bari, 2011.

2. Bernard Bolzano, *Untersuchungen zur Grundlegung der Äesthetik*, Frankfurt, Athenaum Verlag. 1972.

analyse qui procède par examen de chaque proposition prise isolément, en particulier les idées directrices de l'analytique du beau de Kant. Bien que cette démarche ne se situe pas dans la continuité d'une tradition, on en retrouve cependant des traces chez certains auteurs allemands, comme Lüdeking ou Kutschera. Ce dernier appartient au courant exclusivement analytique en raison des types d'argumentation qu'il développe quand il aborde les questions d'épistémologie, d'éthique, de philosophie du langage et d'esthétique, sans renoncer à certaines préoccupations spécifiques de l'esthétique allemande, comme la question des valeurs esthétiques (dans son optique radicalement réaliste). Ce que l'on peut dire de cette esthétique allemande, fortement élaborée et riche de perspectives critiques depuis vingt ou trente ans, c'est qu'elle s'est imposée peu à peu, sans doute au détriment des courants herméneutiques ou en rupture avec l'œuvre d'Adorno, de Benjamin ou de Habermas.

D'autre part, l'un des traits caractéristiques de l'esthétique « analytique » allemande est une certaine fidélité à la problématique transcendantale de Kant. Cette confrontation, qui va parfois jusqu'à une tentative de conciliation, peut sembler insolite, parfois contradictoire. Le fait est que les tentatives pour déterminer les points de jonction et les désaccords évidents entre Kant et les analytiques se trouvent dans les analyses serrées de Marcus Otto ou de Heinz Spremberg[1], mais aussi et surtout chez Lüdeking qui ne se réfère pas véritablement à Kant, mais l'associe en quelque sorte dans sa recherche non seulement des conditions de possibilité du jugement esthétique, mais de toute possibilité de formuler un énoncé sur l'art.

Il n'y a aucun paradoxe à dire que cet ouvrage que Lüdeking présente comme une introduction à l'esthétique analytique constitue un hommage indirect à Kant. Cela tient en premier lieu à ce que l'auteur a manifestement su mettre en œuvre l'idée critique dans une pratique théorique indissociable des normes logiques. Le mot critique s'applique ici en un double sens : d'une part, il s'agit d'une critique au sens courant qui a d'abord comme souci de mettre en lumière l'insuffisance de certaines positions théoriques d'un auteur en particulier; d'autre part, Lüdeking se propose d'élucider les conditions de possibilité du discours esthétique comme discours qui prétend expliquer en quoi consiste véritablement l'emploi du concept d'art

1. Marcus Otto, *Ästhetische Wertschätzung. Bausteine zu einer Theorie des Ästhetische*, Berlin, 1999; Heinz Spremberg, *Zur Aktualität der Ästhetik Immanuel Kants*, Frankfurt/M., Peter lang, 1999.

ou le jugement de valeur. Ce qui est fort peu kantien, en revanche, chez Lüdeking, c'est évidemment le postulat qu'il existe et qu'il doit exister une logique de la démarche esthétique dans les modes de justification des définitions et dans les jugements.

Selon la tradition du Cercle de Vienne, du positivisme logique (Ayer, Carnap, etc.), du premier Wittgenstein, les propositions esthétiques ne sont pas à proprement parler des propositions logiques, susceptibles de nous fournir leurs conditions de vérité. On peut même dire que pour Ayer, voire Carnap, ce ne sont tout simplement pas des propositions, et que les « expériences esthétiques » ou les jugements de valeur sur l'art relèvent tout au plus d'un comportement affectif voué à n'exprimer que de pseudo-propositions. En dépit de sa radicalité, cette thèse est loin d'avoir perdu toute sa pertinence philosophique. Mais Weitz ou Sibley se gardent bien d'être aussi catégoriques, non seulement parce que la philosophie américaine des années cinquante se dégage progressivement de l'influence du positivisme logique, celui d'un Carnap en particulier, dont on ne retrouvera guère de traces que dans la pensée de Goodman, mais également parce qu'elle découvre le rôle du langage ordinaire dans la formation de la connaissance. Les théoriciens de l'esthétique appartenant au courant du *Linguistic turn* avaient certes découvert l'intérêt de Wittgenstein pour le langage ordinaire, mais les positivistes logiques exerçaient encore sur eux une influence considérable, en particulier sur la manière même de poser les problèmes. Chez Ayer, Carnap ou Schlick, la critique des propositions esthétiques était largement centrée sur l'analyse du jugement de valeur esthétique (et éthique) qui aboutissait à une sorte de diktat, que le premier Wittgenstein reprendra un moment à son compte, à savoir que ce type de jugement ne peut être que, soit un jugement de fait, soit une pseudo-proposition, c'est-à-dire une proposition qui ressemble à une proposition « normale », mais qui n'en est pas moins parfaitement illusoire, même si elle présente un semblant de cohérence en raison de sa structure grammaticale. L'illusion est ainsi imputée à notre mauvaise compréhension de la grammaire. Ce qui a pour conséquence immédiate qu'une proposition esthétique n'acquiert ses titres de validité que si elle est dépourvue de toute dimension évaluative. On a trop oublié aujourd'hui les conséquences de cette critique des néopositivistes, qui fut dévastatrice bien qu'extraordinairement stimulante. Et aujourd'hui encore, l'idée d'accorder au jugement de valeur esthétique un minimum de validité, à défaut de vérité, provoque encore un malaise intellectuel.

Lüdeking est un esthéticien analytique allemand qui considère que les questions sur l'art et surtout sur le concept d'art, telles qu'elles ont été traitées dans les pays anglo-saxon, doivent être examinées, analysées, réfutées. Savoir si Lüdeking est un esthéticien seulement analytique, en dépit d'une certaine âpreté de ton qu'on lui a du reste reprochée, est au fond assez secondaire. Son attitude à l'égard de l'esthétique analytique ne procède ni d'une distance exclusivement critique ni d'une adhésion excessive : Lüdeking a pris au sérieux les modèles d'analyse fournis par le *Linguistic turn*, dans la mesure où ils semblaient en droit s'appliquer au domaine de l'esthétique. Son approche des textes sera donc déterminée par une extrême attention à la démarche métacritique et aux modèles d'analyse que présentent Sibley ou Weitz.

Dans le champ de l'esthétique, la notion même de métacritique se réduit à la méthode qui consiste le plus souvent à analyser la forme d'une proposition de manière à mettre en lumière les insuffisances logiques et sémantiques. Cette attitude « modeste » a cependant toutes les chances d'être fort mal comprise. Cela tient à de multiples raisons que nous rappellerons brièvement. Les habitudes intellectuelles propres à la réflexion sur l'art ou l'expérience esthétique ont le plus grand mal à se déprendre d'un certain style assertorique et d'un goût pour des affirmations qui ne se distinguent pas vraiment d'une forme oraculaire. La question de savoir en quoi consiste véritablement une proposition esthétique, c'est-à-dire quelles sont les conditions de validité des critères qui permettent de produire un énoncé pourvu de sens, n'attire l'attention des chercheurs que depuis peu de temps, du moins en France. Lüdeking élimine progressivement tout ce qui pourrait encore ressembler à des effets rhétoriques en énonçant littéralement les thèses des principaux représentants anglo-saxons selon un principe d'économie maximale. Il s'agit de mettre à plat chaque argument afin d'examiner leur validité.

Il est symptomatique que Lüdeking s'abstienne délibérément de recourir aux concepts de vérité ou d'objectivité à propos des propositions et des jugements esthétiques et qu'il s'attache presque uniquement à la validité des arguments employés. On ne saurait être plus sobre et plus minimaliste. Cette acuité critique est d'abord celle d'un sceptique, c'est-à-dire d'un théoricien qui s'interroge sérieusement sur les démonstrations qu'exige l'objet de la recherche, le concept d'art, et surtout sur les résultats obtenus. L'auteur n'appartient ni à un courant descriptiviste ni à une tendance évaluative, mais il se détermine exclusivement dans sa fonction critique, sans se préoccuper de sa propre position et des « résultats » théoriques que l'on est en droit d'attendre de sa démarche. Et cependant, le pire contresens que l'on pourrait faire à propos de ce livre serait de n'y voir qu'une sorte de pamphlet philosophique ou qu'une série de réfutations plus ou moins convaincantes. Cette recherche apporte d'importantes précisions sur un certain nombre de problèmes : les modes d'application des critères esthétiques, l'analyse des conditions d'emploi possibles d'une proposition empirique ou normative, la « logique » à l'œuvre dans la détermination du statut d'« œuvre d'art ».

Ce qui importe pour Lüdeking, c'est l'angle d'attaque que choisit un esthéticien, ses présupposés, la production d'une proposition, les justifications souvent insuffisantes. Il reprend longuement une proposition ou une démonstration, en nous montrant que le théoricien n'a pas d'autre alternative que celle que lui imposent ses propres prémisses jusqu'à ce qu'apparaissent les pétitions de principe, les évaluations implicites et les paralogismes qui invalident sérieusement les thèses soutenues.

Cette manière de procéder n'est pas sans incidences sur son écriture : Lüdeking donne à ses phrases un rythme martelé, répétitif, qui traduit parfaitement sa méthode qui consiste à rendre manifeste l'erreur et à montrer ce qui la rend possible. Si l'on pouvait se permettre une comparaison littéraire, plus précisément stylistique, on verrait dans ces répétitions d'une même idée ou d'un même argument la même insistance que met Péguy à répéter le même mot, parfois la même phrase, jusqu'à ce que l'émotion ou l'idée trouvent leur juste expression. Notre esthéticien prend une proposition d'Osborne ou de Dickie, la répète telle qu'elle s'énonce, l'inverse, en exhibe les prémisses et la reprend en la répétant encore jusqu'à rendre manifeste l'incohérence et l'erreur qui apparaît enfin dans la conclusion. L'obstination qu'apporte Lüdeking à ce genre d'opération aboutit souvent à redéfinir des distinctions devenues presque scolastiques pour les rendre plus subtiles et soudain plus efficaces.

Lüdeking est un philosophe qui ne lâche jamais sa proie (le mot n'est pas excessif quand il s'agit d'Osborne) aussi longtemps qu'il n'a pas mis en lumière l'insuffisance d'un raisonnement ou la circularité d'une démonstration. Cette approche se caractérise par ce qu'on pourrait nommer l'apparence d'une double appartenance : l'auteur entreprend de démontrer que les esthéticiens anglo-saxons échouent le plus souvent dans leurs tentatives pour déterminer le concept d'art et dans les solutions qu'ils croient apporter aux questions classiques de l'esthétique, comme celles du jugement sur l'art et les œuvres, la valeur esthétique ou la définition de l'art. Mais l'« autre » Lüdeking est celui qui recourt aux armes de ses adversaires avec une précision et une rigueur conceptuelle exceptionnelles pour dénoncer l'insuffisance des résultats de ces travaux qui ne font que restaurer les formes anciennes de l'essentialisme de l'esthétique dite traditionnelle. Sa critique ne peut être assimilée à une sorte d'opposition de principe, donc a priori, à l'esthétique analytique, dans la mesure où elle opère de l'intérieur, en mettant en lumière l'obscurité de certains présupposés, la faiblesse des inférences. L'essentiel du travail d'analyse des textes consiste à mettre au jour les erreurs manifestes, les prémisses discutables, même s'il se produit que la critique porte à faux comme c'est le cas, nous semble-t-il, lorsqu'il dénonce le caractère circulaire de la fonction du goût dans la détermination des qualités esthétiques dans l'article de Sibley sur les *Concepts esthétiques*. La « circularité sans issue » dont parle souvent Lüdeking est effectivement la marque d'une insuffisance logique, d'une obscurité dans les prémisses : elle présente toutefois l'intérêt de mettre en lumière une obstacle très difficile à surmonter et qui tient surtout aux prémisses qui impliquent des présupposés axiologiques souvent irréductibles. La circularité de la démonstration de Sibley sur les fonctions du goût et de la détermination des propriétés esthétiques a pris, avec l'abondance des commentaires qui l'ont suivie, une valeur de paradigme. En réalité, si tant de commentateurs ont dénoncé les insuffisances du raisonnement de Sibley, ce n'est pas seulement pour des raisons exclusivement logiques, mais très probablement à cause du rôle qu'il attribue au goût dans le champ de l'esthétique. Ce concept est en effet posé comme une prémisse dans la thèse de Sibley. Le goût est un postulat esthétique qui ne possède plus aujourd'hui la moindre légitimité et qui, bien que ne faisant l'objet d'aucune unanimité, n'en est pas moins un concept qui peut en droit opérer comme un postulat. C'est pourquoi il appartient en droit aux prémisses qui rendent possible la thèse de Sibley. Celle-ci aura contraint, par exemple, ceux qui entendaient réfuter Sibley à produire de nouveaux arguments, de nouvelles critiques souvent d'un grand intérêt théorique. Il faut assumer et souligner ce truisme : la fonction majeure d'une critique philosophique de toute démarche esthétique est de savoir déterminer les erreurs contenues dans ses prémisses et ses propositions et d'en tirer les conséquences. Contrairement à la majorité des esthéticiens et philosophes de l'art, Lüdeking ne rejette pas a priori le concept de goût : il le disqualifie dans la mesure où Sibley en fait une condition (mais ni nécessaire ni suffisante) de la détermination des propriétés esthétiques. Sa position devient, me semble-t-il, plus problématique lorsqu'il identifie, à propos de Kennick ou d'Osborne, le goût comme faculté de distinguer les propriétés d'une œuvre d'art à une sorte d'élitisme esthétique qui est généralement condamné par la majorité des philosophes de l'art. S'opposant aux auteurs qu'il critique comme à la « théorie traditionnelle », Lüdeking adhère lui-aussi à la topique de l'esthétique contemporaine, du moins sur quelques points (l'inusable dualisme entre les anciens et les modernes, mais formulée dans des démonstrations abstraites, le concept de beau comme concept axiologique, le goût...). Déclarer que le goût n'est pas opératoire dans la logique du jugement esthétique et que ce concept suppose plus ou moins nécessairement un certain élitisme esthétique, c'est juxtaposer deux propositions parfaitement hétérogènes. La première renvoie à un problème d'une extrême complexité, du reste rarement traité; la seconde appartient à des préoccupations politiques ou sociologiques qui ont pour fonction de court-circuiter à tout jamais la problématique du goût qui possède pourtant sa propre légitimité. Mais l'honnêteté et la rigueur de l'auteur le préservent de toutes ces confusions si fréquentes dans le champ de l'esthétique.

Les commentateurs de Lüdeking, Reinhold Schmücker[1], Marcus Otto et d'autres, n'ont pas admis l'une des conclusions du livre qui était que le concept d'art, finalement, est vide du point de vue sémantique. Pour les esthéticiens qui travaillent aujourd'hui encore sur ces problèmes, cette proposition heurte nécessairement comme une provocation. Il me semble au contraire que cette déclaration ne répond à aucune volonté de choquer, mais atteste simplement l'honnêteté et la rigueur intellectuelles de l'auteur qui tire les conséquences de toutes les tentatives de définition faites jusqu'à présent. Dire du concept d'art qu'il est vide parce qu'il est le résultat d'une détermination conceptuelle dépourvue de critères pertinents, qui ne peut trouver d'application ni pour les jugements esthétiques, ni pour l'objet lui-même, ne relève d'aucune volonté polémique, mais d'un scepticisme épistémologique qui se justifie par l'exactitude de ses démonstrations. Il

1. Reinhold Schmücker, *Was ist Künst? Eine Grundlegung*, München, Wilhelm Fink Verlag, 1998

s'agit là d'un malentendu caractéristique qui tient à l'idée qu'on se fait trop volontiers de la fonction critique dans le domaine de l'esthétique et de la philosophie. Lüdeking n'est évidemment pas à l'abri de toute critique, en particulier lorsqu'il énonce que « la propriété d'être une œuvre d'art consiste à occuper un statut honorifique », comme s'il fallait trouver une sorte de contenu minimal au concept d'art. Mais, à la fin de son livre, il affirme à juste titre, nous semble-il, que le concept d'art ne peut se définir adéquatement par sa seule fonction descriptive en vertu d'une stricte neutralité axiologique, de sorte qu'il est nécessaire de recourir à cette dimension énergiquement proscrite par la plupart des esthéticiens, analytiques ou continentaux, à savoir la valeur comme détermination constitutive du concept d'art. Il prend donc ainsi à son compte l'idée selon laquelle l'idée même de concept d'art est inintelligible et stérile aussi longtemps que l'on ne lui restitue pas sa fonction axiologique : le concept d'art est un concept axiologique. Or, Lüdeking, qui considère qu'un concept axiologique est inévitablement normatif (ce qui est déjà largement contestable), reconnaît sans réserves la légitimité du statut honorifique accordé à une œuvre d'art dans un lieu institutionnel. Dickie se contentait de déterminer un concept d'art exclusivement descriptif qui opérait dans un champ bien défini pour que se réalise la métamorphose de l'objet en une œuvre d'art « candidate à l'appréciation ». Si le concept d'art est évaluatif par définition, c'est-à-dire avec toutes ses implications culturelles, esthétiques, individuelles, comment peut-on le concilier de quelque manière que ce soit avec un « statut honorifique » qui relève d'autres procédures et d'une logique intrinsèquement différente? En voulant rappeler l'erreur originelle de la plupart des esthéticiens analytiques (il faudrait ajouter aussi des continentaux) qui avait été de chercher une définition du concept d'art et de l'art en excluant toute dimension évaluative, l'auteur réintroduit à juste titre, nous semble-t-il, un concept axiologique qui permet effectivement de mieux comprendre les modes d'application des jugements esthétiques. Mais il produit une nouvelle source de confusion en associant ce nouveau concept à un « statut honorifique », comme si ce dernier n'était pas simplement le produit d'un mode d'imposition culturelle avec ce qu'il comprend souvent d'arbitraire, de contingent et d'institutionnel. L'attribution du « statut honorifique » à un objet implique inévitablement qu'elle relève de pratiques hétérogènes et d'évaluations diverses, souvent en vertu d'intérêts différents, économiques, esthétiques, politiques, mais jamais de ce mode d'évaluation spécifique qui s'exprime précisément dans le jugement esthétique sur une œuvre. Le statut d'œuvre d'art légitimée par un lieu institutionnel suppose également des évaluations, mais ce sont des jugements de valeur qui ont été formulés par les autres. Le statut honorifique de l'œuvre d'art en question a bénéficié curieusement de l'approbation explicite des esthéticiens professionnels (Rochlitz, Monnoyer, Scheffer etc.) qui en ont fait l'un de leurs arguments. C'est un fait que chacun comprend ce qu'est une œuvre d'art dès qu'elle possède un statut honorifique sans qu'il ait besoin de comprendre autre chose. La définition de Dickie a la vertu d'une trop grande clarté : son concept d'art prétendait exclure toute dimension évaluative en se limitant à une description empirique. En réalité, pour que le concept d'art puisse s'appliquer à n'importe quel objet selon la transmission du statut honorifique, il apparaît nécessaire que cette transmission s'effectue en fonction d'une évaluation implicite et explicite. Comme d'autres tentatives de définition, celle de Dickie produit finalement un écheveau particulièrement embrouillé et qui ne sera pas sans conséquences théoriques et pratiques. Lüdeking, qui croit à la validité de la distinction entre les concepts descriptifs et les concepts évaluatifs, reproche

à Dickie d'avoir introduit subrepticement une évaluation dans la détermination du statut honorifique et surtout dans le concept classificatoire. Sur ce point, il faut admettre que les implications de l'argumentation de Dickie sont correctes : comment un concept classificatoire pourrait-il ne pas présupposer des évaluations, bien qu'elles soient déniées explicitement par l'auteur ? En voulant la réfuter, Lüdeking n'a pas vu, semble-t-il, que la définition de Dickie, pour « simple » qu'elle soit, lui tendait néanmoins un piège, à savoir que la détermination du statut honorifique *doit* bien être d'une certaine façon évaluative. Or, Lüdeking admet le postulat selon lequel la définition du concept d'art n'est acceptable *logiquement* que si elle bannit toute intervention évaluative et il se trouve par-là même contraint d'accorder que la thèse du statut honorifique doit elle-même sa propre légitimité à une normativité sociale ou officielle. Ce qui est naturellement son droit. Il ne semble pas cependant avoir entrevu une difficulté qui n'est que la conséquence de son choix. Comment réintroduire en effet la problématique spécifique du jugement de valeur esthétique après avoir investi la fonction évaluative dans le seul statut honorifique ? Le fait qu'il s'efforce plus loin de déterminer avec raison le concept d'art comme un concept axiologique n'offre pas pour autant une alternative satisfaisante.

Ce tournant dans la réflexion de Lüdeking se résume peut-être à cette ambiguïté née du souci d'apporter enfin une solution à la définition du concept d'art; il n'en est pas moins dangereux. En effet, une œuvre d'art peut être parfaitement légitime dans la mesure où elle est l'objet de tous les signes possibles de reconnaissance et posséder au suprême degré le statut d'œuvre d'art sans pour cela présenter le moindre intérêt artistique, aussi longtemps qu'elle n'est pas l'objet d'un jugement de valeur esthétique qui s'exerce librement en vertu de ses propres critères. La logique du statut honorifique et celle du concept d'art, en tant que celui-ci s'actualise dans le jugement de valeur esthétique, sont essentiellement hétérogènes et *doivent* impérativement le rester.

Que le lecteur me permette de jeter aux orties tout l'attirail de la respectable neutralité axiologique pour retrouver un instant l'attitude non-théorique du simple amateur qui s'autorise sans trop de scrupules à porter des jugements de valeur sur des œuvres. Il s'agit d'œuvres d'art qu'il remarque dans d'obscures galeries ou dans des lieux plus officiels. En ce cas, la question de savoir si ces peintures ou sculptures sont des œuvres d'art, si elles bénéficient d'un statut honorifique ou si elles possèdent les critères adéquats pour être conformes au concept d'art, ne se pose jamais. En revanche, l'attitude réflexive s'impose presque à notre insu en présence de ces productions qui jouissent d'une reconnaissance presque unanime et d'une légitimité esthétique que rien ne nous semble justifier.

Aucune œuvre d'art au XXe siècle, par exemple, n'a autant bénéficié de titres de légitimité, de reconnaissance officielle et publique que le plafond de l'opéra peint par Chagall. Un critique d'art du journal *Le Monde*, André Fermigier, écrivit un article avant que la fresque fût réalisée pour alerter les amateurs d'art de l'imminence de la catastrophe. Rien n'y fit : la fresque défigure à présent l'ancienne décoration de la salle de l'opéra en suscitant des propos naturellement admiratifs des ministres de la culture, des hommes politiques et des officiels lors de leurs visites. Étant donné la primauté que les esthéticiens accordent aux procédures de légitimation des œuvres, aux statuts d'art dans des cadres institutionnels, pour déterminer l'« articité » et la valeur artistique d'une œuvre, on se voit en quelque sorte contraint de considérer le jugement de valeur esthétique comme une activité radicalement séparée, ne possédant précisément aucun statut adéquat, faute d'une recherche théorique satisfaisante. Que l'on apprécie ou non les fresques de Chagall au palais Garnier, l'évaluation esthétique de cette œuvre se fait indépendamment du concept d'art, qu'il soit descriptif ou évaluatif, honorifique ou empirique. Après tant d'années d'opposition constante, voire de censure, à l'égard du concept de valeur et du jugement de valeur esthétique, il n'est donc pas étonnant que la définition de l'art présente encore de difficultés souvent inextricables. Je dois préciser qu'en voulant souligner l'ambigüité de notre esthéticien sur la question du statut et de la place qu'occupe l'évaluation, mon intention n'est nullement de critiquer sa méthode qui possède l'immense mérite de nous aider à voir clair dans le champ de l'esthétique philosophique.

En outre, l'une des qualités de la démarche métacritique, celle de Lüdeking mais aussi de Sibley, de Weitz ou de Cohen, c'est que, n'apportant aucun contenu déterminé en ce qui touche le rôle de l'art, elle nous laisse une totale disponibilité pour nos évaluations et nos choix artistiques. Ayant lu ces théoriciens ou Wittgenstein, je peux en dépit de tout trouver un accord avec une théorie classique de l'art ou du beau, une conception de l'ornement ou refuser l'idée toujours récurrente d'une hiérarchie des arts. Je n'ai pas et ne dois pas nécessairement adhérer à aucun contenu, à quelques exceptions près. Il n'y a donc pas lieu de reprendre la topique académique des théories de l'art : la « subjectivité » toujours réaffirmée du jugement de valeur esthétique, la relativité des propriétés des œuvres d'art, etc.

On peut l'imaginer, l'intérêt exclusif de Lüdeking pour la validité d'un bon argument n'est pas toujours de nature à susciter l'enthousiasme, particulièrement chez les jeunes lecteurs. Dans la seconde édition de son livre, Lüdeking a ajouté une postface dans laquelle il évoque avec un réel souci de franchise les réactions de ses étudiants et de ses lecteurs qui parlent d'une certaine déception après la lecture du livre et se plaignent de se retrouver les « mains vides ». Mains vides, mains pleines, ces métaphores sont finalement dangereuses car elles correspondent à cette idée si forte, si répandue, qu'un travail esthétique devrait être une sorte de voie royale pour une connaissance de l'art ou du moins nous introduire au concept d'art. Un sentiment de désillusion naît régulièrement des résultats limités de la recherche de l'esthétique analytique et fut accentué en son temps par l'affirmation de Goodman selon laquelle la démarche métacritique serait stérile. Bien que le théoricien américain n'ait pas cru bon de donner plus de précisions à une proposition pourtant lourde conséquences, on peut cependant supputer que cette prétendue stérilité des démarches analytiques tient au fait qu'elles semblent ne mener qu'à peu de résultats susceptibles de constituer quelque chose comme une connaissance du concept d'art, et encore moins de l'art lui-même. Naturellement, la méthode prise au sens d'une démarche active, consiste à rechercher dans les structures argumentatives, dans la détermination des présupposés à l'œuvre dans l'usage des mots, l'une des conditions de possibilité d'accès à la compréhension de l'art et de l'expérience esthétique. Kutschera est probablement celui qui était le plus apte à nous donner une définition d'une métaesthétique : « Parler finalement des problèmes fondamentaux de l'esthétique, de l'analyse des énoncés esthétiques et de leur justification, cela appartient à une méta-esthétique »[1]. Cette démarche ne constitue naturellement pas une esthétique à elle-seule. Il existe des esthétiques normatives, descriptives, qui ne sont parfois qu'une nouvelle version de l'esthétique dite traditionnelle sous des concepts analytiques. Les théoriciens de l'esthétique analytique allemande ont dû procéder d'une manière essentiellement différente de celle de leurs homologues américains qui devaient nécessairement construire un appareil conceptuel radicalement nouveau dans le but d'inaugurer une discipline jusqu'alors presque inexistante, alors que les premiers ont rompu avec une tradition esthétique incomparablement plus riche et indissociable des grands courants de la philosophie allemande. L'attention portée au commencement de l'esthétique analytique des années cinquante tendait à déterminer le sens de démarches complètement inédites, très étrangères aux modes de pensée métaphysiques, phénoménologiques ou herméneutiques de la philosophie d'outre-rhin, et exigeant ainsi une « conversion » philosophique particulièrement sévère.

L'un des apports de la démarche des premiers analytiques est d'avoir insisté sur le rôle des prédicats, sur la nécessité de s'interroger par exemple sur la possibilité même d'une proposition esthétique, et aussi sur des questions apparemment mineures. Cela a permis de montrer qu'il n'y a pas véritablement de problèmes essentiels en esthétique, que toute détermination des modalités d'un énoncé, tout détail jouent un rôle plus opératoire qu'il ne semble. Rien n'est plus étranger à toute recherche ontologique ou à la recherche des « problèmes fondamentaux de l'esthétique » chère à la tradition germanique que la démarche de Margaret Mac Donald, par le style philosophique qu'elle adopte. Chez elle, le souci de rigueur et de clarté

1. Franz von Kutschera, *Äesthetik*, Berlin-New York, 1989.

s'accompagne d'une modestie intellectuelle, particulièrement visible dans sa recherche d'une grande rigueur argumentative. Mais cette simplicité presque ascétique, qu'exemplifient également Isabel Hungerland ou Stuart Hampshire, n'est naturellement pas l'indice d'une faiblesse conceptuelle, voire d'un manque de vision esthétique plus large. Dans le cas de Margaret Mac Donald, les questions qu'elle pose à propos de la logique possible du discours de la critique d'art, c'est-à-dire : à quelle stratégie discursive doit nécessairement recourir le critique pour justifier ses évaluations, anticipent la somme esthétique de Monroe C. Beardsley sur ce sujet. Contrairement à certains esthéticiens, y compris Beardsley, qui ont traité la question des relations entre la philosophie et la critique d'art, elle se refuse à considérer celle-ci comme un mode de discours qui devrait être nécessairement dominé par une « souveraineté » philosophique qui prodiguerait ses conseils et ses normes propres, de sorte que la critique serait vouée à une fonction ancillaire, plus ou moins reléguée à un genre secondaire et hétérogène à la logique propre de l'esthétique. La philosophe contribue surtout à nous faire comprendre que les propositions produites par la critique d'art ont une complexité propre : la description, le jugement de valeur esthétique, l'interprétation sont des fonctions essentielles du discours qui appellent sans cesse de nouveaux éclaircissements philosophiques. Il s'agit moins de reconstruire une réflexion esthétique sur des « fondements » en procédant à un commencement radical que de se restreindre à l'analyse de quelques propositions qui présentent cependant un caractère d'évidence en apparence peu discutable.

On aura trop vu dans cette démarche une sorte de refus a priori des méthodes « continentales » qui furent longtemps dominées par un intuitionnisme intempestif ou la détermination d'une pensée a priori du beau, comme chez Nicolaï Hartmann, ou d'une ontologie de l'œuvre d'art comme chez Heidegger, alors qu'il s'agit en premier lieu d'une recherche qui tend à définir une plus grande clarté dans les mots mêmes qui contribuent à la définition des problèmes. Les premières démarches analytiques nous imposent une sorte de « diète du sens », une indifférence délibérée à l'égard des interprétations globales et des recherches toujours accordées en priorité au problème de la « signification » de l'œuvre d'art, qui constituent une source d'erreurs à peu près inépuisable. La sobriété méthodologique d'une Margaret Mc Donald ou d'un Morris Weitz est probablement ce qui a été le moins compris dans la première étape de l'esthétique analytique, celle qui a suscité le plus d'incompréhension, de sous-estimation, donc implicitement de rejet au nom d'une déception jamais véritablement formulée comme telle.

La difficulté que montre Lüdeking dans sa postface à surmonter tout à fait cette situation atteste l'existence d'un malaise touchant l'exercice du langage sur l'art et les œuvres. Weitz donne au problème une réelle consistance quand il dit que l'on devrait s'interroger moins sur le concept d'art que sur le concept lui-même. La possibilité d'un discours sur l'art se voit ainsi privé de tout caractère d'évidence.

Sans jamais abandonner la quête d'une définition adéquate, seule issue possible devant l'abondance des apories, la recherche de Lüdeking nous contraint à *entrevoir* cette difficulté originelle qui ruine toute articulation logique du discours sur l'art. Aux questions « qu'est-ce que l'art » ou « qu'est-ce que le concept d'art », se substitue peu à peu une autre question, plus préoccupante, que l'on est peut-être en droit de se poser, à savoir : une proposition esthétique est-elle seulement possible ? Or la définition de l'art est une proposition et une proposition qui doit impérativement présenter en permanence ses justifications, c'est-à-dire ses conditions de validité.

Si nous insistons sur cette forme de sobriété intellectuelle spécifique à la démarche des auteurs dont traite Lüdeking, c'est que toute une tradition de pensée esthétique, habituée à voir dans sa discipline une sorte de terre de la grande promesse, la considère plutôt comme un manque à la limite de l'indigence, donc décevante. Plus sérieusement, l'opposition à cette forme de critique qui a délibérément limité à l'extrême ses propres ambitions théoriques, s'est surtout manifestée sourdement par une volonté de « dépassement » de problèmes prétendument antérieurs et inadéquats, et a procédé à des éliminations successives de problématiques jamais véritablement analysées comme telles. L'exemple type de ce dépassement a été illustré en France par l'engouement pour les *Langages de l'art* de Goodman et *La transfiguration du Banal* de Danto, qui ont permis aux chercheurs français d'adhérer à des orientations théoriques, sans doute plus importantes, mais ne constituant qu'un aspect de ce qu'on nomme l'esthétique analytique. Contrairement au courant analytique français représenté par Morizot, Pouivet, Cometti ou Genette, l'esthétique allemande contemporaine d'inspiration analytique s'est attachée à procéder à une lecture méticuleuse et littérale des premiers auteurs des recherches anglo-saxonnes.

Lüdeking suggère que cette lecture a suscité une certaine confrontation entre l'esthétique anglo-saxonne et l'esthétique allemande, qualifiée de « traditionnelle », fortement marquée d'idéalisme et de métaphysique. Il a manifestement tenu compte de cette situation, faite souvent de méfiance réciproque, qui a abouti à une sorte de tension générant des stratégies qui mériteraient d'être enfin étudiées. L'idée trop peu développée selon laquelle l'esthétique analytique anglo-saxonne aurait construit à ses débuts une partie de son identité en s'opposant à ces lourdes machines théoriques souvent issues de l'idéalisme allemand, est plausible. On peut supposer qu'elle n'est pas étrangère à son projet critique.

Lorsque l'auteur évoque allusivement une « penaude capitulation », on ne sait s'il s'agit des continentaux, en l'occurrence les esthéticiens allemands, ou des anglo-saxons. Avec l'apport de la philosophie de l'esprit et d'une nouvelle ontologie de l'œuvre d'art, les relations entre ces courants reposent sur une sorte de statut quo qui présente une trop grande complexité pour être analysée ici. Il n'en reste pas moins que les conséquences de ces oppositions sont aujourd'hui perceptibles dans les méthodes explicitement revendiquées : les esthéticiens américains citent très rarement Kant, et presque jamais Hegel, Zimmermann ou Bolzano. Chaque chercheur considère comme parfaitement légitime le postulat d'un commencement absolu en vertu d'un principe de la table rase, même lorsque l'on aborde le concept d'art. Le refus de toute référence à l'histoire de l'esthétique « continentale », que notre esthéticien accepte à quelques nuances près, le silence systématique observé à propos de tout théoricien étranger au champ, risquent finalement de nuire à une compréhension correcte de l'esthétique analytique elle-même. Lüdeking remarque : « Il n'est pas possible de comprendre le destin de l'esthétique analytique si l'on concentre sur elle seule toute son attention. Son processus de formation et la forme qu'elle adopta, ses stratégies théoriques et ses combats ne sont compréhensibles que si l'on se fait d'abord une idée claire de la conception antagoniste *contre* laquelle elle mit en branle son appareil théorique. [...] L'esthétique analytique nomma « esthétique traditionnelle » la conception face à laquelle elle chercha à construire sa propre identité ». Naturellement, ce qu'il faut ajouter, c'est que l'absence de toute référence historique, c'est-à-dire de toute référence à ce qui pourrait ressembler à une histoire des théories esthétiques, réduit nécessairement « l'esthétique traditionnelle » en question à n'être qu'un mode de pensée, une sorte de structure intellectuelle possédant ses *topoï*, ses présupposés (en particulier essentialistes) ou, plus simplement, ses préjugés (croyance en une hiérarchie des œuvres, à la valeur intrinsèque de l'art etc.).

Cette opposition entre les recherches contemporaines, analytiques et conceptuelles, et un ensemble de conceptions plus ou moins sclérosées par la tradition continentale de la réflexion sur l'art, est elle-même produite par une situation de tensions jamais tout à fait explicitées, de rivalités propres à la période de l'après-guerre. La confrontation entre les deux courants de pensée est aujourd'hui en grande partie dépassée, pour diverses raisons qu'il ne convient pas ici d'élucider. Il n'en demeure pas moins que, sur bien des points, les querelles théoriques peuvent prendre la forme de résistances plus nuancées et plus retorses. Depuis trente ans, les esthéticiens allemands analytiques ont dû refuser l'influence hégémonique de Heidegger, Adorno ou Gadamer, et accepter en même temps certains présupposés de la démarche analytique anglo-saxonne sans pour autant adopter sans réticence la perspective analytique. Cette situation délicate n'a certes pas contribué à faire connaître des recherches d'une grande qualité, comme celles de Jens Zimmermann, Franz von Kutschera, Alexander Piecha, Manfred Lurz, Werner Strube, Marcus Otto et quelques autres. A ces noms, il faudrait ajouter celui de Hanno Rauterberg, qui a élaboré une salutaire et nécessaire critique de la critique d'art d'une très grande acuité analytique. Alors que l'esthétique de langue allemande, de Kant à Adorno, de Schelling à Gadamer, a été amplement traduite, étudiée et reconnue en France en raison de son apport philosophique, les « analytiques » que nous avons mentionnés sont réduits à n'être que de lointains représentants d'un courant de la réflexion esthétique anglo-saxonne aujourd'hui dépassé. Or, même dans ses critiques les plus mordantes, le travail analytique de Lüdeking met une lumière une pluralité de perspectives fécondes et surtout de problèmes qui ne sont toujours pas résolus, faute d'avoir toujours été suffisamment examinés. A titre d'exemple, la théorie institutionnaliste de Dickie, qui fait de toute œuvre d'art un « candidat à l'appréciation » selon un transfert de statut, a fait l'objet d'une réception pour le moins curieuse. De nombreux théoriciens ont accepté la thèse dans ce qu'elle présentait de plus simpliste, pour ne pas dire de presque rudimentaire, comme ils ont adopté son vocabulaire (la « candidature à l'appréciation », la légitimité de l'œuvre d'art par l'obtention d'un statut, etc.), sans trop s'attarder sur le fait qu'elle pouvait impliquer des points de vue d'une réelle importance théorique. La pensée esthétique de Dickie désarme parfois par sa simplicité : elle n'en a pas moins collaboré à renouveler le problème toujours récurrent des propriétés esthétiques en apportant (probablement involontairement) de l'eau au moulin de ceux qui refusent l'idée d'une propriété inhérente à l'œuvre d'art.

L'esthétique est une discipline qui se construit encore très largement en fonction d'une histoire des auteurs et, pour reprendre une distinction de Frédéric Nef, d'une histoire des concepts. « Reste que l'histoire des auteurs, écrit Nef, privilégie l'optique évaluative, où il importe de sélectionner les « bons auteurs » (ce qui permet de voir apparaître et disparaître des noms), tandis que l'histoire des concepts privilégie une optique normative, où l'on s'efforce de donner des critères de conceptualité avant d'en faire l'histoire »[1]. On ne peut trouver meilleure formule pour présenter le travail de Lüdeking. L'habitude scolaire de se référer sans cesse aux esthéticiens les plus connus et de les citer presque exclusivement aboutit à une personnalisation exagérée de la discipline, et passe sous silence quantité d'auteurs dits secondaires dont les idées et les arguments mériteraient d'être connus. En définitive, seuls les bons arguments sont intéressants.

Si l'on devait mettre en lumière la méconnaissance dont souffrent les courants allemands de l'esthétique analytique, on pourrait peut-être risquer une analogie avec le développement de la peinture allemande depuis 1945, dont la valeur et l'importance furent longtemps éclipsées par les grands courants de la peinture américaine. Seul le cinéma allemand des années soixante dix a échappé aux systèmes d'imposition anglo-saxons grâce à une reconnaissance immédiate due au festival de Cannes et à la sympathie du public. Il n'y a donc aucune raison acceptable de négliger une certain nombre de théoriciens allemands, qui ne forment certes pas une école spécifique, mais constituent assurément un moment important de l'histoire de la réflexion esthétique.

Lüdeking veut rester fidele à la prescription de Kant selon laquelle l'esthétique ne peut pas être une doctrine, mais seulement une critique. Dans tous les cas, les insuffisances des propositions, la trivialité ou la circularité des raisonnements ne s'expliquent pas seulement par les présupposés idéologiques ou les pétitions de principe. Plus l'objectivation à

1. Frédéric Nef, *Qu'est-ce que la métaphysique ?*, Paris, Gallimard, 2004, p. 368.

laquelle prétend toute définition de l'art se fait en termes généraux, comme par exemple artefact, objet intentionnel, statut d'articité, ou pire encore avec l'affreux « homologation », plus grandes sont les chances de produire une définition insuffisante ou inutilisable. La qualité philosophique des recherches produites jusqu'à présent n'est pas en cause : on peut dire sans exagération que des constructions théoriques d'une très grande rigueur, suscitant souvent une ingéniosité conceptuelle, ont été produites. Il faut souligner la sobriété intellectuelle de l'auteur qui évite de s'en prendre, comme on le fait encore trop souvent, à « l'idéologie » qui serait sous-jacente à la détermination des postulats d'une démarche théorique (référence à une tradition prétendument classique, attachement non-critique aux concept de beau ou de goût, etc.). Autrement plus fréquent aujourd'hui est le recours à l'élimination d'une théorie ancienne qui serait porteuse d'évaluations plus ou moins implicites dans les termes de la définition. On pense par exemple à cette sorte de table rase qu'effectue l'affirmation de Morizot sous la forme d'un « argument » standard à propos des théories esthétiques classiques (de Platon à Hegel) : « Toutes ces caractérisations fonctionnent en tant que « définitions honorifiques » qui déguisent sous un langage définitionnel des stipulations qui sont en réalité de nature évaluative ou prescriptive »[1].

Métaesthétique ou analytique, une méthode critique ne gagne rien en pratiquant l'exclusion d'idées ou en opérant a priori, c'est-à-dire en faisant finalement l'économie d'une argumentation réelle pour mieux servir une thèse préétablie. Pour fréquente qu'elle soit, une telle démarche n'est nullement critique : elle ne fait que mettre en lumière des préjugés jamais véritablement élucidés, des finalités implicites dont la méthode analytique avait précisément pour fonction de nous préserver. Le défaut d'une telle démarche est qu'elle n'est nullement analytique : elle transforme l'injonction légitime d'une neutralité axiologique applicable à certaines disciplines en un effet de censure qui n'est jamais véritablement justifié en tant que tel. Dire d'une proposition sur l'art qu'elle est évaluative ou métaphysique ne l'invalide pas nécessairement. Il est vrai qu'une proposition évaluative sur une œuvre d'art ou sur l'art en général implique facilement une pétition de principe ou une circularité, comme peut l'être par exemple le discours dit

1. Jacques Morizot, « Définition de l'art », dans *Dictionnaire d'esthétique et de philosophie de l'art*, Paris, A. Colin, 2007, p. 136.

« cultivé » sur des œuvres d'art appartenant à la tradition. Elle n'en est pas moins une possibilité importante pour déterminer les propriétés qui permettent d'établir l'objectivité du jugement esthétique. Cette problématique conditionne étroitement tout projet d'une définition du concept d'art. On sait que la question de la définition du concept d'art est demeurée centrale pour la réflexion esthétique jusqu'à présent et qu'elle culmine sans doute plus que jamais en vertu d'une nécessité qui n'apparaît jamais clairement. On peut remarquer que Goodman lui-même reprend telle quelle la définition standard de la trop fameuse théorie traditionnelle de l'art : « La philosophie traditionnelle de l'art est, par exemple, convaincue que le mérite esthétique doit dépendre d'une unique propriété commune à tout le bon art »[1]. Il devient extraordinairement difficile de comprendre à peu près ce qu'est la théorie traditionnelle en abordant le problème de cette manière. Et même quels auteurs sont visés par cette formule stéréotypée : Hegel, Vischer, Croce ? On comprend bien que Goodman, en bon nominaliste, ait une certaine aversion pour les essences en général, pour le beau, le jugement de goût comme jugement esthétique pertinent, pour tout vestige d'une métaphysique de l'art, mais sa proposition ne présente aucune signification philosophique particulière dans la mesure elle n'est que la répétition d'une sorte de slogan stéréotypé de l'esthétique analytique. De plus, quel philosophe de l'art, quel critique a jamais pensé que la valeur esthétique d'une œuvre d'art pouvait dépendre d'une « unique propriété commune à tout le bon art » ? L'habitude intellectuelle qui consiste à prêter à ses adversaires des thèses absurdes ou imaginaires pour mieux conforter ses propres positions philosophiques est malheureusement trop fréquente pour ne pas faire obstacle parfois à l'élaboration correcte d'un problème esthétique et en particulier à la possibilité d'une définition de l'art. La fortune qu'a connue cette construction conceptuelle qu'on nomme théorie traditionnelle de l'art relève malheureusement en grande partie de ce procédé. C'est pourquoi la lecture de Weitz ou de Mc Donald reste bénéfique : l'attention se porte sur quelques arguments soigneusement examinés, sans que jamais ne s'introduisent des connotations idéologiques ou des présupposés contestables comme celles qui réapparaitront plus tard dans le développement de l'esthétique analytique.

1. Nelson Goodman, « Changer de sujet », dans *Esthétique et connaissance. Pour changer de sujet*, Combas, Les éditions de l'éclat, 1990.

On sait que le concept d'art tel que l'élabore l'esthétique contemporaine est né des bouleversements qu'a provoqués l'apparition de l'art moderne. Le livre de Lüdeking étudie tous les efforts répétés des théoriciens de l'art pour parvenir à une définition satisfaisante de ce concept. Or, les confusions et les impasses théoriques qui jalonnent les étapes de l'esthétique exposées dans ce livre ne sont pas seulement le résultat d'erreurs logiques, elles viennent également de la tendance des auteurs à faire intervenir d'autres problématiques dans le travail de la définition du concept d'art. A cet égard, les références constantes à la théorie traditionnelle risquent parfois d'obscurcir encore une problématique déjà prise dans des nœuds difficiles à démêler.

Dans sa critique de l'essentialisme de Osborne, Lüdeking s'en prend à l'une des pièces maîtresses des théories de l'art et de l'esthétique classique, à savoir la théorie de « l'unité organique » qui a connu de multiples développements en fonction des différentes esthétiques et doctrines artistiques. Il est probable qu'Osborne connaissait le texte de Moore qui l'abordait, de son côté, dans une optique strictement philosophique. Or, Lüdeking comme Shusterman et tant d'autres esthéticiens, entreprennent d'emblée de disqualifier l'unité organique comme concept esthétique en montrant qu'elle a perdu tout pouvoir explicatif ou herméneutique pour une compréhension adéquate des œuvres modernes et contemporaines. En faisant interférer de cette manière les diverses séquences déjà très complexes en elles-mêmes de l'unité organique, qui est un concept de l'esthétique antique ou un problème philosophique de Moore, en y ajoutant la perspective spécifique d'Osborne et les analyses des esthéticiens, il est évident qu'on ne peut aboutir qu'à une extrême confusion.

En réalité, on constate que les débats sur cette unité organique de l'esthétique « traditionnelle » n'avaient pour but que de montrer simplement qu'elle ne pouvait s'appliquer aux créations récentes de l'art moderne. Bien que connaissant tous les grands moments du débat autour de ce concept esthétique, chez Beardsley ou Osborne, dont on peut retracer l'origine depuis Platon jusqu'à Schopenhauer et Nietzsche, Shusterman déclare que l'art contemporain a jeté le discrédit sur ce concept miné par une certaine sclérose : « Mais l'unité organique elle-même a dû faire face au défi radical que lui ont lancé, non sans raison, les développements récents de l'art et de l'esthétique post-modernes. Car cette notion peut avoir tendance à se fétichiser, à se glacifier en un idéal de rigidité répressive susceptible d'étouffer la créativité et l'expérimentation formelle »[1]. En vertu de quelle nécessité faut-il dévaloriser le concept d'unité organique sous prétexte qu'il pourrait exercer une quelconque répression sur la créativité? Il faudrait de longues pages, sinon un livre, pour analyser ce *topos* avec ses oppositions factices et violentes entre l'ancien et le nouveau, les théories classiques, toujours normatives et dogmatiques, et les productions de la modernité. Hors du domaine de la philosophie et de l'esthétique, l'art contemporain forme un continent de phénomènes culturels dont on peut penser ce que l'on veut, mais qui produit sa propre légitimité esthétique, sociale, voire politique dans un contexte particulièrement hétérogène. Dans ces conditions, on voit mal comment les productions contemporaines, architecturales ou picturales, étrangères ou hostiles à la tradition classique, viendraient en quelque sorte de l'extérieur invalider ou valider un concept qui possède son propre champ d'application, de l'art antique jusqu'à Chirico, Braque ou Derain, pour ne citer que quelques noms. C'est à peu près comme si l'on disait que les nouveaux procédés techniques du Pop art, ceux d'Andy Warhol en particulier, remettent en question le vieux concept d'imitation. Reste que nous savons que la plupart des théories esthétiques contemporaines construisent effectivement leurs appareils conceptuels en fonction de l'art qui s'est développé depuis Marcel Duchamp jusqu'aux créations actuelles. Pour modestes qu'elles puissent paraître, les qualités philosophiques des esthéticiens du *Linguistic turn* ont le mérite de nous ramener en permanence sur un terrain plus solide, celui de l'analyse des propositions et des contenus sémantiques susceptibles d'avoir un sens, c'est-à-dire de propositions prétendant au titre de propositions esthétiques.

Seule l'insuffisance des propositions nées de raisonnements logiques, c'est-à-dire la détermination d'un postulat défectueux ou d'une inférence erronée, doit rester l'objet central d'une analyse. Sur ce point, on peut parfois légitimement se demander si la constitution d'un langage philosophique tendant à la réalisation d'une esthétique déterminée, va en réalité beaucoup loin que les « définitions » courantes du langage ordinaire. L'appareil conceptuel est évidemment plus riche, mais qu'en est-il du contenu proprement dit? Lüdeking, qui n'admettrait pas cette hypothèse

1. Richard Shusterman, *Sous l'interprétation*, Combas, Les éditions de l'éclat, 1994.

frustrante, concentre toute la réflexion sur l'examen d'une proposition déterminée : il n'exprime aucun scepticisme épistémologique, mais un scepticisme esthétique s'appuyant sur une méthode critique déterminée ; il ne nous dit pas qu'une définition de l'art est un leurre et que l'entreprise semble vouée à l'échec et donc stérile. Il s'attache avec une rare obstination à simplement *montrer*, à décomposer et à recomposer en quelque sorte les opérations des discours qui se révèlent sans pertinence en raison de leurs propres prémisses et présupposés. La question de la définition du concept d'art devrait accorder une priorité logique au problème de la définition en tant que telle. Recourir sans cesse à une définition de la définition de l'art, c'est reconnaître implicitement que nous sommes au rouet. Sur ce point, il faut convenir que la démonstration de Weitz reste épistémologiquement exemplaire.

L'idée d'une définition de l'art est contestée par Weitz puisque « la théorie esthétique est une tentative logiquement vaine de définir ce qui ne peut pas l'être, d'énoncer les propriétés nécessaires et suffisantes de ce qui n'en a pas, de concevoir le concept d'art comme clos quand son véritable usage réel révèle et exige une ouverture. » Tout ce que nous pouvons admettre, à la suite de Wittgenstein, c'est l'existence de « ressemblances de famille » qui ne permettent pas de déterminer l'existence de propriétés nécessaires et suffisantes propres à ce que nous nommons l'art ou une œuvre d'art. Or celles-ci constituent la condition *sine qua non* d'une définition du concept d'art. Sur ce point, il faut reconnaître à Weitz le mérite de nous avoir renvoyés au cœur de la première difficulté, à savoir au fait que la possibilité de la définition elle-même souffrait d'un déficit logique majeur. Le refus de tout essentialisme ne relève d'aucun postulat métaphysique ni d'une pétition de principe, mais d'une exigence exclusivement logique. Toute la question qui s'est alors posée depuis est de savoir comment réfuter ou dépasser cette position déjà ancienne. Est-il besoin de dire que quantité de textes se sont efforcés jusqu'à aujourd'hui de surmonter la difficulté en multipliant plus que jamais les arguments et en insistant sur la nécessité d'une définition satisfaisante ? Le mérite du travail de Roger Pouivet aura du moins été de mesurer l'étendue du problème de la définition en examinant les thèses les plus contemporaines, les plus diverses, de saint-Thomas à David Wiggins et bien d'autres, en critiquant ou en exploitant chaque argument offrant une certaine positivité. En désespoir de cause, il cite la remarque peu stimulante intellectuellement de Peter Geach : « Nous connaissons des tas de choses sans être capables de définir les termes grâce auxquels nous exprimons notre connaissance. »[1]. L'objection qui dénonce l'inutilité de la définition de l'art n'est recevable que si elle repose sur une argumentation solide, comme celle de Weitz. Or, la radicalité épistémologique que cultivent aujourd'hui les esthéticiens professionnels, c'est-à-dire le rejet systématique des catégories dites traditionnelles (l'imitation, la nature ou la culture, le concept de goût tel qu'il s'actualise dans le jugement esthétique, le beau dont le statut est désormais déplorable, bref le postulat incontesté de la table rase au nom de la rigueur logique), les contraint impérativement à produire une définition enfin pertinente. Tant d'efforts souvent méritoires de la part des auteurs et l'espèce d'endurance intellectuelle qu'on exige ainsi du lecteur pour un enjeu théorique parfois improbable, justifient qu'on attende d'une définition de l'art qu'elle soit opératoire et surtout utilisable, y compris dans le champ du langage ordinaire. Il est peu probable que cette exigence ait quelque chance d'être satisfaite. Ni l'injonction réitérée de neutralité axiologique, ni l'institution comme instance légitimant l'œuvre d'art, ni le recours à l'artefact pour former une définition adéquate de l'œuvre ne préservent les théoriciens de certaines dérives et surtout d'affirmations souvent arbitraires. Une réelle rigueur logique ne permet pas nécessairement d'éviter en matière d'art et d'esthétique les jugements erronés ou, plus simplement, les préjugés, c'est-à-dire les croyances les plus enracinées. Les tentatives presque sacrilèges pour sortir des cadres formels de la définition vont jusqu'à faire référence à un objet déterminé ou à une hiérarchie des arts. Compte tenu des présupposés dominants des chercheurs contemporains, largement partagés par les analytiques et les représentants d'autres écoles (phénoménologiques ou herméneutiques), une telle opération fonctionne souvent comme un lapsus et laisse entrevoir les convictions les moins défendables et les plus âprement défendues. En d'autres termes, une définition extensionnelle de l'art, par son ambition d'embrasser le plus grand nombre d'œuvres et de genres artistiques hétérogènes sous un concept unique, est probablement celle qui est la plus exposée à mettre au jour ses propres présupposés axiologiques, ne serait-ce qu'en maintenant la distinction entre art et non art, en légitimant philosophiquement un concept de reconnaissance des œuvres dans un

1. P. Geach, *Logic Matters*, Oxford. Blackwell, 1972. Cité par R. Pouivet dans *Qu'est-ce qu'une œuvre d'art*, Paris, Vrin, 2007.

cadre institutionnel. C'est à ce genre d'écueil auquel s'expose un théoricien lorsqu'il tente de se soustraire aux contraintes logiques inhérentes à la formation d'une définition satisfaisante du concept d'art en recourant à la *nature de l'objet*, c'est-à-dire en sortant des cadres logiques qu'il est censé se donner. La démarche métacritique ou métalinguistique n'est certes pas toujours nécessaire, mais elle s'impose quand on prétend fournir à tout prix une définition du concept l'art. A défaut de cela, le recours à l'objet ressemble fâcheusement à une diversion. C'est ainsi qu'un philosophe capable d'une grande précision et parfois d'une véritable virtuosité conceptuelle comme Monnoyer se hasarde à déterminer le statut des arts qui, selon lui, présentent un déficit de reconnaissance, à savoir les arts dits mineurs, qu'il nomme curieusement des *arts dérivés* (dérivés de quoi?). Les arts décoratifs appartiennent à cette catégorie et le traitement que les esthéticiens et philosophes de l'art leur réservent en général demanderait une très longue analyse. Ce qui nous intéresse ici en premier lieu, c'est la logique qui est mise en œuvre pour analyser la situation effectivement singulière des objets en question. Et comme souvent, le langage employé ici par les théoriciens de l'art nous en apprend plus que les concepts revendiqués explicitement. « Mais plutôt que de supposer qu'un objet ne soit pas de l'art (un objet d'art) et qu'il reçoive un statut du seul fait de tomber sous la définition, – envisageons le cas des *arts dérivés* qui proposent moins de cas frontaliers ou litigieux, et beaucoup moins de cas où l'expansion créatrice de l'*ego* soit prédominante. Les arts mineurs, les arts décoratifs, les arts appliqués, dits kitsch, pompier, brut, dévotionnel, industriel et ustensilaire (tel le *design*), sont rejetés de toute évaluation correcte en vertu du fait que leur statut artistique (*art status*) n'est pas déposé et protégé : il n'est pas non plus doté de conditions non suspensives. En d'autres termes, ce statut est *révocable*, et par là même douteux, puisqu'il n'est pas révocable de droit (mais seulement toléré en marge de l'art autorisé), alors qu'il semble pour une définition institutionnelle ou intensionnelle que ce statut, une fois conféré, ne soit plus soustrait à l'œuvre aussi arbitrairement. Pourtant, ces arts ne sont pas hors statut, ni hors juridiction (ils ont leurs musées et font partie du patrimoine public). On ne peut pas ici jouer sur les usages, qui eux sont bien trop directement associés à des « formes de vie » domestiques pour concurrencer les définitions essentielles de l'art. La hiérarchie des arts dérivés réclame autant de discrimination fine que les usages impropres du mot « art » (qui sont légion) entretiennent de confusion. Bref, si le monde de l'art doit procéder d'une ségrégation intentionnelle, c'est que les arts dérivés sont généralement pauvres en intentions formulables et qu'ils souffrent d'un déficit de reconnaissance »[1]. Faute d'une définition réelle de l'art, ce texte résume en peu de lignes les manières de se soustraire aux exigences propres de la question, c'est-à-dire en définitive à la nécessité de produire ne serait-ce qu'une proposition. L'invocation réitérée des instances institutionnelles seules aptes à conforter une hiérarchie, comme l'atteste le recours constant aux notions de statut (de l'art, d'un concept ou d'une œuvre, ou, comme le disait Rainer Rochlitz, d'une œuvre *homologuée*) semble constituer la seule réponse satisfaisante. A supposer que l'on trouve scandaleuse cette conception, comme on est en droit de le penser, il nous semble qu'elle est très difficile à réfuter en raison de la logique juridique qu'elle met en œuvre (toujours le « statut », le « déficit de reconnaissance », on ne sait en vertu de quelle compétence ni dans quel contexte institutionnel).

Il appartient à la topique des esthéticiens, ceux qui se réclament d'une philosophie, de considérer les arts dits décoratifs avec condescendance. L'idée même d'insuffisance de reconnaissance dont souffriraient les arts de l'ornement ne peut avoir de sens que référée exclusivement à une certaine tradition philosophique. Or, Kant voit dans un jeu d'arabesque et de lignes une dimension esthétique d'une grande importance, alors que Hegel juge ces proliférations de formes indignes de figurer dans son système. Dans tous les cas, la signification des œuvres décoratives (un meuble de Boulle ou de Riesener, un plafond peint) ne *doit* jamais être l'objet d'un traitement conceptuel et donc d'une définition esthétique. Ces types d'exclusions arbitraires, approuvées et légitimées, relèvent davantage d'une autorité institutionnelle que d'une logique véritablement philosophique. Puisqu'il faut recourir au langage de la légitimité et de la reconnaissance, on pourrait dire que l'art du tatouage tel qu'il est intensément pratiqué aujourd'hui sur les corps des gens jeunes et moins jeunes relève des arts décoratifs, et même d'une esthétique spécifique, sans pour autant souffrir d'un quelconque « déficit de reconnaissance ». La seule légitimité que l'on puisse admettre pour ces pratiques nait du plaisir esthétique qu'elles procurent. Si l'on concède que des formes végétales ou des figures amusantes tatouées sur un

1. Jean-Maurice Monnoyer, « Le statut définitionnel et les intermittences de l'art », dans J.-P. Cometti (éd.), *Les définitions de l'art*, Bruxelles, La Lettre volée, 2004.

corps nu ont une force d'expression ou une valeur décorative, même éphémère, on ne voit pas alors à quelle utilité peuvent prétendre les hiérarchies des esthéticiens ou leurs évaluations critiques de l'ornement reposant en fait sur des présupposés (idéologiques) d'une certaine tradition philosophique. En d'autres termes, on voit ainsi que la diversité des présupposés, des évaluations implicites et pour tout dire des préjugés touchant des formes d'art définies ne peut contribuer à déterminer plus rigoureusement le concept d'art proprement dit. Plus précisément, si un philosophe aussi talentueux que Monnoyer ne tentait pas de déterminer le concept d'art décoratif en se référant à des formes ou des systèmes déterminés de formes artistiques qui ne sont en définitive qu'un obstacle à la recherche, mais s'il analysait le concept d'art décoratif sans ses propres présupposés axiologiques, avec l'appareil conceptuel adéquat, il orienterait ses recherches de manière plus productive.

Toujours est-il que cette manière de procéder aboutit à éluder curieusement le problème des « ressemblances de famille » et compromet à coup sur la possibilité d'une définition correcte du concept d'art. La question de savoir si une commode de Charles Cressent est une œuvre d'art possédant un « statut honorifique » est une question d'esthéticiens et pour esthéticiens :
elle n'a aucune raison d'être pour celui qui en tire un plaisir esthétique, serait-ce hors de toute possibilité de légitimation, hors institution, sans une « intersubjectivité esthétique ».

Étant donné l'insistance que montrent les esthéticiens professionnels à souligner la nécessité d'une définition de l'art, il faut rappeler que les années 60 qui ont vu l'avènement de l'art contemporain, ont été marquées par l'apparition d'objets qui exigeaient de nouveaux types d'évaluation et de références. Les prédicats constitutifs du jugement esthétique, comme *beau, expressif, bien composé*, pouvaient encore s'appliquer aux tableaux de Nicolas de Staël, de Francis Bacon qui possédaient des propriétés spécifiques sur lesquelles il était possible de s'accorder ou de diverger en fonction des catégories de perception et d'évaluation de chacun. Tout autre est l'attitude et le discours possibles devant un Andy Warhol, un Carl André ou un Jeff Koons, pour ne citer qu'eux, qui revendiquent d'emblée l'élimination du jugement esthétique, de toute procédure traditionnelle d'interprétation reposant sur un minimum de critères, de la totalité des concepts appartenant à la sphère de l'expérience esthétique. D'où l'interrogation rituelle, fréquente dans le grand public, pour savoir si ces objets nouveaux sont ou non de l'art. Ce qui a réactivé plus que jamais la question de la définition, c'est en partie cette rupture radicale avec nos modes de pensée. Devant un Derain ou un Pollock, on ne se demandait pas s'il s'agissait de l'art : on s'efforçait de déterminer la propriété positive ou négative qui faisait que ce tableau était esthétiquement satisfaisant ou franchement médiocre. Les esthéticiens ont interprété ces nouveaux paradigmes en pensant avec raison qu'il fallait effectivement former un nouveau concept d'art. Si l'on devait exprimer certaines réserves sur les positions de Lüdeking, ce serait précisément sur ce point : son anti-essentialisme parfois véhément l'entraîne à reprendre à son compte les arguments que nous avons rappelés plus haut. En effet, il insiste à plusieurs reprises sur le fait qu'un concept d'art, évaluatif, descriptif ou purement normatif, appartenant aux périodes antérieures de l'art, ne peut s'appliquer à une production récente ou contemporaine. Il serait en effet dépourvu de sens de se demander si une sculpture de Kiefer ou de Koons est « belle », « harmonieuse » ou même « expressive ». Cette contrainte interprétative et méthodologique n'est pas seulement légitime, mais elle implique une nécessité de fait. Elle possède une valeur de principe qui, bien que largement reconnue, n'est pas sans danger.

Qu'un esthéticien des années cinquante ait refusé le statut d'art et donc l'application de ce concept aux peintures de Pollock trahit assurément un usage anachronique et surtout inadéquat du concept d'art. Mais qu'il ne reconnaisse aucune qualité spécifique à cette œuvre picturale n'invalide en rien sa théorie esthétique proprement dite, qui traitait avec ses concepts propres des objets appartenant à une autre tradition, à d'autres périodes. Née des insuffisances logiques des multiples débats sur la définition de l'art, cette confusion du champ purement conceptuel et de celui des œuvres n'a fait que réactiver sans cesse l'opposition entre les anciens et les modernes, les « réactionnaires » et les « progressistes ». On ne voit pas en outre pourquoi un esthéticien devrait légitimer a priori la tradition du nouveau.
L'accès à toute pensée esthétique, dans son ampleur et sa complexité, doit donc se faire par le trou d'une épingle. Il n'est nullement certain que les esthétiques dites traditionnelles ou classiques, celles que représentent encore Croce, Hartmann, Pareyson, présupposant une pensée métaphysique et surtout systématique, manifestant une volonté d'englober et d'interpréter la totalité des phénomènes artistiques, soient nécessairement inopérantes ou qu'elles aient été invalidées par les courants dominants qui leur ont succédé, phénoménologiques ou analytiques. L'esthétique

analytique comme discipline philosophique a imposé comme une nécessité méthodologique que tout travail conceptuel devait commencer en vertu d'une sorte de commencement absolu, affranchi des anciens préjugés et des visions du monde propres autrefois aux discours sur l'art de la tradition. On remarquera que Lüdeking partage lui-aussi ce point de vue, mais il se justifie par sa démarche exclusivement métacritique, donc en mettant entre parenthèses toute référence à un objet défini. En supposant qu'une telle entreprise ne soit pas une pure présomption, la définition de l'art doit se faire à l'horizon d'une pure contemporanéité, voire d'une actualité, sous la lumière d'une logique philosophique toujours plus problématique.

S'il fallait souligner l'une des qualités dominantes de la démarche de Lüdeking, ce serait assurément un certain sens du comique philosophique qui devrait atténuer sérieusement le désappointement de ses auditeurs et lecteurs qu'évoque l'auteur lui-même dans sa postface. Ce pouvoir comique vient de son étonnante faculté à *résister* à l'évidence de certains énoncés que leur trivialité, apparente ou réelle, devrait pourtant disqualifier a priori tant elle heurte l'attente typiquement contemporaine d'une « profondeur philosophique » considérée généralement comme inhérente à toute réflexion sur l'art. La vigueur et la perspicacité d'une analyse ne se mesure pas à l'apparente importance d'une proposition philosophique, à ses effets d'obscurité et de « profondeur », mais aux difficultés qu'elles mettent en lumière. Le comique philosophique que Lüdeking maîtrise si bien, a la vertu de donner à penser devant les énoncés les plus tautologiques ou procédant d'un raisonnement finalement à la limite du non-sens.

Il est peu de disciplines qui soient aussi exposées aux sortilèges du discours et aux illusions spéculatives que l'esthétique philosophique. Trop d'entités employées de manière non-critique, trop de mots problématiques (le beau, l'expression, la signification), trop de paralogismes destinés à justifier des thèses insuffisantes. Lüdeking évoque à plusieurs reprises le sentiment de désappointement qu'a provoqué chez certains de ses lecteurs le peu de résultat auquel ont abouti ses recherches. Le concept d'art s'est révélé vide au terme d'un parcours labyrinthique et harassant. La fréquence des erreurs et les échecs avérés de certaines théories font que l'esthétique qu'expose Lüdeking ressemble à ce qu'on pourrait nommer une esthétique négative. Mais cet aboutissement n'est au fond que l'expression d'un souci de rigueur extrême afin de surmonter un certain malaise philosophique. Ce serait cependant une erreur de voir dans cette démarche une volonté

de mortification des concepts et de l'esthétique analytique. La jonction qu'effectue ce texte entre la réflexion esthétique et la logique est plus éclairante, plus stimulante que les discours sur l'art qui procèdent encore par des affirmations incontrôlables ou trop généreuses. Si l'on se remémore les expériences éblouissantes que nous faisons avec les œuvres d'art, il est inévitable que le genre d'ascèse que nous impose l'analyse critique du discours esthétique nous apparaisse à certains égard « décevante ». Mais cette « déception » est nécessaire dans la mesure où elle est inséparable de cette entreprise critique qu'est l'esthétique philosophique.
Bien que dans un autre sens, Nicolaï Hartmann disait : « Le destin de l'esthétique est qu'elle *doit* décevoir » [1].

Jean-François GROULIER

1. Nicolaï Hartmann, *Äesthetik*, Berlin, Walter De Gruyter, 1953.

note du traducteur

Nous donnons la courte préface de la première édition et le prologue que Lüdeking a écrit pour la seconde édition, ainsi que l'épilogue de cette seconde édition où l'auteur revient sur les réactions suscitées par son livre.

Les textes allemands et anglais cités par Lüdeking ont été traduits par nous, à l'exception des quelques textes pour lesquels existe une traduction française. En ce cas, la référence en note renvoie aux pages de l'édition française et celle-ci est mentionnée dans la bibliographie.

Le célèbre Campe disait un jour que le mot « Schrank » sonne d'une manière indescriptiblement désagréable.
George Christoph Lichtenberg

Karlheinz Lüdeking
la philosophie analytique de l'art

personnages et représentants (dans l'ordre d'entrée)

Premier essentialiste : Harold Osborne
Deuxième essentialiste : Monroe C. Beardsley
Le Chœur des singularistes : Margaret Mac Donald, Stuart Hampshire, Peter Strawson
Le pluraliste : Morris Weitz
Le pragmatiste : William Kennick
Le virtuose de la perception : Frank Sibley
Le critérologue : Peter Kivy
Le voyeur d'aspect : Virgil C. Aldrich
La solipsiste involontaire : Isabel Hungerland
L'archiémotiviste : Alfred Ayer
Le chercheur épanoui : Monroe C. Beardsley (seconde entrée)
L'intuitionniste : Georges Dickie
Deux néo-essentialistes : James D. Carney et Robert J. Matthews
Les observateurs distanciés : Arthur Danto et Nelson Goodman
Deus ex machina : Ludwig Wittgenstein

préface

Kant a établi à plusieurs reprises que, dans le domaine esthétique, il ne saurait y avoir une doctrine mais seulement une critique. Le présent traité est une critique (en un sens banal auquel le philosophe ne pensait pas) parce qu'elle est une confrontation avec une conception déterminée de l'esthétique philosophique. Si l'on examine le résultat de cette confrontation, on peut dire cependant qu'il n'existe effectivement aucune doctrine, mais seulement une critique, et cette fois en un sens tout à fait kantien. Je crois que l'esthétique philosophique ne peut en réalité qu'expliquer les conditions de possibilité des jugements sur les œuvres d'art, bien que sa tâche ne soit pas d'exprimer de tels jugements. On trouve également cette conviction chez l'autre philosophe qui a influencé ce travail de manière déterminante, à savoir Ludwig Wittgenstein. Il remarquait un jour qu'attendre de l'esthétique une information sur ce qui est beau est aussi ridicule que si l'on voulait apprendre d'elle quelle sorte de café a une agréable saveur.

Une telle conception décevra maints lecteurs et quelques-uns critiqueront le fait que l'on ne trouve finalement aucune nouvelle théorie après la destruction de certaines doctrines. Mais j'espère que mes arguments montreront que ce manque apparent peut être en réalité un gain.

Dans cette recherche, j'ai concentré mes efforts sur ces théories de l'esthétique analytique que je tiens pour particulièrement caractéristiques et en même temps problématiques. J'ai essayé de montrer la naissance et le contexte de ces théories avec le moins de figures majeures possibles. Et puisque les philosophes dont les arguments sont expliqués apparaissent seulement comme des représentants de positions typiques, il fallait parfois en donner une représentation « stylisée ». Il ne serait nullement regrettable si le lecteur, en lisant ce livre, avait l'impression d'assister à un petit menuet réunissant des personnages se comportant de manière guindée, et donc chacun prononcerait quelques propositions. Notre intention n'a pas été de faire une description historiographique globale du plus grand nombre possible d'aspects de l'esthétique analytique. Il s'agissait principalement pour moi de rendre visible la circularité sans issue d'une certaine constellation de réflexions. C'est pourquoi des philosophes aussi brillants que Danto et Goodman apparaissent de manière marginale : ils se sont en effet toujours tenus éloignés de la ronde mélancolique qui est dessinée ici d'après le modèle.

Les théories expliquées dans ce livre n'ayant pas encore bénéficié d'une large diffusion, je me suis efforcé de composer le texte de sorte qu'il puisse intéresser le lecteur qui ne dispose pas des connaissances préliminaires se rapportant au sujet. Ma recherche devrait donc pouvoir servir d'introduction à la philosophie analytique de l'art. J'ai une dette toute particulière à l'égard des professeurs Egon von Ruden, Ernst Tugendhat et Ursula Wolf. Ils m'ont prodigué de nombreux conseils très précieux que je n'ai cependant pas toujours suivis. Je tiens aussi à remercier vivement le professeur jens Kulenkampff, qui a lu très soigneusement le manuscrit en vue de la publication et m'a incité à supprimer beaucoup de choses superflues.

Berlin-Schoneberg, 1987

prologue

une proposition pour la lecture

Revu depuis sa première publication, ce traité, me semble propre à introduire à la philosophie analytique de l'art, et cela parce qu'il ne se contente pas de décrire le mode et la manière analytique de philosopher, mais les met en application.

La spécificité et la nouveauté de la philosophie analytique qui la distinguent fondamentalement des philosophies antérieures ou de celles qui s'y opposent, consistent avant tout dans la tentative pour résoudre les problèmes philosophiques par une analyse du langage. Ainsi, en ce qui concerne l'esthétique, on ne s'interrogera pas immédiatement sur les particularités de l'art et de l'expérience esthétique, mais on analysera les concepts et les propositions qui nous informent sur elles. Il peut sembler qu'on s'éloigne ainsi des « choses mêmes ». Mais puisque ce que l'on considère comme une chose est toujours déterminé par une approche conceptuelle, une analyse du langage devrait concerner également ceux qui voudraient ne s'intéresser qu'aux objets eux mêmes.

Cependant, l'analyse philosophique du langage ne se rapporte pas seulement à la manière dont on parle de l'art en général. Elle n'est pas soumise au bavardage qui prolifère à propos des œuvres et empêche d'y accéder. L'esthétique analytique ne reproduit pas la manière dont on parle effectivement de l'art. Son investigation concerne bien plutôt les possibilités d'application des concepts dont on se sert. Mais parce qu'il est nécessaire de rendre plus clair l'usage de nos propres outils linguistiques si l'on veut parler autrement et plus adéquatement de l'art que ce n'est le cas habituellement, la philosophie analytique de l'art éclaire aussi en fin de compte les conditions de possibilité pour dire quelque chose qui a un sens.

Dans la mesure où le présent traité se concentre sur la question de savoir quelles sont les règles sur lesquelles repose la compréhension langagière de l'art, les deux philosophes les plus célèbres de la philosophie analytique de l'art, Goodman et Danto, ne sont mentionnés que de manière marginale, bien que leurs travaux soient plus intéressants et plus complexes que la plupart des théories analysées ici. Goodman et Danto ne s'intéressent pas précisément à la question de savoir comment on peut produire des énoncés sur l'art; ils s'interrogent plutôt sur la manière dont une œuvre d'art peut en elle-même produire un énoncé. Tous les deux conçoivent les œuvres d'art comme des œuvres porteuses de signification devant être distinguées des autres œuvres qui sont également porteuses de significations. Ils travaillent moins à une théorie du contenu sémantique des jugements sur l'art qu'à une théorie sémantique de l'art lui-même. Tous deux analysent l'art comme un langage.

Les théories qui s'enracinent dans les traditions « continentales » ne jouent aucun rôle dans mon livre. Cela n'est malheureusement pas indiqué de manière explicite dans le titre. A l'origine, ce titre fut choisi pour des raisons de conformité avec les autres titres de la série dans laquelle le livre parut d'abord. Il n'était pas concevable d'en changer pour cette réédition parce qu'une nouvelle publication d'un texte inchangé sous un nouveau titre aurait pu passer pour une tromperie sur la marchandise. Je tiens du moins à souligner clairement, une nouvelle fois, que mon intention n'était nullement de présenter un inventaire complet des avancées dont nous sommes redevables à la philosophie analytique de l'art. Ma recherche se concentre plutôt sur une seule et unique question : comment comprendre (et justifier) que des objets déterminés soient désignés comme des œuvres d'art et que des qualités esthétiques leurs soient attribuées.

Il est évident que c'est seulement à l'intérieur de la philosophie (ou de la philosophie analytique) que cette question peut être posée. C'est une question qui s'impose inévitablement à nous dans nos rapports quotidiens à l'art, et le mérite de la philosophie analytique est d'y avoir sérieusement réfléchi, et d'avoir envisagé les différentes réponses possibles, avec plus de rigueur et de précision que cela n'a été fait partout ailleurs. On peut donc lire ce livre selon deux points de vue différents. Celui qui s'intéresse en priorité à l'histoire récente de la philosophie sera informé des discussions qui se sont tenues, durant un laps de temps d'une trentaine d'années, dans le monde anglo-saxon. Ce texte prétend fournir un rapport exact et fidèle de la manière dont les événements se sont déroulés dans le monde académique occidental. Tous les auteurs qui sont mentionnés ont réellement existé et quelques-uns vivent encore. Tous enseignent dans des universités qui existent vraiment, ils donnent des cours, des conférences, participent à des congrès dont le déroulement est ici rapporté avec exactitude, ils publient des articles dans des revues spécialisées que chacun peut consulter afin de vérifier le contenu des passages citées. J'aurais pu fournir des biographies, donner des listes de publication et, pour ceux qui sont encore en vie, indiquer les lieux où l'on peut les rencontrer personnellement. L'un des protagonistes habite par exemple à Manhattan, dans la 12e rue côté ouest, au numéro 37. Tout s'est produit exactement comme je le rapporte ici. Rien n'a été inventé.

Toutefois, que les choses se soient passées ainsi et pas autrement, cela n'est pas au fond tellement important. Apprendre quelque chose *sur* la philosophie n'est pas ce qu'il y a de plus utile pour pénétrer dans un domaine spécifique de la philosophie. On doit bien plutôt apprendre à se mouvoir *dans* la philosophie. Mais pour l'apprendre, il ne suffit pas de prendre connaissance de ce que les autres ont pensé; on ne l'apprend qu'en commençant à penser soi-même et à juger en toute indépendance les réflexions des autres. L'important n'est plus dès lors de savoir qui a formulé tel ou tel argument, où, quand, pourquoi, mais de se demander si ces arguments sont ou non convaincants. Ceux qui s'intéressent avant tout à la rigueur et au pouvoir d'inférence des théories qui sont expliquées dans ce livre, devraient donc rester totalement indifférents s'il s'avérait, non sans surprise, que tous les protagonistes présentés ici sont inventés (et que toute ressemblance avec des personnes réelles est due au hasard.) La fiction rendrait ici le même service que la vérité, car, en tant que philosophe, on doit évaluer la crédibilité des arguments sans tenir compte des personnes qui les ont exprimés.

Pour que cette lecture de l'introduction à la philosophie analytique de l'art soit la plus utile possible, il faudrait que les arguments particuliers ne soient pas jugés ni évalués seulement selon la forme effective dans laquelle ils ont

été exposés, mais soient considérés comme des variantes exemplaires de différentes stratégies possibles d'argumentation. Cela ne devrait pas présenter de grandes difficultés car cette manière de voir les choses apparaît dans la construction même du livre. Le problème central, à savoir comment justifier rigoureusement ce qui distingue les œuvres d'art des autres objets, est formulé au début, et les diverses stratégies qui promettent d'apporter une solution à ce problème sont élucidées ensuite, dans le développement du livre. Dans la mesure où il ne peut exister qu'un nombre limité de possibilités, nous cherchons à donner un aperçu complet de ces possibilités et à les ordonner en les présentant successivement sous la forme d'alternatives.
Une telle construction demande que la structure dramaturgique du texte soit clairement établie avant que les rôles prévus dans le scénario puissent être distribués aux personnes réelles. Étant donné le grand nombre des candidates et des candidats, on a choisi de préférence ceux qui ont incarné une position déterminée de manière particulièrement conséquente (que le rôle de l'essentialiste, par exemple, ne soit pas joué par Adorno ou Heidegger, mais par Harold Osborne tient au fait que celui-ci persiste dans ses idées en dépit d'un échec manifeste). Les différents théoriciens qui prennent la parole dans ce livre y apparaissent principalement à cause des conceptions qu'ils ont exposées dans la vie réelle – donc pour des raisons contingentes.

Dans la courte préface à la première édition de ce livre, je comparais cette structure à un petit menuet. Je voulais indiquer par là que les particularités des acteurs singuliers m'importaient moins que la constellation de leurs mouvements d'idées. Je remplacerai cette discrète indication par un aveu beaucoup plus franc, utilisant une nouvelle fois des métaphores tirées du monde de la mise en scène : il ne me semble nullement erroné de lire ce qui suit comme s'il s'agissait d'une fiction dramatique, comme une pièce didactique de philosophie dans le meilleur des cas, ou du moins un drame dans lequel les représentants des différents partis débattent du jugement sur l'art dans des dialogues spirituels et des plaidoyers passionnés. Les protagonistes de cette pièce sont adaptés à leurs rôles, parce qu'ils les ont déjà incarnés avec éclat dans la réalité. Chacun ne joue ici que son propre rôle et aurait pu même inventer son propre texte
Ce n'est donc pas par frivolité que j'ai inséré, dans cette nouvelle édition, une liste des personnages et de leurs interprètes. Je l'ai fait seulement pour montrer que des personnages comme ceux qui sont incarnés ici par

exemple par Madame Hungerland ou Monsieur Sibley, peuvent tout à fait se rencontrer dans la vie réelle. Si nous nous laissions entraîner avec eux dans une dispute sur l'art, ils ne s'exprimeraient certes pas comme les personnages de ma petite fable dramatique, mais la plupart du temps, ils énonceraient (avec leurs propres mots) exactement les mêmes arguments. Si des lectrices et des lecteurs se reconnaissaient eux-mêmes dans l'une (ou dans plusieurs) de mes figures, cela serait sans doute très instructif.

Berlin-Wilmersdorf, 1997

chapitre premier
l'essence de l'art

1.

Ce n'est qu'au milieu du XXe siècle qu'a été élaborée une philosophie analytique de l'art. Elle naquit d'une violente confrontation avec une autre sorte de philosophie de l'art, qui était jusque-là dominante, et son histoire est celle d'une querelle de famille philosophique. Elle commence par une bruyante déclaration de guerre et se termine par une penaude capitulation. Il n'est pas possible de comprendre le destin de l'esthétique analytique si l'on concentre sur elle seule toute son attention. Son processus de formation et la forme qu'elle adopta, ses stratégies théoriques et ses combats ne sont compréhensibles que si l'on se fait d'abord une idée claire de la conception antagoniste *contre* laquelle elle mit en branle son appareil théorique. Une étude des avancées et des insuffisances de l'esthétique analytique doit donc commencer par une enquête sur le genre de théorie dont elle a voulu s'éloigner et dont elle est restée cependant toujours tributaire – précisément en essayant de la combattre. L'esthétique analytique nomma « esthétique traditionnelle » la conception face à laquelle elle chercha à construire sa propre identité, et si l'on en croit ses constantes proclamations, toutes les formes historiquement antérieures de l'esthétique devraient être subsumées sous ce concept. En fait, la prétendue « esthétique traditionnelle » se révèle très vite être une construction – comme une sorte de coulisse où l'esthétique analytique prépare les effets de sa propre entrée en scène. L'esthétique analytique a tendance à dépeindre artistiquement ceux qui l'ont historiquement précédée dans un arrière-plan monochrome sur lequel elle peut ensuite avantageusement se détacher par un effet de contraste. Cette manière de procéder ne permet pas de rendre justice aux subtiles variantes de la pensée esthétique traditionnelle qui apparaissent ainsi comme des variations sans fin et lassantes sur un thème toujours identique. Mais la philosophie analytique de l'art ne cherche nullement à comprendre historiquement et dans le détail les théories « traditionnelles ». Ce qui l'intéresse, c'est plutôt de montrer qu'il existe un modèle fondamental commun à toutes ces théories. Selon l'esthétique analytique, les théories traditionnelles reposent en effet sur la conviction que les œuvres d'art possèdent des propriétés spécifiques communes qui leur sont attribuées en tant qu'œuvres d'art. Cette conviction fondamentale et essentialiste caractérise selon elle toute « théorie traditionnelle ». Que cette théorie voit le monde de l'art comme un empire caractéristique possédant une dignité ontologique particulière ou qu'elle fasse l'hypothèse qu'il s'agit d'une collection plus ou moins arbitraire d'objets rassemblés

sous une même catégorie, cela ne joue aucun rôle dans cette conviction. Dans les deux cas, on présume qu'il existe une *differentia specifica* au moyen de laquelle il est possible de distinguer les œuvres d'art des autres objets, c'est-à-dire certaines particularités spécifiques qui permettent d'établir que quelque chose est ou non une œuvre d'art. Ce n'est qu'après avoir dégagé ces particularités, qu'il est possible d'indiquer quelles sont les conditions (nécessaires et suffisantes) pour l'emploi du concept d'« œuvre d'art ». La maxime « *unum nomen, unum nominatum* » peut donc être aussi bien revendiquée par les réalistes que par les nominalistes. Il est très tentant de se laisser guider par cette maxime dans toutes ces situations pratiques qui obligent à faire la distinction entre l'art et le non-art, comme dans le cas de la critique d'art, la justice, l'éducation, ou encore le travail des autorités douanières et des contrôleurs du fisc. Les décisions qui doivent être prises dans toutes ces situations exigent un critère de délimitation. Il est nécessaire, pour des raisons pratiques, de pouvoir distinguer les œuvres d'art des autres objets par une particularité spécifique. Les réflexions quotidiennes et spontanées sur la question de l'art et du non-art vont dans le sens du courant de la pensée essentialiste.

Il serait cependant exagéré de ne voir dans toutes ces anciennes théories *philosophiques* de l'art que de simples élaborations de la prémisse selon laquelle toutes les œuvres d'art doivent posséder certains traits communs, car il est évident que de nombreuses recherches dans le champ de l'esthétique, celles de Kant, Hegel ou Adorno ne doivent pas leurs meilleures intuitions à ce principe. Le point de départ de Hegel, par exemple, est bien la conviction que les formes de manifestation et les fonctions de l'art ont subi des changements essentiels au cours de l'histoire. Mais le représentant des prémisses essentialistes demandera alors ce qui amène Hegel à désigner tous ces phénomènes essentiellement différents avec le même concept!

Il est donc certain que la manière dont l'esthétique analytique conçoit l'esthétique traditionnelle ne permet pas une compréhension suffisante des théories de l'art antérieures historiquement; elle concentre toute son attention sur un aspect de notre réflexion sur l'art. Il faut comprendre l'appellation (ou la désignation) d'« esthétique traditionnelle », non comme une description de théories historiques et réelles, mais comme la caractérisation d'une *structure de pensée* déterminée, indépendamment de la question de savoir comment celle-ci est démontrable dans les théories concrètes. La position analytique à l'intérieur de la philosophie de l'art s'est formée pour l'essentiel par une critique des prémisses essentialistes des théories « traditionnelles ». Le titre d'un pamphlet qui était à lui-seul un programme posait la question : est-ce que l'esthétique traditionnelle repose sur une erreur?[1]. La réponse était qu'elle ne repose pas seulement sur une, mais sur deux erreurs. La première erreur, fondamentale, consisterait dans la supposition que toutes les choses qui tombent sous le concept d'œuvre d'art doivent avoir aussi nécessairement des propriétés communes par lesquelles elles se distinguent de toutes les autres choses. La seconde erreur, corrélative, tiendrait à la conviction qu'en l'absence de telles propriétés communes, il ne peut exister aucun fondement pour évaluer la qualité spécifique des œuvres d'art.

Harold Osborne est l'un des théoriciens de l'art chez qui l'on peut rencontrer ces deux « erreurs », comme on les a nommées. Il est bien évidemment lui-même persuadé qu'il ne s'agit nullement d'erreurs mais que ce sont là des principes immuables de toute théorie rationnelle de l'art. Osborne figurera dans les pages suivantes comme le représentant de

1. W. E. Kennick, « Does Traditional Aesthetics Rest on a Mistake? », *Mind* 67, 1958, p. 317-334.

« l'esthétique traditionnelle ». Bien qu'il soit tout à fait familier avec les modes de pensée de la philosophie analytique et qu'il n'argumente pas seulement sur un plan ontologique mais aussi sur un plan sémantique, il est particulièrement apte à remplir le rôle de théoricien de l'art traditionnel, car il s'en tient strictement à des prémisses essentialistes. L'autre raison pour laquelle il peut être intéressant d'examiner les arguments d'Osborne, c'est qu'il a participé, jusqu'à aujourd'hui, aux discussions philosophiques et tenté de défendre ses convictions contre la critique et les théories rivales. Cela vaut aussi pour Monroe C. Beardsley qui a pu apparaître à l'occasion comme le double de Osborne.

Sa théorie nous servira d'exemple pour montrer dans quelles difficultés s'empêtre la théorie traditionnelle de l'art. Il ne s'agit donc pas simplement de dire qu'Osborne fait des erreurs, mais d'expliquer pourquoi il ne peut pas ne pas commettre les erreurs qu'il commet, dans la mesure où celles-ci résultent nécessairement de ses présupposés fondamentaux. Ces erreurs sont trop importantes pour être considérées comme de simples erreurs. Il s'agit plutôt d'apories fondamentales qui sont inévitables pour une théorie de ce type.

2.

Le but principal des efforts théoriques d'Osborne (comme de Beardsley) est de définir les conditions d'une *évaluation* la plus objective possible des œuvres d'art. Selon Osborne, la qualité que l'on évalue lorsque l'on apprécie la valeur spécifique des œuvres est cette même qualité par laquelle les œuvres d'art se distinguent essentiellement des autres objets. Osborne fait appel à l'autorité de Collingwood qui a formulé le principe suivant : « La définition de toute espèce donnée d'objets est en même temps la définition d'une chose bonne de cette espèce : car une chose qui est bonne dans son genre est simplement une chose qui possède les attributs de ce genre »[1]. Osborne commente cette maxime de la manière suivante : « Les caractéristiques en vertu desquelles un artefact est désigné comme une

1. « The definition of any kind of thing is also the definition of a good thing of that kind ; for a think that is good in its kind is only a thing that possesse the attributes of that kind », *in* R. G. Collingwood, *The Principles of Art*, Oxford, 1938, p. 280, cité par H. Osborne, in *Aesthetics and Criticism*, London, 1955, p. 43. (N.D.T.)

œuvre d'art sont ces mêmes caractéristiques en vertu desquelles, selon qu'elles sont présentes à un degré plus ou moins grand, une œuvre d'art est jugée correctement comme meilleure ou plus mauvaise qu'une autre. Tout jugement critique qui a une valeur comparative suppose implicitement une définition de la signification de l'expression « œuvre d'art », et toute définition d'une œuvre d'art doit contenir en soi implicitement les critères qui, si la définition est acceptée, peuvent être utilisés correctement pour évaluer la valeur ou l'excellence d'œuvres d'art singulières dans quelque domaine que ce soit »[1]. On pourrait en conclure que les deux problèmes fondamentaux de la philosophie de l'art peuvent être résolus en même temps de manière aussi élégante qu'économique. Si l'on trouve un critère d'identification pour les œuvres d'art, on possède en même temps aussi un critère d'évaluation. Pour découvrir les deux, on doit seulement répondre à une question fondamentale : « Qu'est-ce qu'une œuvre d'art ? »

Pour Osborne, une œuvre d'art est d'abord un artefact. Mais tout objet fait par l'homme n'est pas une œuvre d'art. La question : « qu'est-ce qu'une œuvre d'art ? » devient ainsi, dit Osborne, la question : « quelles sont ces qualités que toutes les œuvres d'art ont en commun et que les autres artefacts, y compris les œuvres rejetées par la critique, ne possèdent pas ? »[2]. Il s'appuie, comme sur une évidence, sur le dogme essentialiste dont la formulation classique a été donnée par un théoricien que Osborne considère explicitement comme son précurseur, à savoir Clive Bell. La règle souvent citée de Bell[3] signifie que tout discours sur les œuvres d'art ne serait qu'un bavardage dépourvu de sens si les objets désignés ainsi n'avaient aucune propriété commune. Avant même de chercher la propriété qui serait commune aux œuvres d'art, Osborne commence par lui donner un nom. Suivant une longue tradition, il la nomme « beauté ». Il propose d'employer le mot beauté en un sens synonyme de « caractéristique de l'excellence des œuvres d'art »[4]. « Beauté » est donc dans la théorie d'Osborne un terme technique, défini d'une manière telle qu'il est tautologique de dire d'une œuvre d'art qu'elle est belle : les œuvres d'art sont pour lui, *par définition*, de belles choses. Même si cette manière de

1. H. Osborne, *Aesthetics and Criticism*, *op. cit.*, p. 43-44.
2. *Ibid.*, p. 42.
3. « Ou bien, tout les œuvres d'art visuel ont en commun une certaine qualité ou bien parler d'« œuvre d'art » n'a pas le moindre sens. », C. Bell, *Art*, London, 1914. (N.D.T)
4. H. Osborne, *Aesthetics and Criticism*, *op. cit.*, p. 44.

règlementer la langue peut être très utile, nous ne nous y arrêterons dans la mesure où Osborne insiste lui-même sur le fait que cette dénomination – qu'il désigne comme une « définition logique » – ne répond en aucune manière à la question de savoir quelle propriété a été baptisée ainsi. « La particularité d'une définition logique, explique-t-il, consiste en ce qu'elle spécifie le genre et l'ampleur d'une recherche, mais elle ne présuppose cependant pas un savoir concret sur l'objet de l'analyse qui se donne seulement comme le résultat d'une recherche achevée. »[1]. Le mot « beauté » n'est donc rien d'autre qu'un mot vide, désignant cette propriété spécifique à l'art. Pour Osborne, le « problème central de l'esthétique » est de découvrir cette propriété[2].

3.

D'après l'auteur, il est impossible de découvrir cette qualité esthétique qui est attribuée aux seules œuvres d'art par une analyse logique ou une déduction théorique. Son identification est bien plutôt « une affaire de recherche empirique »[3]. S'il faut que l'esthétique philosophique commence par clarifier ses concepts centraux et délimiter son champ de recherche, cette nécessité n'est qu'un préalable pour pouvoir s'attacher aux faits. S'inscrivant dans le courant de l'empirisme logique, Osborne conçoit ses propres efforts philosophiques comme un fondement théorique pour une science empirique de l'art : « Dans une authentique science de l'esthétique, la définition de la beauté acquise par l'analyse logique ou d'une autre manière, doit servir à définir et à délimiter la classe des objets constituant le champ adéquat de la recherche esthétique, et à distinguer le degré de beauté parmi les objets singuliers à l'intérieur de ce champ. Elle doit désigner une qualité commune à tous les membres du champ et qui leur est caractéristique, une qualité que d'autres objets ne possèdent pas et que les membres du champ possèdent à des degrés variés. Si une telle qualité n'existe pas, alors il ne peut exister non plus aucune science de l'esthétique. »[4]

1. H. Osborne, *Theory of Beauty*, London, 1952, p. 12-13.
2. *Ibid.*, p. 2.
3. *Ibid.*, p. 22.
4. *Ibid.*, p. 21.

Pour découvrir si une telle qualité existe, il faudrait déjà la connaître puisque c'est seulement grâce à elle que l'on peut établir quels objets appartiennent ou non au « champ adéquat » de la recherche. Osborne croit cependant pouvoir échapper à ce dilemme, que Heidegger a vu également. Il est en effet persuadé que « cette qualité, que nous espérons découvrir par la recherche empirique, nous la connaissons déjà dans la mesure où nous la connaissons en quelque sorte intuitivement. »[1] Il pense ainsi que nous sommes capables, en vertu de nos compétences linguistiques, de connaître la plupart de ces objets que l'on peut ranger dans la classe des œuvres d'art, comme les sculptures, les tableaux ou les opérettes. « Ce sont là les choses auxquelles on pense lorsque nous parlons des œuvres d'art. Il peut exister une frange d'incertitude, une zone d'indécision, qui fait que, dans des cas particuliers, il nous est souvent difficile de nous décider ou de tomber d'accord avec d'autres sur la question de savoir si tel ou tel objet est « réellement » ou non un œuvre d'art; mais la signification générale de l'expression est suffisamment précise pour pouvoir circuler et rendre service de toute façon dans le langage quotidien. C'est ce que nous voulons dire par « art », c'est ce que veut dire le critique et ce que veut dire l'esthéticien. Tel est notre point de départ. »[2]

La tentative d'Osborne pour découvrir les propriétés communes renvoie donc à la capacité linguistique que nous avons d'utiliser l'expression « œuvre d'art ». De son point de vue, cette capacité consiste dans un savoir plus ou moins explicite se rapportant aux objets qui sont désignés par cette expression. Quelqu'un qui maîtrise l'expression « œuvre d'art » a dans la tête une description plus ou moins exacte (ou une image correspondante) du genre d'objets auxquels cette expression se rapporte. D'autant plus claire et distincte est la représentation intellectuelle des objets concernés, d'autant plus fiable et correcte sera l'emploi de chaque concept. Vue de cette manière, la tâche principale de l'esthétique est de spécifier les représentations diffuses que possède déjà celui qui est capable d'utiliser le concept d'œuvre d'art et d'« affiner progressivement la connaissance commune jusqu'à la plus grande précision possible »[3].

1. *Ibid.*, p. 22.
2. H. Osborne, *Aesthetics and Criticism*, *op. cit.*, p. 41-42.
3. *Ibid.*, p. 41.

Pour rendre possible une telle précision, l'esthétique doit procéder à des investigations empiriques minutieuses à propos des œuvres d'art et formuler des énoncés susceptibles de généralisations concernant leurs particularités. Une définition de l'art a donc pour fonction de présenter un savoir théorique se référant exclusivement à la nature spécifique des phénomènes à définir. Le but d'Osborne est ainsi de fournir une de ces définitions que l'on désigne traditionnellement comme « réelle ». Il ne veut ni décrire comment le concept d'art est employé en réalité, ni suggérer comment il devrait être utilisé; il cherche plutôt à analyser le caractère spécifique des objets qui sont désignés par ce concept.

On peut caractériser le genre de définition vers laquelle tend Osborne par l'analogie suivante : un scientifique qui voudrait, par exemple, étudier l'or ne saurait se contenter de ce savoir implicite ou vague que l'on peut supposer chez toute personne capable d'employer correctement le mot « or ». Chacun sait à peu près ce que c'est que l'or; il comprend ce qui est signifié lorsqu'il est question de barre en or ou de dents en or. Il peut également distinguer (jusqu'à un certain degré) l'or des autres objets (comme le bois ou le plomb). Mais tous ceux qui emploient le mot « or » au sens courant, ne savent pas pour autant ce que l'or est « réellement », c'est-à-dire du point de vue de sa structure interne. Seuls les experts peuvent distinguer avec sûreté les objets en or des autres objets qui ont l'air d'être en or. Pour découvrir les particularités spécifiques de l'or, il faut procéder à une analyse scientifique de ce métal; c'est seulement de cette manière que l'on peut donner de l'or une définition théoriquement fondée, qui dise ce que l'or est d'une manière beaucoup plus précise que le savoir général et vague. Osborne tend à donner une définition analogue pour le concept d'art. De même que le scientifique ne peut pas découvrir la nature de l'or par une enquête linguistique concernant l'usage du mot « or », Osborne est convaincu que le théoricien de l'art ne peut attendre beaucoup de lumière d'une étude de l'usage du concept d'œuvre d'art. Exactement comme tout autre scientifique, il doit analyser non pas des concepts mais les choses que ces concepts désignent. Et de même que des connaissances de chimie sont nécessaires pour distinguer l'or authentique des imitations bon marché, des connaissances scientifiques sont aussi nécessaires pour « distinguer, dit Osborne, une œuvre d'art authentique d'une production en toc »[1]. Selon

1. H. Osborne, *Theory of Beauty*, *op. cit.*, p. 149.

lui, seuls des critères établis par une esthétique scientifique peuvent permettre au critique d'art de remplir « sa première obligation », qui est de parvenir à distinguer parmi les productions littéraires, picturales, musicales, sculpturales celles qui sont de l'art et celles qui sont prétendument telles[1]. La connaissance d'une propriété spécifique de l'œuvre d'art n'est pas seulement nécessaire pour tracer une frontière entre l'art et le non art. Elle doit en même temps fournir le critère qui permet de mesurer la valeur comparative des œuvres. La qualité recherchée doit donc remplir trois conditions : elle doit se trouver dans toutes les œuvres ; elle ne doit se trouver nulle part ailleurs ; et enfin, elle doit être présente dans les œuvres selon des degrés hiérarchiques.

4.

Osborne sait donc, en vertu de ses prémisses essentialistes, dans quelle direction orienter ses recherches – il sait comment (et où) trouver ce qu'il cherche, c'est-à-dire ce que l'expérience doit montrer. Il sait d'avance quelle orientation donner à la recherche pour la conduire de manière certaine à un résultat : « puisqu'il a été admis que les belles choses sont très différentes les unes des autres et que la propriété que nous nommons « beauté » leur est commune à toutes, celle-ci doit être une qualité formelle ou structurelle. Seule une qualité structurelle peut être commune à des choses aussi différentes qu'un dessin, une statue, un poème, une danse, une sonate, une cathédrale etc. »[2]. Aux yeux d'Osborne, l'immense diversité des œuvres d'art ne s'oppose donc nullement à l'idée d'une propriété commune. Elle exige simplement de réduire le nombre illimité d'œuvres d'art appartenant à des genres très différents à une dimension unique, « structurelle ou formelle », qui les rende commensurables. Si Osborne parvient à opérer cette réduction, c'est parce qu'il cesse de considérer les œuvres comme des objets matériels, mais comme des « groupes d'impressions sensorielles »[3]. C'est en effet seulement si on les considère comme des stimuli structurés de perception et non comme des toiles peintes ou des hommes dansants que les tableaux et les ballets peuvent avoir quelque chose de commun. Ses

1. H. Osborne, *Aesthetics and Criticism*, *op. cit.*, p. 42, 45, 46.
2. H. Osborne, *Theory of Beauty*, *op. cit.*, p. 23.
3. *Ibid.*, p. 92-100.

prémisses essentialistes conduisent donc Osborne à réduire dès les départ les œuvres à de purs phénomènes perceptifs.

Analysant différents genres artistiques (musique, peinture, sculpture), Osborne constate que toutes les œuvres, quelle que soit le genre auquel elles appartiennent, offrent un champ de perception à la fois complexe, unitaire et organique. Il a ainsi trouvé la qualité qui lui permet de définir ce qu'est une œuvre d'art : « Une œuvre d'art est une organisation complexe et subtile d'un modèle formel au sein d'une configuration et, en dehors des œuvres d'art, aucun autre objet d'expérience ne possède cette qualité de totalité organique à un degré même rudimentaire ».[1] Contrairement à ce qu'il affirme, le choix du mot « beauté » pour désigner cette qualité spécifique de l'art qui est celle de « l'unité organique » n'est donc pas une simple affaire de dénomination. Ce concept est en effet parfaitement approprié à cette qualité puisque celle-ci résulte de la combinaison de deux facteurs auxquels on a fréquemment imputé la beauté des choses, à savoir l'unité et la diversité. Osborne ne dit absolument rien de nouveau lorsqu'il définit la beauté par l'« unité organique »[2] : « Le degré de beauté qui se manifeste dans n'importe qu'elle œuvre d'art, écrit-il, est donc la résultante de deux facteurs : la richesse, la complexité et la subtilité de l'organisation plastique d'une part; la complétude ou la densité de l'organisation perceptive, de l'autre »[3].

Quelques années plus tard, Beardsley aboutit à une résultat analogue. Son point de départ est également que les œuvres ne sont commensurables que si on les considère comme de purs phénomènes perceptifs, et le trait distinctif grâce auquel on peut distinguer une œuvre d'art des autres objets, est également pour lui l'unité du champ perceptif qu'il décompose en deux éléments : « cohérence » et « complétude ». A la différence d'Osborne, Beardsley ne parle pas d'« unité organique », sans doute parce que l'adjectif « organique » lui paraît trop vague dans ce contexte et par là même superflu[4].

La conception de Beardsley de l'unité est pour l'essentiel influencée par Dewey. Celle d'Osborne se situe en revanche résolument dans la tradition de

1. H. Osborne, *Theory of Beauty*, *op. cit.*, p. 159.

2. *Ibid.*, p. 127.

3. *Ibid.*, p. 126.

4. M. C. Beardsley, *Aesthetics. Problems in the Philosophy of Criticism*, New York, 1958, p. 31-34, 63-64, 191-192.

la théorie de l'art « formaliste »; il nomme lui-même comme ses devanciers immédiats Roger Fry et Clive Bell. Clive Bell pensait avoir reconnu dans la « forme signifiante » l'essence de l'art, et attribue la paternité de cette conception à Kant qu'il va jusqu'à qualifier de « précurseur du rococo ». Il arrive à Osborne de faire l'éloge de l'analyse de Bell en la désignant comme « la forme moderne de la théorie kantienne. » Mais ce n'est pas tellement la tradition de la théorie de l'art qui a inspiré la conception d'Osborne. C'est bien plutôt dans le développement de l'art moderne qu'il faut chercher l'arrière-plan de son esthétique. Comme il le remarque, non sans fierté, ses idées se sont formées « durant quinze années de contacts étroits avec des artistes appartenant à différentes sphères »[1]. Ce n'est pas non plus un hasard si cette qualité qu'il extrait de l'art et qu'il distille comme son essence, est en même temps celle que visent les efforts pratiques de ses artistes de prédilection. Lorsqu'il affirme que la tâche principale de l'artiste est de disposer dans un ordre entièrement structuré et harmonieux le matériau sensible sur lequel il travaille, il s'appuie sur la compréhension que toute une série d'artistes de la modernité ont d'eux mêmes. Pour ne prendre qu'un exemple, dans la tradition de la peinture moderne, le tableau n'est plus seulement conçu comme un médium diaphane qui, tel une fenêtre métaphysique, libère le regard, mais comme un médium toujours plus opaque et qui finit par se métamorphoser en une formation en droit autonome, de sorte que la structuration de la surface du tableau peut devenir de plus en plus l'objet central ou exclusif des efforts des artistes.

L'organisation du matériau sensible dans une totalité susceptible d'être expérimentée n'est pas seulement, pour Osborne, une revendication spécifique de l'art moderne. Il prétend que le même effort pour créer un tout figuratif polyphonique guidait déjà, consciemment ou inconsciemment, la production des formes artistiques dans le passé. Certes, l'art ancien était encore soumis à la contrainte encombrante et « étrangère à l'art » de la figuration mimétique. C'est pourquoi la compréhension de l'essence de l'art n'a pu, selon lui, se développer librement qu'avec la modernité, car les « constantes et universelles lois de la beauté », valables pour toutes les époques et les cultures, ne se manifestent qu'aujourd'hui. Il n'était pas possible d'élaborer auparavant l'idée de l'essence propre de l'art dans sa

1. H. Osborne, *Theory of Beauty*, *op. cit.*, p. 6.

forme authentique parce que celle-ci était toujours ternie par des influences extérieures à l'art. C'est seulement à l'époque moderne que l'art a pu enfin se donner pour tâche de trouver sa forme « pure » et se « définir » lui-même rigoureusement, comme Greenberg se plaisait à le dire. Mais si la pratique de l'art moderne tend à sa propre définition, il faut alors que le théoricien de l'art fixe principalement son attention sur l'art moderne, s'il veut trouver ce qui constitue le caractère distinctif de l'art en général. C'est seulement avec la modernité que l'art, dans son effort de purification et d'élimination de tout ce qui lui est extérieur en tant qu'art, semble être parvenu à se trouver lui-même et à se donner la forme correspondant à sa propre essence. Osborne en conclut que « la théorie selon laquelle la beauté est le coefficient d'une structure formelle ne se limite pas aux nouvelles formes révolutionnaires de pratique artistique de la modernité; elle est valide partout et pour tout art[1] ».

Le point de vue de la configuration formelle permet d'intégrer dans le champ de l'esthétique (et aussi partiellement dans les vitrines des musées) non seulement les œuvres de l'art traditionnel mais également les phénomènes esthétiques jusque là ignorées : les formes d'art extra-européennes, les objets de culte des peuples « non-civilises », la peinture des enfants et des malades mentaux. On peut facilement retrouver dans tous ces objets des structures plastiques « organiques ». Cette marque distinctive semble donc être en quelque sorte commune à toutes les formes d'art, qu'elles soient modernes ou traditionnelles, européennes ou extra-européennes, qu'elles aient été reconnues ou fait l'objet de discrimination par les institutions officielles. On peut donc tout à fait comprendre qu'une théorie de l'art qui cherche à déterminer quelle est la propriété réellement commune à toutes les œuvres d'art, ait recours au trait distinctif de la configuration formelle

5.

Si l'on voulait critiquer Osborne, on pourrait se demander quel sens il y a à vouloir ramener tous les arts qui ont traversé les siècles à un dénominateur commun et abstrait et de les inventorier dans un musée imaginaire dont les représentants ne font que démontrer l'éternel retour du même. On pourrait également chercher quels intérêts se dissimulent sous de telles manières de

1. H. Osborne, *Theory of Beauty*, *op. cit.*, p. 28.

voir nécessairement fermées à toute signification historique des choses. Plus concrètement, on pourrait aussi se demander pourquoi ces manières de voir ont pu paraître plausibles précisément à l'époque où Osborne les à fait connaître. Mais de telles réflexions sont éloignées de la démarche de la philosophie analytique et ne font que recouvrir l'édifice vétuste de l'esthétique traditionnelle avec un matériau herméneutique inutile. La philosophie analytique veut plutôt donner au regard plus d'acuité devant cette fragile construction théorique en soumettant les théories traditionnelles de l'art à un examen sans indulgence pour sa polyphonie sémantique et logique.

Si nous présentons ici la théorie d'Osborne, ce n'est donc pas parce que son contenu serait très intéressant, mais seulement parce qu'elle est un exemple particulièrement approprié de cette théorie traditionnelle de l'art dont nous pensons, comme nous le montrerons, qu'il y a de bonnes raisons pour l'abandonner. De même, il importe peu que Osborne ait cru avoir trouvé dans sa configuration formelle l'essence de l'œuvre d'art. Du point de vue de la structure argumentative, toute autre thèse essentialiste, celle qui définit l'art par sa force expressive, émotionnelle ou intellectuelle ou par sa finalité hédoniste, tomberait sous le même verdict. La critique que nous exposons ici de la théorie de Osborne demande que celle-ci soit toujours prise à titre d'exemple, comme un modèle à partir duquel d'autres théories « traditionnelles » pourraient être critiquées.

Morris Weitz, philosophe dont les conceptions s'exprimèrent peu de temps après sur un mode plus analytique, se prononce sur les théories essentialistes de l'art de la manière suivante : « Dans toute l'histoire de l'esthétique, il n'y a pas un énoncé soi-disant vrai sur l'essence de l'art qui n'ait pas été critiqué par ses adversaires comme incomplet, trop global, circulaire, reposant sur des traits distinctifs ou des principes douteux, vagues ou invérifiables ».[1] *Toutes* ces objections, comme nous le verrons, ont en effet été formulées à juste titre contre la théorie d'Osborne. Quoiqu'elles n'aient pas été soulevées seulement par les philosophes analytiques, mais aussi, à l'occasion, par les représentants de conceptions rivales à l'intérieur de « l'esthétique traditionnelle », seuls les premiers se sont véritablement efforcés d'en tirer des conséquences sérieuses.

1. M. Weitz, *The Opening Mind. A Philosophical Study of Humanistic Concepts*, Chicago University Press, Chicago, 1977, p. 50.

Si l'on ne considère d'abord que la brève affirmation d'Osborne selon laquelle la qualité commune de toutes les œuvres d'art consiste dans leur structure unitaire et organique, on peut facilement objecter que cet énoncé, s'il est vrai, l'est seulement en raison de son caractère extrêmement vague. S'il est possible de donner son assentiment à la théorie d'Osborne, c'est simplement parce qu'il existe une certaine « unité organique » pour tout champ de perception quel qu'il soit. L'expression d'« unité organique » offre l'avantage de convenir apparemment à toutes les œuvres d'art, mais c'est au prix d'un inconvénient majeur, puisqu'elle ne désigne rien de spécifique les concernant. Si l'on essaie d'utiliser la définition en fonction du but pour lequel elle a en effet été expressément conçue, à savoir pour distinguer les œuvres d'art des autres objets, elle s'avère donc n'être qu'un placebo théorique. En fait, cela montre que le sens de cette expression désignant les propriétés véritablement artistiques doit être précisé si l'on veut qu'elle puisse être utilisable. Osborne s'est efforcé à de nombreuses reprises d'expliciter ce qu'il entendait par « unité organique ». Ses efforts n'ayant pas été particulièrement éclairants, il est superflu de s'y arrêter. Mais Osborne a une excuse en réserves : il dit lui-même à plusieurs reprises

qu'il est impossible d'expliquer avec des mots ce qui est désigné par l'expression « unité organique ». Ce n'est pas cependant un raison pour s'émouvoir, dit-il, car « ce qui ne peut pas être décrit, peut être montré de manière ostensive[1] ».

Une définition ostensive de l'unité organique n'est pas non plus sans poser des problèmes. Il s'agit en effet, selon Osborne, d'une propriété qui ne peut être trouvée que dans les œuvres d'art; mais c'est en même temps cette propriété qui doit permettre précisément de reconnaître les œuvres d'art. On aboutit ainsi à une circularité fâcheuse : il faut montrer les œuvres d'art pour élucider ce que signifie l'expression qui devrait par ailleurs expliquer véritablement ce qu'est une œuvre d'art. Selon Osborne, il n'existe pas d'autre moyen pour expliquer ce que signifie « unité organique ». Si l'on commence par définir les éléments qui composent une unité organique, on ne peut plus percevoir le tout comme une unité organique, car la perception de la forme ne précède alors plus celle des parties. Une telle « dissection » analytique ne peut que manquer son but, puisqu'elle fait disparaître par cette démonstration même la qualité qu'elle doit précisément mettre en

1. H. Osborne, *Aesthetics and Criticism*, *op. cit.*, p. 36.

évidence. Comme Osborne ne cesse de le répéter : « Il est impossible de connaître une totalité organique spécifique par des raisons logiques ni de la décrire analytiquement. On ne peut la connaître que par connaissance directe, en l'appréhendant intuitivement comme un tout[1] ». Cette citation pourrait donner l'impression que l'on a besoin de mystérieuses facultés intuitives pour reconnaître les œuvres d'art comme telles. Mais ce que veut dire ici Osborne, c'est que le terme technique d'« unité organique », censé nommer la *différence spécifique* des œuvres d'art, est un concept qui ne peut être employé qu'en vertu d'une perception sensorielle immédiate. On ne peut donc répondre à la question de savoir si une chose est ou non une œuvre d'art qu'en s'appuyant sur une perception sensorielle immédiate. Si quelque chose est une œuvre d'art, on doit donc le voir immédiatement comme on doit voir si quelque chose est rouge.

Si le concept d'« unité organique » est un prédicat de perception, son attribution ne peut donc être contrôlée que par une perception immédiate. Ce n'est pas cependant aussi simple, parce que cette propriété ne peut être perçue, selon Osborne, que par un observateur particulièrement exercé et sensible : « Quoiqu'un grand nombre de gens puissent voir le même tableau (un objet matériel fait de couleurs sur une toile), il est peu vraisemblable, dans la mesure où l'œuvre est belle et complexe, que deux spectateurs voient exactement la même chose. Le spectateur exercé reconnaît des choses que le spectateur non-exercé ne voit pas. »[2] Osborne considère qu'un débat entre les deux spectateurs serait dépourvu de sens car « il ne peut exister de contradiction véritable entre les jugements de personnes n'ayant pas le même degré de développement de leur faculté de perception esthétique. Quoique leurs jugements soient contraires, ils ne peuvent jamais être contradictoires, car ils évaluent une quantité inégale d'impressions sensorielles, et ne se réfèrent donc pas aux mêmes choses[3] ». Mais s'il est impossible de trancher dans la mesure où l'on n'a pas affaire à des jugements contradictoires, l'unique issue consiste alors à décider quel spectateur est compétent ou non. Il faut donc fatalement déterminer lequel des deux est en mesure de reconnaître cette qualité incontestable. On est ainsi à nouveau pris dans un cercle vicieux.

1. *Ibid.*, p. 248.
2. H. Osborne, *Theory of Beauty*, *op. cit.*, p. 127.
3. *Ibid.*, p. 128.

Si l'on suit Osborne, savoir si un objet donné offre ou non un champ de perception « organique », n'est pas seulement difficile ; c'est parfaitement impossible. On verra plus tard la véritable raison de cette indécidabilité. Bien qu'elle paraisse évidente aux yeux d'Osborne, cette indécidabilité doit être regardée comme une tare grave, car une « esthétique scientifique » ne peut pas reposer sur une définition avec un *definiens* dont l'applicabilité n'est pas seulement douteuse ou vague, mais indécidable d'un point de vue principiel. Les remarques de l'auteur sur le caractère distinctif de l'« unité organique » n'ont donc nullement permis de faire la clarté sur ce qui distingue les œuvres d'art des autres objets. Il s'est contenté d'introduire un nouveau mystère à la place de l'ancien.

Tirer un tel bilan en guise de jugement définitif serait pourtant exagéré. En effet, si l'on prend à la lettre les explications de Osborne, la question de savoir si un tableau, par exemple, possède cette qualité désignée par l'expression d'« unité organique » n'est pas aussi indécidable qu'il paraît. Avec un peu de bonne volonté, on peut tout à fait rendre compte de ce qu'il entend par-là à partir des exemples qu'il donne : l'unité organique renvoie à ces tableaux qui, selon les règles picturales de construction, sont équilibrés, harmonieux et bien composées. Dans les académies d'art, encore aujourd'hui, on corrige les déviations par rapport à cet idéal de composition « organique et unitaire » en montrant que le tableau manque de vivacité, que certaines couleurs sont trop en évidence au premier plan, que les formes isolées sont juxtaposées sans aucune relation entre-elles. Le même idéal de représentation conforme à un ordre et des lois,[1] est exposé sous une forme facilement compréhensible dans les instructions destinées aux graphistes ou les ouvrages pédagogiques pour les grandes écoles de photographie. Osborne pense manifestement lui-aussi que l'unité organique d'une œuvre d'art repose sur une harmonie entre les contrastes, un équilibre entre les éléments visuels, un rapport entre une tension et sa résolution etc. On trouve une conception semblable chez Beardsley ; selon lui, l'œuvre est également un champ perceptif soigneusement ordonné, disposé comme il faut et dans lequel tout est à sa place. Il est certes impossible de décrire verbalement ce qu'Osborne entend par « unité organique », en utilisant des formulations aussi vagues qu'« harmonie structurelle » ou « beauté formelle ». Mais puisqu'il est possible de définir la signification

1. Ludeking écrit ici en anglais, « *law and order* ». (N.D.T.)

de l'expression de manière ostensive (selon un degré acceptable d'imprécision), l'affirmation de l'auteur selon laquelle les œuvres d'art sont des objets qui renvoient à une structure harmonieuse démontrable peut toujours être précisée, pour autant qu'il y ait un sens à vouloir la vérifier

6.

Si la beauté (au sens que nous avons expliqué d'harmonie formelle) est la qualité qui définit les œuvres d'art, alors toutes les œuvres d'art, et seulement elles, doivent être de belles choses et toutes les belles choses, et seulement elles, doivent être des œuvres d'art. La bonne méthode pour vérifier cette affirmation consiste à chercher un contre-exemple, car un seul contre-exemple suffit à la réfuter. Il existe deux possibilités. Soit nous montrons qu'il existe des phénomènes qui sont beaux au sens d'Osborne sans avoir pour autant la valeur d'une œuvre d'art. Cela démontrerait que l'« unité organique » n'est pas une condition *suffisante* pour que quelque chose soit une œuvre d'art. Soit on montre qu'il existe des œuvres d'art qui, selon le critère de l'auteur, ne sont pas de belles choses. Cela prouverait que cette qualité n'est pas une condition *nécessaire*.

Osborne est persuadé que lorsqu'il s'agit d'œuvres d'art, on ne trouve que des champs perceptifs structurés de manière organique et unitaire. Mais en quoi, par exemple, la perception d'un paysage peint par Constable se distingue-t-elle, relativement à sa structure unitaire, de la vue du même paysage *in natura*, puisque celui-ci offre, comme l'affirme Gombrich, un modèle identique d'informations visuelles[1]? Osborne lui-même parle à l'occasion de « beauté naturelle », ce qui est étonnant si « beauté » nomme la propriété que l'on ne peut trouver que dans les œuvres d'art; et il ne conteste pas qu'un paysage bucolique ou un corps humain puisse être bien proportionné comme « un tout organique naturel ». Osborne pourrait cependant exclure de tels cas en invoquant une seconde condition (déjà mentionnée) à savoir que les œuvres d'art sont toujours des objets fabriqués par l'homme. Rien n'interdit cependant de trouver parmi les artefacts, des objets qui renvoient à l'idée d'« unité organique » et qui ne sont pourtant pas des œuvres d'art, du moins au sens où l'entend l'auteur. On peut accorder à de nombreux travaux de designers et de décorateurs de vitrines,

1. *Cf.* E. Gombrich, *L'art et l'illusion*, Paris, Gallimard, 1971.

de fleuristes et de photographes, le même droit légitime à « l'unité organique » qu'à Bosch ou Bruegel.

On n'a sans doute pas encore réfuté par-là l'idée que la structure organique d'un champ de perception serait au moins *une* condition pour que l'on soit en présence d'une œuvre d'art. L'affirmation d'Osborne est difficile à réfuter parce que le concept d'« unité organique » est tellement extensible et abstrait qu'il peut contenir un nombre presque illimité de cas différents. Il n'est pas facile de savoir quand on outrepasse les limites de la forme harmonieuse ou si l'on a simplement affaire à une nouvelle variante de l'harmonie formelle. On pourrait opposer à Osborne ces formes artistiques, qui existent en particulier chez les modernes, dont la préoccupation centrale n'est pas l'harmonie et la forme organique mais la dissonance, la contradiction et le hasard. Il répondrait sans doute que dans tous ces cas, l'unité n'est pas toujours évidente et que la nouveauté de ces œuvres rend la perception plus difficile. Ce n'est pas parce qu'on n'arrive pas à percevoir dans de telles œuvres une « unité organique » que celle-ci n'existe pas. C'est seulement qu'on ne les a pas regardées avec assez d'attention ou que l'on n'est pas encore assez rigoureusement préparés pour pouvoir la reconnaître. Ce serait donc le fait de reconnaître l'harmonie formelle qui prouverait que l'on a observé avec précision et qu'on est « bien préparé ». Celui qui n'est pas capable de reconnaître cette harmonie ne fait pas une expérience authentique et sa perception est insuffisante d'un point de vue épistémologique.

Cette même argumentation, recouverte sous de nouveaux habits, est exposée par Beardsley avec une franchise digne d'éloges. Il admet que les relations structurelles qui déterminent la cohérence « spécifique » d'une œuvre d'art n'ont manifestement plus cours dans certaines œuvres modernes. Mais il en tire la conclusion qu'il faut simplement que le spectateur fasse des efforts pour pouvoir les reconnaître : « Le spectateur doit faire beaucoup d'efforts pour percevoir les relations qui sont impliquées dans les œuvres d'art. Mais ces relations doivent être présentes »[1]. Wittgenstein remarque que des formulations de ce type (que quelque chose *doit* être ainsi et ainsi) sont en règle générale l'indice d'un préjugé grammatical. La proposition selon laquelle toutes les œuvres d'art ont une forme organique ne peut avoir la

1. M. C. Beardsley, « The Definition of the Arts », *The Journal of Aesthetics and Art Criticism* 20, 1961-1962, p. 183.

validité d'une proposition d'expérience si on ne consent pas à la soumettre à une vérification empirique. Une proposition qui ne peut pas être falsifiée par l'expérience, ne peut être confirmée par elle, et réciproquement (le fait qu'un homme n'est pas marié n'est pas la confirmation empirique qu'il est célibataire). Il s'avère donc que la proposition selon laquelle toutes les œuvres qui renvoient à une structure organique sont des œuvres d'art, n'est pas une proposition empirique, mais une proposition analytique.
Osborne l'avoue d'ailleurs franchement, lorsqu'il affirme que « les œuvres d'art sont, par définition, des champs de représentation, des totalités organiques. »[1] On ne peut donc jamais citer un objet sans « unité organique » comme contre-exemple de sa théorie. Il ne montre pas qu'il existe des œuvres d'art dépourvues de cette propriété, mais seulement qu'une œuvre dépourvue de cette propriété n'est pas une œuvre d'art. Son argumentation est semblable à celle d'un ornithologue qui, à l'annonce qu'on aurait découvert un cygne noir en Australie, répliquerait qu'il ne saurait être réellement noir et qu'on ne l'a pas regardé avec assez d'attention (peut-être est-il coloré). Car s'il était réellement noir, il ne pourrait s'agir d'un cygne. Pour celui qui raisonne ainsi, la proposition selon laquelle tous les cygnes sont blancs n'est pas une hypothèse empirique, mais une vérité nécessaire (analytique). Si un cygne est noir, alors ce n'est pas un cygne. Dans ce cas, même avec les plus grands efforts, on ne pourra jamais découvrir aucun cygne noir en Australie, pas plus qu'on ne pourra y découvrir un célibataire marié, ou une œuvre d'art sans « unité organique ».

7.

On voit que la question de la qualité commune à toutes les œuvres d'art, qui apparaissait d'abord comme une question de fait, est finalement résolue par une détermination conceptuelle. Le supposé problème empirique se révèle être un problème de langage, et on peut comprendre qu'un philosophe analytique en ait tiré la conclusion « que la théorie traditionnelle cherche la nature de l'art ou de la beauté et la trouve grâce à une définition »[2]. La théorie de Osborne ne dévoile pas « l'essence » de l'art mais seulement le contenu de signification du concept d'art avec lequel il opère.

1. H. Osborne, *Aesthetics and Criticism*, *op. cit.*, p. 250.
2. W. E. Kennick, « Does Traditional Aesthetics Rest on a Mistake ? », art. cit., p. 318.

La démarche d'Osborne n'est pas aussi scientifique qu'il voudrait le faire croire à ses lecteurs. On peut présumer qu'il s'est servi, dès le début de son travail, d'un concept déterminé de l'art pour délimiter arbitrairement le cercle des phénomènes dont il a fait ensuite l'objet de ses recherches « empiriques ». Osborne se défend d'avoir utilisé dès le départ la beauté, au sens où il l'entend, comme critère pour établir l'appartenance des objets à la classe des œuvres d'art, et reconnait qu'un tel procédé aurait été parfaitement illicite. Sa théorie, dit-il, est construite exclusivement sur la « base empirique » de jugements linguistiques existants réellement, se rapportant à la question de savoir quels objets sont beaux : « Les jugements existants sur la beauté des objets particuliers constituent le matériau qui, sous la forme de données primaires, est à la disposition de l'esthétique comme science. Ces jugements maintiennent un lien fondamental entre l'esthétique et la réalité de l'expérience, et c'est seulement à partir d'eux que l'on peut établir quels sont les objets qui se situent à l'intérieur du domaine de l'esthétique et ceux qui ne le sont pas »[1].

Il est étonnant qu'Osborne ne puisse pas traiter de la même manière les jugements concernant les objets qui sont des œuvres d'art et ceux qui ne le

sont pas. Son procédé est donc extrêmement problématique; en effet, un jugement sur la « beauté » ne peut servir à délimiter les œuvres d'art que dans la mesure où le concept de beauté est utilisé comme Osborne lui-même l'a défini. Mais ce prédicat n'étant pas attribué seulement aux œuvres d'art mais également à beaucoup d'autres objets, tous les jugements factuels sur la beauté ne sont donc pas pour Osborne également « importants ». Ainsi doit-il concéder que « les études empiriques sur le principe objectif de la beauté » ne sont pas purement empiriques, parce « le choix des objets de recherche présuppose au départ un critère non-empirique pour faire une sélection parmi les jugements sur la beauté »[2]. En vertu d'un tel principe non-empirique, il aboutit au résultat qu'il faut rejeter comme insignifiants tous les jugements sur la beauté qui se réfèrent à quelque chose d'autre qu'à une qualité structurelle objective et non-relationnelle. Osborne dévoile donc ouvertement comment parvenir au but souhaité : pour déterminer ce qui appartient à la classe des œuvres d'art et ce qui n'y appartient pas, il faut se rapporter exclusivement aux « jugements empiriques » d'une autorité

1. H. Osborne, *Theory of Beauty*, *op. cit.*, p. 16.
2. *Ibid.*, p. 25.

compétente qui effectue cette classification en fonction d'un trait spécifique de la structure de l'œuvre, car c'est « seulement dans la mesure où il juge du seul point de vue de la forme, qu'il (le critique) fournit de pures données à l'esthéticien qui souhaite élaborer une doctrine formelle de la beauté[1] ». Osborne peut découvrir que « l'unité organique » est une propriété commune à toutes les œuvres d'art, parce que cette même propriété lui a servi dès le commencement pour délimiter la classe des objets à analyser. Son investigation concernant les œuvres d'art ressemble fâcheusement à une recherche empirique ample et très détaillée sur les célibataires qui aboutirait au résultat que tous les célibataires sont masculins et non-mariés. On verra plus loin pourquoi une telle circularité, qui serait manifestement ridicule dans le cas des célibataires, est au fond inévitable dans l'analyse des œuvres d'art.

8.

Pour parvenir à une définition de l'œuvre d'art, Beardsley recourt à une méthode différente mais également pseudo-empirique, et qui n'est pas sans ressembler à celle de Osborne. Il commence par s'appuyer lui aussi sur des données « empiriques » qui se présentent sous la forme de jugements sur les œuvres d'art, il « analyse » ensuite leur signification, et enfin il élimine avec des arguments « logiques » tous les jugements qui ne se conforment pas à ses présupposés sous prétexte qu'ils ne parleraient pas vraiment de l'œuvre d'art. Il fait principalement appel dans cette démonstration à la règle sémantique qui veut que la signification d'une proposition soit déterminée par une certaine sorte de vérification. Si nous voulons établir à quoi se réfère une proposition, explique-t-il, il faut nous demander « quelle sorte d'évidence est nécessaire pour justifier nos croyances »[2]. Une proposition ne peut par conséquent se rapporter à une œuvre d'art que s'il est possible de la vérifier en se référant à l'œuvre d'art en question. On peut considérer ceci comme allant de soi. Mais Beardsley affirme en outre qu'une proposition ne se réfère « vraiment » à « l'œuvre d'art elle-même » que si elle peut être vérifiée par « une évidence interne », c'est-à-dire en vertu d'une expertise de l'objet. Ainsi, qu'une proposition se

1. H. Osborne, *Aesthetics and Criticism*, *op. cit.*, p. 229.
2. M. C. Beardsley, *Aesthetics. Problems in the Philosophy of Criticism*, *op. cit.*, p. 30.

rapporte à une œuvre d'art n'est pas une condition pour que le terme singulier de la proposition désigne une œuvre d'art. Il faut introduire des restrictions supplémentaires relativement aux prédicats qu'une telle proposition doit contenir. Selon l'auteur, les seules propositions qui se réfèrent aux « œuvres d'art elles-mêmes » sont celles qui contiennent des prédicats à une place, parce que ce sont les seules à pouvoir être vérifiées par cette sorte d'évidence. Une proposition contenant des prédicats de relation, telle que « *Les Demoiselles d'Avignon* furent peintes en 1906 par Picasso », ne serait donc pas une proposition sur l'œuvre d'art en question. Mais cela n'est pas pour Beardsley suffisant : même si l'on se restreint à des prédicats à une seule place, l'objet de la proposition n'est toujours pas établi par le terme singulier. C'est à nouveau le mode de vérification du prédicat qui détermine pour quelle sorte d'objet il est pertinent. C'est ainsi, par exemple, que diverses propositions dont les termes singuliers désignent une seule et même chaise, peuvent se référer apparemment au même objet : « nous appelons une chaise un objet physique, mais la chaise, en tant qu'elle est un objet marron, dur, confortable etc., est un objet de perception : elle est perceptible. A côté de la chaise perceptible, il y a la chaise physique, la chaise dont les propriétés ne sont pas découvertes par la sensation immédiate mais par la pesée, la mesure, le découpage, la combustion etc. »[1]. La théorie de Beardsley prend ici un tour surréaliste. Là où nous supposons tous que les divers prédicats se rapportent à la même chaise, il existe pour lui deux chaises. De la même façon, ce que nous considérions naïvement comme une « œuvre d'art » se dédouble en un objet physique et un objet de perception. Mais seul ce dernier est « l'œuvre d'art elle-même » ; la toile avec sa couche de couleurs n'est que la « base physique » de l'œuvre qui existe seulement dans la perception. L'auteur présente ici une version pour ainsi dire sécularisée de la théorie phénoménologique de l'œuvre d'art comme entité immatérielle et particulière. Ainsi, ce vieux « fantôme » de l'esthétique que Ziff voulait déjà bannir en 1951, réapparaît encore ici ou là dans la démarche pourtant si lumineuse d'une point de vue analytique de Beardsley[2]. A vrai dire, ce fantôme ne se manifeste plus sous une forme suprasensible, mais dans l'empire profane des sens. Comme souvent avec les esprits, sa manifestation est simplement due à une

1. M. C. Beardsley, *Aesthetics. Problems in the Philosophy of Criticism*, *op. cit.*, p. 32.
2. P. Ziff, « Art and the "Object of Art" », *Mind* 60, 1951, p. 480.

projection. On pourrait dire avec Wittgenstein que Beardsley a pris un processus grammatical pour un phénomène quasi-physique qu'il croit avoir observé. Mais même si la proposition dans laquelle il est question d'une œuvre d'art contient exclusivement des prédicats de perception vérifiables par une perception sensorielle immédiate, cela ne suffit toujours pas pour Beardsley à garantir qu'elle se réfère réellement à l'œuvre d'art en question. Il n'est disposé à accepter la perception sensible immédiate que si celle-ci n'est absolument pas influencée par une connaissance préalable. Tout savoir à propos de la signification d'une œuvre, les intentions de son créateur, son contexte historique et même ses propriétés physiques, est non seulement superflu à ses yeux, mais fait obstacle si l'on veut produire des énoncés sur « l'œuvre d'art elle-même. » Un tel savoir ne fait que nous détourner de ce qui est immédiatement visible. D'où le fait que quelqu'un qui, par exemple, critiquerait une façade néo-gothique en disant qu'elle cache une construction métallique, ne dirait rien sur l'édifice comme œuvre d'art. Celui qui veut voir une œuvre « conformément à sa vraie nature », doit oublier ce qu'il sait sur ses conditions physiques ou bien apprendre à faire abstraction de ce savoir. Pour Beardsley, seul « l'œil innocent » peut exercer la fonction d'organe de vérification.

Beardsley pourrait difficilement prétendre qu'il décrit la manière dont nous parlons en général des œuvres d'art. Il emprunte ses idées à un genre déterminé de discours sur l'art qui lui paraît être le seul à avoir vraiment un sens, à savoir ce courant de la critique d'art connu sous le nom de « *New Criticism* ». Il voudrait persuader ses lecteurs que cette manière de parler de l'art est la seule juste, parce que c'est la seule qui résiste à une rigoureuse analyse logico-sémantique. Mais il justifie cette affirmation en se fondant sur des principes qui ne sont logiquement et sémantiquement nullement contraignants, ni même seulement plausibles. Sous une apparence de neutralité « analytique », se dissimule au fond une conception normative de l'art et de la critique d'art, une sorte de « Philosophy of New Criticism », pour faire une allusion au sous-titre de son œuvre principale. Que l'on puisse décrire ce qu'est une œuvre d'art seulement avec des prédicats de perception à une place, c'est pour l'auteur un fait qui est établi indépendamment des recherches empiriques. Dès le départ, il présuppose donc, comme Osborne, un concept défini de l'art qui détermine toutes ses réflexions ultérieures.

9.

La thèse selon laquelle il est possible de faire dériver une définition de l'art d'une recherche purement empirique est donc difficilement défendable, puisqu'une telle recherche exige que l'on ait déjà un concept d'art déterminé. Osborne semble en être venu lui-même plus tard à cette idée. Dans son livre *Aesthetics and Criticism*, il souligne en effet lui-même que « de nombreuses caractéristiques ont été proposées comme traits distinctifs des œuvres d'art dans les définitions de la beauté qui jonchent la littérature sur l'esthétique et la critique. Aucune d'entre elle n'est en elle-même juste ou fausse mais simplement plus ou moins courante, plus ou moins utile ou commode[1] ». On pourrait en conclure que chacun est libre de définir le concept « d'œuvre d'art » à sa guise puisqu'il n'existe pas *une* définition correcte. Mais Osborne croit malgré tout qu'il y a certains critères au moyen desquels on peut juger le caractère adéquat d'une définition du concept d'art : « Nous devons [...] appliquer trois critères à toute définition qui est proposée de l'œuvre d'art. Toute personne qui l'adopte doit pouvoir l'appliquer à tout objet qu'elle classe comme œuvre d'art. Elle ne peut être applicable à aucun objet qu'une personne qui l'adopte n'est pas disposé à classer comme œuvre d'art. Quiconque l'adopte doit l'utiliser comme l'unique critère pour apprécier la valeur relative de diverses œuvres d'art. Tels sont les critères de cohérence selon lesquels les esthéticiens devraient juger les textes de la critiques d'art »[2]. Si ces critères sont les seuls principes pour juger une définition de l'art, alors rien ne fait obstacle aux déterminations conceptuelles les plus arbitraires et les plus erronées.

Il convient ici de se tourner brièvement vers la théorie de l'art de Léon Tolstoï. Son ouvrage *Qu'est-ce que l'art?* est fréquemment mis à contribution dans l'esthétique analytique à titre d'exemple repoussoir, et cela l'a rendu tellement célèbre que des extraits ont même été souvent intégrés dans des anthologies. Pour le résumer de manière très sommaire, disons que Tolstoï définit l'art comme la communication réussie d'un sentiment. Il en tire toutes les conséquences : il compte dans la classe des œuvres d'art les articles de piété, les berceuses, les danses populaires et les descriptions excitantes d'expériences vécues des jeunes enfants qui ont peur du loup. Par

1. H. Osborne, *Aesthetics and Criticism*, *op. cit.*, p. 43.
2. *Ibid.*, p. 47.

ailleurs, il n'hésite pas à exclure de la classe des œuvres d'art les tableaux, les morceaux de musique et les romans qui ne provoquent aucune émotion, en particulier chez l'homme du peuple. Il finit lui aussi par utiliser sa définition comme seul critère d'évaluation, comme on le voit clairement par exemple, dans le passage suivant : « Si un homme, sans aucun effort de sa part, reçoit, en présence de l'œuvre d'un autre homme, une émotion qui l'unit à cet autre homme, et à d'autres encore recevant en même temps que lui la même impression, c'est que l'œuvre en présence de laquelle il se trouve est une œuvre d'art... Éprouvons-nous ce sentiment en présence d'une œuvre? C'est que l'œuvre est de l'art. Ne l'éprouvons-nous pas, ne nous sentons-nous pas unis avec l'auteur et avec les autres hommes à qui son œuvre s'adresse? C'est qu'il n'y a pas d'art dans cette œuvre. Et non seulement le pouvoir de contagion est le signe infaillible de l'art, mais le degré de cette contagion est l'unique mesure de l'excellence de l'art »[1]. La définition de Tolstoï répond point par point aux exigences d'Osborne, et on ne voit pas quelle objection celui-ci pourrait lui opposer, bien qu'elle implique que des tableaux comme ceux de Mondrian, par exemple, qui sont aux yeux d'Osborne des cas paradigmatiques d'œuvre d'art, ne puissent être considérés comme des œuvres d'art. Quoique cette définition conduise à une bien étrange classification et que Tolstoï soit probablement le seul à regarder comme des œuvres d'art la bizarre collection d'objets qu'il en tire, elle est cependant conciliable avec les critères d'Osborne, qui demande seulement que l'on s'en tienne à la définition qu'il a choisie. Les critères d'Osborne ne permettent donc pas d'aller au-delà de cette sorte de détermination conceptuelle que lui-même nomme « définition verbale ». Une définition qui permettrait de désigner de petites images kitsch des saints comme des œuvres d'art (voire comme de bonnes œuvres d'art) au même titre que les madones de Duccio ou de Raphaël, ne serait jamais considérée par lui comme adéquate. A ses yeux, une définition du concept d'art ne peut pas délimiter arbitrairement n'importe quelle classe d'objets. Comme il le souligne lui-même, elle doit comprendre les objets qui sont habituellement désignés comme des œuvres d'art dans le langage courant. Cette classe d'objets lui paraît à peu près identique à celle des objets que les critiques d'art regardent comme des œuvres d'art. Du point de vue de l'extension du concept d'art, il ne voit manifestement aucune différence importante entre

1. L. Tolstoi, *Qu'est-ce que l'art?*, Paris, P.U.F., 2006, p. 160-161.

l'usage des experts et celui du profane. Mais, dans les deux cas, Osborne considère qu'il existe une classe déterminée d'objets qui doivent obligatoirement être reconnus comme des œuvres d'art. Une définition du concept d'art n'est par conséquent acceptable que si elle embrasse précisément une classe d'objets.

10.

Osborne prétend que sa définition « configurationnelle » est la seule à s'accorder avec la classification des œuvres d'art sans être contradictoire (avec ses principes). Comme on l'a vu, on peut opposer à cette thèse l'objection selon laquelle des objets qui, incontestablement, ne sont pas des œuvres d'art, peuvent présenter des champs perceptifs organiquement structurés, alors qu'on les cherche quelquefois en vain dans des œuvres d'art reconnues. Osborne admet sans difficulté la première partie de l'objection mais conteste la seconde. Il pense qu'avec de la bonne volonté, on peut trouver une « unité organique » même dans les compositions improvisées de John Cage, et qu'il est possible de découvrir de la « cohérence » et

de la « complétude » dans un bottin. Convaincre un partisan de la théorie de « l'unité organique » qu'elle n'est pas applicable à toutes les œuvres d'art, pourrait donc s'avérer une entreprise hardie et vouée à l'échec. Heureusement, Osborne s'est exprimé sur les œuvres d'artistes auxquels l'unité organique fait défaut. Au cours de l'année 1976, il fit en effet la découverte suivante : « Il y a dans l'art contemporain récent des orientations stylistiques qui rejettent ouvertement l'unicité organique et qui sont probablement incompatibles avec ce principe esthétique. Dans les compositions du type « *all over* » apparues avec Jackson Pollock et Marc Tobey, et qu'on retrouve chez des artistes comme Jack Tworkorv, Cy Twombly et d'autres, on refuse par principe que les parties soient unies organiquement entre elles [...]. Équilibre, rythme, symétries, répétition et contrepoint sont étrangers à ce type d'œuvre d'art.[1] ». Le fait qu'Osborne reconnaisse qu'il n'est pas possible d'appliquer à ces tableaux le concept d'« unité organique » – ainsi que les critères qu'il mentionne à cette occasion – montre que ce concept d'unité organique renvoie en fait au concept « classique » de composition que l'avant-garde avait encore conservé avant la guerre. Mais

1. H. Osborne, « Organic Unity Again », *The British Journal of Aesthetics and Art Criticism* 16, 1976, p. 216.

c'est précisément ce concept « classique » de composition qui fut rejeté tout à fait consciemment par ces artistes dans les travaux desquels Osborne croit avoir découvert « la nouvelle sensibilité des années soixante », ignorant sans doute que quelqu'un comme Pollock connaissait déjà une gloire internationale en 1943, c'est-à-dire avant qu'Osborne ait achevé son premier livre dans lequel il fait de l'unité organique le trait commun de *tous* les arts. Pour Beardsley aussi, les œuvres de ces artistes sont dépourvues de toute cohérence (comme l'étaient déjà à ses yeux les tableaux du dernier Monet). On a l'impression, remarque-t-il, que leurs tableaux pourraient être agrandis dans n'importe quelle direction et qu'ils ne subiraient aucun dommage si on les découpait en lamelles.

Bien qu'Osborne et ceux qui partagent ses convictions soient incapables de découvrir la moindre trace « d'unité organique » dans ces œuvres, curieusement ils ne refusent pas de les compter parmi les œuvres faisant partie de l'empire de l'art. Osborne concède qu'avec ces tableaux il s'agit bien d'œuvres d'art, bien que « cet art nouveau soit contraire à tout, et contredise directement tout ce qui a été dit traditionnellement sur l'unité organique »[1]. Le fait qu'Osborne reconnaisse la peinture de Pollock comme une « nouvelle manifestation de l'art » suffit à prouver que son analyse n'a aucun sens du point de vue de ses propres règles. En effet, selon ses propres termes, si un théoricien de l'art définit un trait comme la *différence spécifique* des œuvres d'art, il est « tenu de désigner par l'expression « œuvre d'art » tous les objets et seulement ces objets qu'il reconnaît posséder la caractéristique qu'il a indiquée »[2]. Lorsqu'il applique dans ses écrits tardifs le terme d'« art » à un artefact qu'il reconnait être privé de cette caractéristique, il fait un usage incohérent du langage ; ses analyses se transforment en non-sens et, pas plus que l'auteur lui-même, nous ne pouvons être certains de la signification d'aucune de ses propositions.

11.

Osborne aurait pu s'en tenir à sa définition laborieusement élaborée et dire que les œuvres de Pollock ne sont pas des œuvres d'art. Mais il se serait ainsi trouvé en contradiction manifeste avec la classification habituelle des

1. H. Osborne, « The New Sensibility of the 1960s », *The Btitish Journal of Aesthetics* 16, 1976, p. 99.
2. H. Osborne, *Aesthetics and Criticism*, *op. cit.*, p. 43.

œuvres d'art. Il faudrait qu'il s'écarte de l'usage réel de l'expression pour rester cohérent avec sa définition, mais d'un autre côté, il ne peut rester en accord avec la classification des œuvres d'art qu'en renonçant à sa définition et à sa propre exigence de cohérence. Comme il l'a lui-même montré, aucune des autres définitions « traditionnelles » ne peut échapper à ce destin. Si l'on essaie de lier l'usage du concept d'art de façon cohérente à un critère déterminé, on se trouve manifestement pris dans une contradiction inévitable avec l'usage courant de ce concept.

Il est difficile à Osborne d'imaginer comment une telle contradiction peut se produire puisqu'une définition réelle, si elle est utilisée de manière cohérente, devrait nécessairement aboutir à une classification fiable. Si on se place au point de vue d'Osborne, reconnaître que les tableaux de Pollock sont des œuvres d'art bien qu'on n'y trouve aucune unité organique est aussi déconcertant que si un chimiste affirmait avoir de l'or devant soi tout en admettant que le poids de la matière en question ne dépasse pas 196,9. On peut cependant envisager la possibilité de trouver un métal qui serait sous tous rapports exactement identique à l'or, à cette différence près que son poids s'écarterait de la valeur établie jusqu'à présent. En ce cas, on pourrait dire soit que ce métal n'est pas de l'or, soit qu'il existe de l'or ayant un poids différent. Il sera impossible de se décider en se basant seulement sur les faits observables et sur la définition du concept d'« or ». Il n'y a en effet aucune règle pour savoir comment le concept d'« or » peut être employé dans un cas aussi imprévisible. Selon le cas, que l'or pèse 196,9 devrait être alors considéré soit comme une vérité nécessaire, soit comme un fait contingent.

C'est de la même manière qu'il faut comprendre la confrontation d'Osborne avec les tableaux d'avant-garde de Pollock. Il était fermement convaincu, après une recherche rigoureusement scientifique, avoir découvert un trait commun à toutes les œuvres d'art connues jusqu'à présent, permettant de les identifier de manière certaine. Mais il tombe soudain sur de nouveaux phénomènes qui ressemblent aux œuvres d'art traditionnelles à cette différence près que l'unité organique leur fait défaut. Mais ces objets étranges ayant été entre-temps reconnus comme des œuvres d'art, il lui est difficile de nier purement et simplement qu'il s'agit d'œuvres d'art. Mais si nous sommes réellement en présence d'œuvres d'art avec les tableaux peints par Pollock et les autres tenants de la composition *all over*, bien que ces tableaux manquent manifestement d'unité organique, alors la thèse selon laquelle toutes les œuvres d'art possèdent une « unité organique » se révèle aussi plate que fausse, et Osborne doit renoncer à sa théorie si péniblement élaborée. Affirmer que cette propriété doit se trouver dans toutes les œuvres d'art n'est donc plus seulement une généralisation non justifiée ; il devient impossible de faire passer plus longtemps cette qualité pour une condition nécessaire de l'emploi du concept d'art. En effet, Osborne ne s'est lui-même jamais tenu à cette condition lorsqu'il a classé dans la catégorie des œuvres d'art les tableaux informels de Pollock et de ceux qui partageaient ses idées. Comment pouvait-il savoir qu'il s'agissait bien en ce cas d'œuvres d'art ? Osborne ne répond pas à cette question. Il s'est contenté d'adopter la classification généralement en usage, sans donner aucune justification.

Puisqu'Osborne n'est pas disposé à abandonner sa définition à cause de quelques cas inconfortables d'un nouveau genre, il ne peut la sauver que par une manipulation conceptuelle, en étendant la signification de l'expression proposée comme *definiens*, afin de pouvoir y inclure ces nouveaux cas. Osborne n'a pas toujours résisté à la tentation de procéder de cette manière. « Le problème le plus important soulevé par le principe de l'unité organique » dira-t-il, a été de le définir de sorte qu'il puisse être applicable à toutes les œuvres des beaux-arts, « afin qu'on puisse ainsi les distinguer des objets non-esthétiques. »[1]

Ce problème ne se pose qu'à celui qui veut avoir raison à tout prix en soutenant la thèse selon laquelle toutes les œuvres d'art possèdent une unité organique. L'effort pour étendre ainsi la signification de l'expression d'« unité organique » pour qu'elle reste coextensive au concept d'œuvre d'art ne peut réussir qu'au prix d'une perte progressive de sens. Cette tentative de sauvetage maintient la thèse mais en la privant de signification. La formulation pédagogique d'Osborne devient de plus en plus une formule vide de sens. En outre, une telle extension de la signification revient à faire dépendre le caractère utilisable du *definiens* du caractère utilisable du *definiendum*. L'intention originelle de la définition se trouve par-là même transformée en son exact contraire. L'usage du concept d'art n'est plus déterminé par l'expression d'unité organique. La question qui se pose est plutôt de savoir quelle peut bien être l'utilité de cette expression censée définir la condition de l'emploi du concept d'art, si ce concept peut être employé pour des cas qui ne satisfont pas cette condition.

1. H. Osborne, « Organic Unity Again », *The British Journal of Aesthetics* 16, 1976, p. 213.

12.

Quand Osborne propose un critère inutilisable pour identifier les œuvres d'art, ce n'est pas simplement comme si quelqu'un affirmait qu'on peut reconnaître les cygnes à leurs plumes blanches jusqu'à ce qu'il doive finalement admettre qu'il existe des cygnes noirs. Dans sa théorie, l'unité organique ne devait pas seulement servir comme une marque d'identification, mais également comme unique critère d'évaluation pour les œuvres d'art. Refuser de désigner les travaux de Pollock comme des œuvres d'art, comme l'aurait exigé sa définition, n'aurait pas seulement entraîné une classification inhabituelle des œuvres d'art produite par une détermination conceptuelle erronée; ce refus aurait en même temps exprimé une certain position normative à l'égard de l'art. Dans la mesure où il part du fait que la classification et l'évaluation des œuvres d'art doivent se référer à un seul et même trait distinctif, Osborne est enclin à ne pas reconnaître comme des œuvres d'art les objets qui (conformément à son critère) n'ont que peu ou aucune valeur. Il dit lui-même que le critère d'unité organique doit permettre de « distinguer une œuvre d'art belle d'une autre qui ne l'est pas – ou, pour le dire un peu mieux – de distinguer une œuvre d'art d'une production qui emprunte, sans succès, la forme d'une œuvre d'art »[1]. Selon les critères formalistes de l'auteur, une œuvre laide n'est donc pas une mauvaise œuvre d'art : ce n'est pas du tout une œuvre d'art. Son argument ressemble à celui qui consiste à affirmer qu'une voiture qui ne pourrait pas être conduite à moins de 200 km/h ne serait pas une voiture. Osborne emploie le mot « œuvre d'art » en un sens laudateur et tente de restreindre ses usages aux objets qui lui paraissent d'une grande valeur. En liant cette stratégie à la tentative de donner une définition neutre, ou du moins scientifique, du concept d'art, il donne l'impression que ce n'est pas du tout en raison de préférences personnelles, mais en vertu des critères d'application généralement reconnus du concept d'art lui-même qu'il applique le concept d'art à des œuvres qu'il a choisies en fait arbitrairement parce qu'elles correspondent à son critère univoque de valeur. Le fait que sa définition devrait normalement contraindre Osborne à exclure les tableaux de Pollock de la classe des œuvres d'art, démontre qu'elle n'est pas en mesure de fournir les critères qui sont exigés par la classification réelle des œuvres

1. H. Osborne, *Theory of Beauty*, *op. cit.*, p. 122.

d'art. Puisque la définition de l'auteur est incapable de *décrire* l'usage réel du concept d'art, elle peut uniquement *prescrire* un usage défini de ce concept. Elle s'avère ainsi être un cas typique de cette sorte de définition que Stevenson a caractérisée comme « *persuasives* »[1].

On voit clairement qu'il s'agit d'une définition « persuasive » à partir du moment où elle oblige à exclure du domaine de l'art des œuvres d'art généralement reconnues comme telles. Mais cela ne signifie nullement qu'elle n'était pas déjà rhétorique avant même de conduire à ces déviations extensionnelles. Quoiqu'elle ne bannisse au départ aucun membre digne d'occuper une place dans la classe des œuvres d'art, cette définition met toujours en relief une qualité particulière des œuvres comme sa qualité « essentielle », suggérant par là que c'est cette qualité qui fait d'elle avant tout une œuvre d'art. Refuser de reconnaître les tableaux de Pollock comme des œuvres d'art, revenait à reconnaître comme une vérité nécessaire la proposition qu'il ne peut exister aucune œuvre d'art sans unité organique. Mais il est clair que derrière cette proposition, qui donne l'impression à première vue d'être uniquement dérivée d'une détermination conceptuelle, se cache quelque chose d'autre. Il s'agit au fond d'une position normative qui ne s'appuie pas plus sur des faits empiriques que sur une vérité analytique. La proposition décisive, qui a pour Osborne le statut d'une vérité nécessaire et a priori, est en dernière instance celle qui veut qu'un objet n'a une *pleine valeur* artistique que s'il présente la qualité de l'unité organique.

La manière dont Osborne persiste dans sa position, dans le même passage où il finit par concéder qu'il existe également des œuvres d'art sans « unité organique », est tout à fait caractéristique : « le principe d'unité organique [...] a malgré tout une valeur et une signification pour l'art ou une grande partie de l'art jusqu'aux années 60 »[2]. Bien qu'il soit obligé de concéder que la caractéristique de l'unité organique n'est pas toujours pertinente pour identifier les œuvres d'art, il continue à la considérer comme le seul critère d'évaluation. Il accorde certes à contrecœur que les toiles de Jackson Pollock sont des œuvres d'art, mais il ne peut s'empêcher de remarquer qu'il s'agit d'œuvres pitoyablement mauvaises. Leur valeur consiste pour lui non pas dans leurs qualités artistiques, mais plutôt dans le fait qu'elles permettent au psychothérapeute d'établir un diagnostic.

1. C. L. Stevenson, « Persuasive Definitions », *Mind* 47, 1938, p. 3.
2. H. Osborne, « Organic Unity Again », art. cit., p. 216.

13.

Le fait de mettre sur le même plan le critère pour classer les œuvres d'art et celui qui sert pour les évaluer n'est donc pas aussi « incontestablement logique » qu'Osborne l'a toujours affirmé. L'unique raison justifiant cette équivalence n'était originellement que la référence au principe de Collingwood (cité plus haut) selon lequel un bon exemplaire d'une classe déterminée d'objets ne peut être que celui qui présente à un haut degré de précision les traits qui définissent cette classe. Osborne a cependant lui-même souligné ultérieurement que ce principe n'a pas de validité générale, prenant l'exemple des différents critères utilisés pour évaluer des voitures. Si l'on dit « c'est une bonne voiture », cette évaluation peut tout à fait se référer à des traits caractéristiques (rapidité, sécurité, confort ou élégance) que l'on peut attribuer à d'autres objets mais qui sont particulièrement importants lorsqu'il s'agit d'une voiture. L'évaluation des voitures ne peut donc s'appuyer en aucune façon sur des propriétés que l'on n'attribue qu'à elles seules; elle doit également se rapporter à des caractéristiques que l'on trouve dans d'autres objets. Osborne nomme de telles caractéristiques des « mérites secondaires ». Il constate que l'on peut juger les œuvres d'art en fonction de telles caractéristiques secondaires. Mais il continue malgré tout à croire, après comme avant, à l'existence d'une norme « authentique » au moyen de laquelle on peut juger les œuvres d'art. C'est ce qu'il pense lorsqu'il affirme « qu'il existe implicitement dans "l'appareil" de la critique d'art un concept de ce que signifie être une œuvre d'art »[1]. Dire que l'on juge quelque chose comme X n'a de sens que si l'on peut déduire du concept X un critère déterminé d'évaluation.

Mais, comme Osborne le souligne lui-même, cela n'est possible que dans deux cas, à savoir lorsqu'on utilise un concept pour établir une classification, soit en vertu d'une fonction déterminée, soit en fonction d'un type idéal. C'est seulement dans ces deux cas que la caractéristique de la définition peut servir de critère d'évaluation. Pour démontrer que cette possibilité existe dans le cas du concept « d'œuvre d'art », Osborne décide de le traiter comme un concept de fonction. Il conçoit donc les œuvres d'art comme une classe de fonctions et il n'a aucune difficulté pour indiquer quelle est la fonction spécifique des œuvres d'art : c'est celle qui sert à « la

1. H. Osborne, « Definition and Evaluation in Aesthetics », *The Philosophical Quarterly* 23, 1973, p. 21-22.

perception esthétique ». Il définit l'œuvre d'art comme un artefact qui est construit en vue d'une perception esthétique. Cette nouvelle définition permet à l'auteur de déduire sans difficultés le critère axiologique souhaité. Pour juger une œuvre d'art « en tant que telle », on doit seulement déterminer si elle est effectivement utilisée à cette fin. La définition que donne Osborne de la fonction spécifique des œuvres d'art dépend de sa définition originelle en termes d'unité organique, puisque la « perception esthétique » n'est pour lui rien d'autre que la contemplation des champs de perception organiquement structurés. Sa définition fonctionnelle n'est donc qu'une nouvelle version de l'ancienne définition, et c'est pourquoi l'une est aussi peu en mesure que l'autre de nous fournir le trait spécifique de tous ces objets qui sont en général désignés comme œuvres d'art. Qu'aucune autre théorie traditionnelle ne puisse indiquer ce trait spécifique parle en faveur de la thèse selon laquelle une pure évaluation des œuvres d'art en tant que telles n'existe absolument pas. Nous ne pouvons les juger *que* selon ce qu'Osborne appelle leurs mérites secondaires. Mais il n'y a rien de déprimant dans le fait de ne pouvoir jamais évaluer purement « en tant que tels » la plupart des autres objets, comme par exemple les voitures.

Osborne n'a donc pas réussi à établir une norme d'évaluation satisfaisante, compatible avec l'assentiment général parce qu'elle serait dérivée d'un critère de classification des œuvres reconnu comme nécessaire. Quelqu'un qui sait classer les œuvres d'art n'est pas obligé de signaler quels sont ses critères d'évaluation. Les critères axiologiques qu'Osborne tient pour nécessaire ne sont rien d'autre que l'expression de ses préférences personnelles, qui ne sont partagées par personne, pas même par ceux qui seraient prêts à classer comme lui les mêmes objets comme œuvres d'art.

La relation étroite entre la classification et l'évaluation des œuvres que notre auteur voulait justifier n'est donc nullement aussi « inévitable » qu'il le croyait. Tout tend plutôt à dissoudre cette relation funeste; la question de savoir comment les œuvres sont évaluées doit être considérée indépendamment de la question de savoir comment on peut les reconnaître en tant que telles. Comme on le verra plus loin, l'idée que ces deux questions doivent être traitées séparément est l'un des points de départ décisifs de la philosophie analytique de l'art.

14.

Comme l'exemple d'Osborne le montre clairement, la théorie de l'art traditionnelle s'empêtre dans des problèmes insolubles, parce qu'en raison de ses prémisses essentialistes, il lui faut produire des énoncés généraux s'appliquant à *toutes* les œuvres. Et ceux-ci s'avèrent extrêmement problématiques. D'abord parce que des énoncés aussi généraux supposent un tel degré d'abstraction qu'ils risquent fort d'être excessivement vagues et invérifiables. Ensuite parce que la principale difficulté que rencontrent ces théories généralisantes est d'arriver à définir les limites du domaine auquel elles doivent se rapporter. Ces limites n'étant pas établies de manière univoque, le théoricien est exposé, dès le commencement de ses recherches, à la tentation presque irrésistible de porter son attention exclusivement sur les objets qui correspondent à son concept préétabli. Mais que ce domaine de recherche ait des limites assez floues est moins important que le fait que ces limites ne cessent jamais de se déplacer. A cause de leurs hypothèses généralisantes, ceux qui pratiquent honnêtement la science de l'art, qui s'efforcent d'élaborer une théorie empiriquement vérifiable et purement descriptive de ces objets qui sont, d'un accord général, désignés comme des œuvres d'art, se retrouvent de manière inéluctable dans la situation d'être confronté à des cas qui échappent à cette généralisation. Comment s'en étonner puisque ces œuvres nouvelles doivent précisément leur existence à la volonté explicite de leur créateur de donner naissance à quelque chose qui se distingue de tout ce qui était connu dans le monde de l'art jusqu'à présent. Des mutations imprévisibles se produisent en permanence dans la classe des œuvres d'art, qui ruinent toutes les tentatives pour produire des énoncés solides sur les membres de cette classe.

C'est précisément cette instabilité de l'empire de l'art qui explique l'attrait exercé par les théories essentialistes, qui promettent de nous délivrer de notre incertitude au sujet de ce que l'art est et de ce qu'il n'est pas. Paradoxalement, plus le besoin d'une définition réelle de l'art devient pressant, moins elle est possible. L'espoir qu'une définition réelle puisse permettre de mieux nous orienter dans le monde déconcertant de l'art se révèle finalement illusoire lorsque l'on se trouve en présence de nouvelles manifestations étranges devant lesquelles on ne sait pas clairement si l'on a affaire ou non à des œuvres d'art. Devant ces nouveaux objets, toutes les théories traditionnelles ont d'abord tendance à nier qu'il s'agit d'œuvres d'art. Cette attitude devient vite inconciliable avec la prétention à la généralité, car on ne voit pas comment on pourrait exclure d'un énoncé censé s'appliquer à toutes les œuvres d'art certains membres dont l'appartenance à la classe des œuvres d'art est généralement reconnue. Si une telle exclusion se produit, cela signifie que la théorie s'est transformée en un dogme qui impose ses normes pour refuser à certains objets, peu appréciés, d'accéder à la classe des œuvres d'art. Si l'on intègre au contraire les cas nouveaux et qui sont embarrassants pour la théorie, cela signifie que la généralisation que l'on avait effectuée peut être sujette à falsification. Il n'est pas en ce cas nécessaire d'abandonner la théorie, mais elle doit néanmoins être modifiée. Comme on l'a vu, cette modification consiste toujours à étendre la signification du *definiens* de sorte que l'on puisse subsumer de nouveaux cas. Mais la théorie perd ainsi de plus en plus son pouvoir énonciatif jusqu'à devenir tellement insignifiante qu'il serait absurde de vouloir la maintenir plus longtemps. En procédant de cette façon, on peut retarder l'échec de la théorie, mais non l'empêcher.

Le résultat de ces réflexions est que toute théorie qui s'engage à remplir un programme essentialiste et qui prétend dévoiler « l'essence » de l'art, se retrouve infailliblement confronté à trois choix : soit ses énoncés généralisants se révèlent simplement faux, soit ils sont absolutisés dans un dogme normatif, soit ils deviennent triviaux par l'extension progressive de leur signification qui aboutit à une parfaite absurdité.

chapitre 2
le concept d'art

15.

Même si les philosophes analytiques ne s'étaient jamais particulièrement intéressés à l'esthétique, ils ne pouvaient ignorer plus longtemps les échecs constants des théories traditionnelles. Quelques-uns commencèrent à exprimer de plus en plus leur agacement à l'égard de ce genre de théorie, au moment même où Osborne s'efforçait avec énergie de la perpétuer. La critique des théories artistiques traditionnelles fut tout d'abord développée par des philosophes analytiques qui ne s'intéressaient pas à l'esthétique mais la considéraient sous l'angle d'autres disciplines philosophiques. Cette critique produisit un certain effet auprès du public lorsque parut en 1954, sous le titre *Aesthetics and Language*, une anthologie d'articles déjà publiés auparavant, qui représente la première proclamation significative des méthodes analytiques en esthétique. Comme le soulignait l'éditeur de ce recueil, l'une des principales préoccupations des auteurs était « de mettre en garde contre le piège de la généralité »[1], la caractéristique la plus frappante des théories essentialistes étant précisément la recherche d'énoncés susceptibles d'être généralisés. S'il est exact de dire que « Monsieur

1. W. Elton, « Introduction », *in* W. Elton (ed.), *Aesthetics and Language*, Oxford, 1954, p. 3.

Osborne est possédé par le démon de la généralisation. »[1], ce n'est cependant pas là, comme nous l'avons vu, une obsession inexplicable; elle n'est qu'une conséquence nécessaire des prémisses de sa théorie. Mais toutes les tentatives pour découvrir les propriétés communes aux œuvres d'art ayant échoué, il est concevable de ramener tous les problèmes de la théorie artistique traditionnelle à leur tendance notoire à la généralisation et à l'attitude méprisante devant les cas particuliers, que Wittgenstein dénonçait déjà comme néfaste en général pour la philosophie.

Sans doute les théoriciens traditionnels de l'art n'ont-ils jamais cessé de généraliser mal à propos les connaissances rassemblées dans cette province du paysage artistique dont le hasard a fait leur lieu d'élection. Il sont persuadés que ce qu'ils ont découvert dans leur petit domaine, vaut pour l'art en général. Et quand ils se voient confrontés à des phénomènes insolites qui les déconcertent, soit ils ferment les yeux, soit ils cherchent à effacer l'étrangeté de ces phénomènes en les rapportant à leurs propres manières de voir provinciales. Cette critique des généralisations injustifiées n'est pas cependant une invention des philosophes analytiques qui n'ont fait que la radicaliser. Ils ne se contentent plus de critiquer les quelques généralisations (ou même toutes les généralisations) indues de l'esthétique traditionnelle (d'autres pouvant en principe être légitimes), mais s'en prennent à toute tentative pour parvenir à des énoncés généraux dont ils estiment qu'ils n'ont pas leur place en esthétique : « Quand en esthétique on passe du particulier au général, c'est qu'on va dans la mauvaise direction[2] ». Pour soutenir cette thèse (généralisante) selon laquelle il ne peut y avoir de généralisation touchant les œuvres d'art, on fait appel à la généralisation (tout à fait traditionnelle) selon laquelle « chaque œuvre d'art est unique[3] ».

Toutefois, cette affirmation vague n'est pas vraiment dirigée contre les tentatives de l'esthétique traditionnelle pour établir une définition réelle de l'art au moyen de généralisations empiriques. Elle est utilisée d'abord et avant tout pour critiquer la conception traditionnelle (qui est aussi celle

1. M. Mac Donald, « Review : H. Osborne, Aesthetics and Criticism », *The Journal of Aesthetics and Art Criticism* 14, 1956, p. 392.
2. S. Hampshire, « Logic and Appreciation », *The World Review*, 1952, p. 40.
3. M. Mac Donald, « What are the Distinctive Features of Arguments Used in Criticism of the Arts? », *Proceeding of the Aristotelian Society*, volume 23, 1949, p. 192.

d'Osborne) de *l'évaluation* des œuvres d'art qui consiste en une application casuistique de normes générales à des cas particuliers. L'objection consiste à dire que face à une œuvre d'art, on ne s'intéresse pas aux qualités qu'elle partage avec d'autres, et qu'il serait stupide de demander si une œuvre obéit à des règles générales. On s'intéresse plutôt à ce qui est chaque fois unique et particulier dans cette œuvre singulière, à ce qui ne peut être ramené à aucune règle. Eu égard à l'individualité (chaque fois « unique ») de l'œuvre singulière, toute forme de jugement qui consiste à subsumer les œuvres singulières sous un principe général d'après les lois de la logique déductive paraît dénuée de sens. Et si l'on ne peut pas comprendre le jugement esthétique des œuvres d'art selon le modèle de l'argumentation déductive – contrairement au jugement moral des actions –, la seule alternative convaincante consiste à interpréter le jugement esthétique et les raisons que l'on avance, non de manière logique mais psychologique. La critique d'art n'est ainsi plus comprise comme une démonstration syllogistique mais comme une description interprétative qui – semblable en cela à l'interprétation d'un morceau de musique par un pianiste – révèle une manière chaque fois singulière de percevoir l'œuvre et d'en faire l'expérience.

Considérée de cette manière, la critique d'art a d'abord pour but de susciter des expériences mentales. Son objectif est de rendre possible une expérience esthétique adaptée grâce à des « instructions qui guident la perception ». L'évaluation des œuvres doit par conséquent être comprise comme une manière de formuler cette expérience. Elle n'est pas le résultat d'une connaissance rationnelle ou la preuve que l'œuvre en question correspond à certaines normes.

Cette interprétation psychologique de la critique d'art ne contredit cependant pas la possibilité d'une généralisation. Que le jugement des œuvres d'art (au sens esquissé ici) repose sur certains évènements psychiques est tout à fait conciliable avec l'idée qu'un mode de perception adapté à un cas peut être tout aussi adéquat pour d'autres cas semblables ou suffisamment proches, conformément à la maxime fondamentale de l'universalisation qui demande que les cas semblables (ou suffisamment proches) soient traités de la même manière (le refus de traiter un cas de la même manière qu'un autre équivaut à dire qu'il en diffère de manière importante). Le principe selon lequel on peut généraliser les jugement de valeurs, qui est à la base de toute évaluation logiquement cohérente, n'est donc pas compromis par le rappel du caractère « unique » des œuvres d'art. La véritable question est seulement de savoir quels sont les cas semblables ou suffisamment proches et selon quel point de vue. Le refus général de la généralisation en esthétique n'est donc que la conséquence erronée de la critique légitime faite à la théorie traditionnelle de l'art de juger en fonction d'une seule et même norme des choses qui ne sont pas suffisamment semblables. Mais il ne s'agit pas là d'une critique de la généralisation, seulement des généralisations non justifiées. Celui qui refuse de manière générale qu'on puisse généraliser confond simplement le général au sens du non-singulier et le général au sens du non-spécifique.

Il existe un autre argument pour contester la possibilité de tout énoncé de caractère général à propos des œuvres d'art du fait de leur unicité. On peut dire, en un sens banal, que tout objet qui se distingue numériquement de tous les autres est unique. Chaque goutte de pluie est en ce sens unique, même si elle est indiscernable des innombrables autres gouttes de pluie. Mais quand on dit d'une œuvre d'art qu'elle est unique, on veut dire quelque chose d'autre, à savoir qu'il n'est pas possible que deux œuvres d'art numériquement distinctes puissent être qualitativement indiscernables. Si c'était le cas, cela signifierait, soit que l'une des deux n'est pas une œuvre d'art (mais vraisemblablement un faux), soit qu'il s'agit d'une œuvre existant en plusieurs exemplaires (comme les épreuves d'une gravure ou les moulages en bronze, etc.). Comme le dit Margaret Macdonald : « Cela n'a rien de mystérieux; c'est simplement une caractéristique de la manière dont nous parlons des œuvres d'art » [1].

Peter Strawson note qu'il est possible d'observer cet état de choses non seulement dans les œuvres d'art, mais partout où des objets singuliers sont regardés comme des « occurrences » (*token*) d'un seul et même « type ». Selon lui, il existe en outre, dans les œuvres d'art, une autre espèce d'unicité qui fait « qu'il ne peut exister deux œuvres différentes qui soient indiscernables en ce qui concerne tous les aspects qui entrent en jeu dans l'appréciation esthétique » [2]. Il ne s'agit pas d'une « espèce plus large d'unicité » qui s'ajouterait à l'un des « types », mais seulement d'une spécification des

1. M. Mac Donald, « What are the Distinctive Features of Arguments Used in Criticism of the Arts? », art. cit.

2. P. F. Strawson, « Aesthetic Appraisal and Works of Art. », *The Oxford Review* 1, 1966, p. 3, 10.

aspects qui peuvent être identifiés du point de vue des œuvres comme « type ». Strawson présume donc que l'identité des œuvres d'art repose sur leurs qualités esthétiques.

Peu importe ici que cette supposition soit extrêmement problématique; il s'agit seulement de souligner le fait que le critère d'identité énoncé par Strawson n'est pas un critère d'identification. Il peut, dans le meilleur des cas, nous aider à comprendre comment les termes employés désignent les œuvres d'art (par exemple « la Victoire de Samothrace »), mais non comment le concept d'art lui-même est employé, ni à savoir s'il est possible de formuler des énoncés généralisants sur les œuvres d'art. Strawson reconnaît que l'unicité dont il parle n'empêche pas d'appliquer le même prédicat universel à de nombreux cas « d'unicité », comme par exemple les concepts de style ou de genre qui désignent des propriétés esthétiques. La thèse de Strawson sur l'unicité des œuvres ne constitue donc pas une objection valable contre une théorie comme celle d'Osborne; elle conduit au contraire à l'admettre. On pourrait même dire qu'en fait, elle y est contenue.

La référence à « l'unicité » des œuvres d'art ne peut donc aider à résoudre la question de savoir pourquoi d'innombrables œuvres d'art « uniques » peuvent être désignées par le même concept « d'œuvre d'art ». Aussi longtemps qu'il n'y aura pas d'alternative éclairante à la conception traditionnelle selon laquelle ceci n'est possible que si tous les objets subsumés sous ce concept possèdent une qualité commune, on devra supposer que cette qualité commune n'a pas encore été trouvée.

16.

Le critique le plus influent du dogme traditionnel selon lequel l'appartenance à la classe des œuvres d'art implique que toutes les choses subsumées sous ce concept possèdent une propriété commune, a été Morris Weitz. C'est sans doute parce qu'il était lui même un renégat que sa critique fut si virulente. Il faut dire qu'il avait été par le passé fermement convaincu du dogme qu'il a critiqué plus tard d'une manière particulièrement mordante. Dans son livre *Philosophy of the arts*, paru en 1950, il défendait encore la conception selon laquelle l'esthétique devait s'efforcer de produire une « définition de l'essence de l'art », et il proposait à l'époque une définition qui n'était pas sans ressembler à celle d'Osborne. « Toute œuvre d'art, écrivait-il, est un tout organique présenté dans un médium sensible, composé d'éléments, de caractéristiques expressives et de relations qui les unissent. C'est ce que je tiens pour un définition réelle de l'art[1] ». Dans son compte rendu du livre de Weitz, Margaret Mc Donald qualifia cette définition de « formule vide », « tout aussi métaphorique » que celle des philosophes précédents. Mais si elle critique Weitz, ce n'est pas seulement parce qu'il aurait donné une réponse dépourvue de sens à une question légitime. Pour elle, c'est la question même à laquelle il voulait répondre qui n'a pas de sens : « Il est temps de se demander, écrit-elle, si on a besoin de définitions et de théories générales en Esthétique. Si les œuvres d'art ne sont pas une collection arbitraire, elles ne constituent pas non plus une classe d'objets qui sont unis par des propriétés communes. Elles sont plutôt comme une famille ayant diverses ramifications – bien que cette analogie, comme toute analogie en philosophie, ne doive pas être prise trop au sérieux. Ce qui est sûr, c'est que si l'esthétique doit faire des progrès, un examen détaillé de l'usage non philosophique du langage doit précéder les raccourcis des généralisations philosophiques »[2].

Weitz a manifestement pris très au sérieux aussi bien la comparaison avec la famille que la référence à l'usage « non-philosophique » du concept d'art. Et les remarques de Mac Donald l'ont conduit, après une pause de cinq années de réflexion, à soutenir les idées qu'il publia dans son article : *The Role of Theory in Aesthetics*, considéré encore, un quart de siècle plus tard, comme « l'article le plus discuté de l'esthétique anglo-américaine de la dernière génération »[3]. Le titre peut induire en erreur car Weitz ne veut pas revenir au mode de penser de la théorie esthétique : par « théorie » il entend la théorie traditionnelle de la définition réelle de l'art. Comme il l'explique : « La théorie a été au centre de l'esthétique et continue de préoccuper la philosophie de l'art. Son principal souci avoué demeure la détermination de la nature de l'art, une détermination qui soit formulable en une définition de l'art. Elle conçoit la définition comme l'énoncé des propriétés nécessaires et suffisantes de ce qui est défini ; et cet énoncé vise à

1. M. Weitz, *Philosophy of the Arts*, Cambridge/Mass., 1950, p. 44 *sq*.
2. M. Mac Donald, « Review : M. Weitz, Philosophy of the Arts », *Mind* 60, 1951, p. 563-4.
3. J. Stolnitz, « Review : M. Weitz, The Opening Mind », *The Journal of Aesthetics and Art Cricism* 37, 1978, p. 219.

être une affirmation vraie ou fausse quant à l'essence de l'art, à ce qui le caractérise et le distingue de toute autre chose »[1].

Weitz n'entend pas se limiter aux objections précédemment formulées contre ces théories et que l'on a analysées avec l'exemple de Osborne, à savoir qu'elles sont trop étroites, trop vagues, circulaires, invérifiables, ou constituent des tentatives déguisées pour changer la signification des concepts. Il lui importe plutôt de mettre au jour les causes fondamentales qui font que ces théories sont incapables de surmonter ces défauts. Plus de vingt ans après la publication de son article, Weitz défend toujours la thèse que « toutes les théories de l'art passées, présentes et à venir, avec leurs prétendues définitions réelles de l'art, sont vouées à l'échec, parce qu'elles se font une idée fausse du concept d'art. »[2]

La thèse selon laquelle les théories de l'art reposent sur une mécompréhension du concept d'art, est tout à fait vraisemblable. On a bien vu qu'Osborne a été finalement incapable, en dépit de tous ses efforts théoriques, d'expliquer le processus de classification des œuvres d'art. Il s'est contenté de présupposer une classification des œuvres d'art considérée comme correcte. Mais comment s'opère cette classification lui est demeuré complètement obscur puisqu'il s'est vu lui-même contraint de désigner comme des œuvres d'art des objets qui n'auraient pas du l'être selon sa propre théorie. La théorie traditionnelle de l'art se meut donc manifestement sur un terrain extrêmement fragile. Elle parle d'objets dont elle ne peut même pas dire en quoi ils appartiennent à la classe des objets dont elle parle. Eu égard à cette pénible incapacité, l'exigence de Weitz paraît lumineuse : « Le problème par lequel nous devons commencer n'est pas "qu'est-ce que l'art" mais de quelle sorte est le concept "art" »[3].

Weitz entend changer de perspective : Il ne doit plus être question de l'art mais de « l'art ». L'objet de la réflexion n'est plus la chose mais le langage, et le problème fondamental de l'esthétique consiste à donner une description pertinente de l'usage du concept d'art. Selon le point de vue de Weitz, l'erreur fondamentale de l'esthétique traditionnelle tient à ce qu'elle part de prémisses sémantiquement fausses. Le programme essentialiste de

1. M. Weitz, « Le rôle de la théorie en esthétique » dans *Philosophie analytique et esthétique*, D. Lories (éd.), Paris, Klincksieck, 1988, p. 28.
2. M. Weitz, *The Opening Mind*, *op. cit.*, p. 49.
3. M. Weitz, « Le rôle de la théorie en esthétique », art. cit., p. 31.

l'esthétique traditionnelle n'est pas le simple aboutissement d'une tentative pour donner une définition réelle de l'art; cette tentative n'est elle-même que le résultat d'une conception erronée du langage. Pour justifier une différente (et meilleure) conception sémantique, Weitz fait appel aux *Recherches philosophiques* de Wittgenstein, publiées pour la première fois quelques années plus tôt, et notamment aux célèbres paragraphes de la première partie qu'il cite avec enthousiasme. Wittgenstein critique dans ces passages l'affirmation selon laquelle toutes les choses qui sont désignées par le même mot devraient nécessairement posséder une propriété commune. En guise d'explication, il renvoie d'abord à ces processus que nous nommons des « jeux » : « Ne dis pas : Il *doit* y avoir quelque chose de commun à tous, sans quoi ils ne s'appelleraient pas des "jeux" – mais *regarde* s'il y a quelque chose de commun à *tous*. – Car, si tu le fais, tu ne verras rien de commun à *tous*, mais tu verras des ressemblances, des parentés, et tu en verras toute une série. Comme je viens de le dire : Ne pense pas, regarde plutôt![1] ». Il suffit de se défaire de l'idée qu'il *doit* y avoir une propriété commune pour s'apercevoir qu'en fait, il n'y en pas vraiment. On voit plutôt « un réseau complexe de ressemblances qui se chevauchent et s'entre-croisent ». Wittgenstein propose de nommer ces « ressemblances à grande et à petite échelle » : « ressemblance de famille »[2]. Il en est de même avec les nombres : « Pourquoi nommons-nous une certaine chose "nombre"? Peut-être parce qu'elle a un lien de parenté – direct – avec maintes choses que nous avons jusqu'ici nommées "nombres"; et on peut dire qu'elle acquiert de ce fait un lien de parenté indirect avec autre chose que nous nommons également *ainsi*. Et nous étendons notre concept de nombre de la même façon que nous enroulons, dans le filage, une fibre sur une autre »[3]. Il est certes possible de définir des concepts comme « jeu » ou « nombre », mais « pas nécessairement » : « Je *peux* en effet donner ainsi au concept de "nombre" des limites strictes, c'est-à-dire employer le mot "nombre" pour désigner un concept strictement délimité, mais je peux également employer ce mot de façon à ce que l'extension du concept *ne* soit *pas* circonscrite par une limite. C'est bel et bien ainsi que nous employons le mot "jeu". Car comment le concept de jeu est-il circonscrit? Qu'est-ce

1. L. Wittgenstein, *Recherches philosophiques*, Paris, Gallimard, 2004, § 66, p. 64.
2. *Ibid.*, p. 64.
3. *Ibid.*, § 67, p. 64-65.

qui est encore un jeu, et qu'est-ce qui n'en est plus un? Peut-on indiquer des limites? Non. Tu peux *tracer* certaines limites, car jusqu'ici aucune n'a été tracée »[1]. Comme le souligne Wittgenstein contre Frege, un concept aux « contours flous », qui n'est pas limité par des règles, n'est pas nécessairement dépourvu de signification. On peut en effet l'employer de manière à ce qu'il ait pleinement un sens, et l'on peut apprendre cet usage sans difficultés, au moyen d'exemples complétés par le commentaire : « on nomme "jeux" cela et autres choses semblables.. ». Si quelqu'un a appris un concept de cette manière et sait comment l'employer, son savoir n'est pas l'équivalent d'une définition non-exprimée. Un concept vague et flou ne doit pas être regardé comme un dérivé d'un concept précis. « Si quelqu'un traçait une limite stricte, je ne pourrais pas reconnaître en elle celle que j'avais toujours, moi aussi, voulu tracer, ou bien que j'avais tracée en imagination. Car je ne voulais en tracer aucune. Dans ce cas, on peut dire : son concept n'est pas le même que le mien mais il lui est apparenté. Et cette parenté est celle de deux images dont l'une est constituée de taches de couleurs aux contours indistincts, et l'autre, de taches de formes et de dispositions similaires, mais aux contours nets. La parenté est ici aussi indéniable que la différence »[2]. D'une part, cela n'a pas nécessairement un sens de vouloir remplacer une image vague par une image nette; d'autre part : « vouloir dessiner une image nette correspondant à l'image floue ne deviendra-t-il pas une entreprise sans espoir? [...] C'est dans cette situation que se trouve, par exemple, celui qui, en esthétique ou en éthique, cherche des définitions qui correspondraient à nos concepts »[3]. Il est possible de dégager trois thèses des paragraphes cités : 1. Il n'est pas nécessaire que les choses qui sont désignées par un concept déterminé aient une propriété commune; il suffit qu'il y ait entre elles une relation fondée sur une ressemblance de famille. 2. Le domaine d'application d'un concept peut être étendu, de sorte que de nouveaux phénomènes peuvent y être inclus pour autant qu'ils sont apparentés aux cas d'application connus jusqu'à présent. 3. Nous employons souvent des concepts à « contours flous » pour lesquels il est certes possible de donner une définition exacte, mais cette définition est toujours arbitraire, et ne peut donc jamais

1. L. Wittgenstein, *Recherches philosophiques*, *op. cit.*, § 68, p. 65.
2. *Ibid.*, § 76, p. 69.
3. *Ibid.*, § 77, p. 70.

correspondre exactement à l'usage réel. Bien qu'elles soient indépendantes les unes des autres, ces trois thèses énoncées par Wittgenstein sont étroitement liées. Et les difficultés soulevées par la définition en esthétique s'expliquent principalement par la troisième thèse : l'esthétique a affaire à des concepts qui n'ont pas de contours nets. Weitz ne cite que la première thèse, mais, dans son argumentation, il s'appuie pour l'essentiel sur la seconde qu'il utilise pour justifier la première : c'est parce que le concept d'art, dit-il, est toujours en extension, qu'il ne peut y avoir aucune propriété commune mais seulement des ressemblances de famille. Et c'est pourquoi il ne peut exister aucune définition du concept d'art.

17.

Weitz pense avoir trouvé dans Wittgenstein un témoin digne de confiance, sur l'autorité duquel il peut s'appuyer pour faire cesser la quête stérile d'une définition de l'art. Découragé dans cette quête par ses propres tentatives décevantes, il peut à présent affirmer que ces conditions tant cherchées du concept d'art n'existent pas. L'esthétique traditionnelle a donc poursuivi

un fantôme : « Sa tentative pour découvrir les propriétés nécessaires et suffisantes de l'art est logiquement mal venue pour la très simple raison qu'un tel ensemble de propriétés et, par conséquent, une telle formule à son sujet, ne verront jamais le jour. L'art, comme le montre la logique du concept, ne possède pas un ensemble de propriétés nécessaires et suffisantes; c'est pourquoi une théorie de l'art est logiquement impossible et non pas simplement difficile en fait. La théorie esthétique essaie de définir ce qui ne peut pas être défini dans le sens qu'elle invoque »[1].
Si l'esthétique traditionnelle a cherché quelque chose qui en effet n'existe pas, pour pouvoir dire, comme le fait Weitz, que cette recherche a été menée d'une manière logiquement défectueuse, il est nécessaire d'établir « logiquement » que ce qui était cherché n'existe pas. La théorie traditionnelle partait (non sans raison) de l'idée qu'il *doit* « nécessairement » exister des propriétés communes. Or, si celles-ci n'existent pas, on ne peut le découvrir que par l'expérience, suivant la recommandation de Wittgenstein : « Ne penses pas, mais regarde ! » La première (et très simple) raison que Weitz invoque à l'appui de sa thèse selon laquelle il est

1. M. Weitz, « Le rôle de la théorie en esthétique », art. cit., p. 28.

« logiquement impossible » de formuler les conditions nécessaire et suffisantes pour l'emploi du concept d'art, est ainsi qu'il est impossible de découvrir des propriétés communes aux œuvres d'art : « Si nous regardons effectivement pour voir ce qu'est ce que nous appelons "art", nous ne trouvons pas [...] de propriétés communes – seulement des plages de similitudes »[1]. Une telle affirmation n'est nullement tirée de la « logique du concept », mais résulte de la contemplation des œuvres d'art. A l'argument (empirique) selon lequel il n'existe rien de commun entre les divers objets que nous subsumons sous le concept d'art, Weitz ajoute un autre argument plus décisif qui, selon lui, s'appuie sur « la logique du concept » : « Le caractère très expansif, aventureux de l'art, ses changements incessants et ses nouvelles créations, font qu'il est logiquement impossible de garantir une ensemble de propriétés déterminantes »[2]. Cet argument repose lui aussi sur une observation empirique, à savoir sur le constat qu'il a toujours existé des œuvres d'art novatrices et surprenantes qui se distinguent à bien des égards de tout ce qui existait précédemment. Le constat que ça a été ainsi et le pronostic qu'il en sera ainsi également à l'avenir constitue la prémisse dont Weitz fait dériver sa thèse qu'il est « logiquement impossible » d'établir les conditions nécessaires et suffisantes de ce qu'est une œuvre d'art. Le concept d'œuvre d'art faisant constamment l'objet d'applications nouvelles, les conditions de son emploi ne peuvent être déterminées d'une manière fixe et sont toujours au contraire flexibles et modifiables. Weitz nomme « concept ouvert » un concept qui offre de telles conditions d'application : « Un concept est ouvert si ses conditions d'application peuvent être amendées et corrigées, c'est-à-dire si on peut imaginer ou établir une situation ou un cas qui ferait appel à quelque espèce de décision de notre part en vue soit d'étendre l'usage du concept de façon à le couvrir, soit de clore le concept ou d'en inventer un nouveau pour traiter le nouveau cas et sa nouvelle propriété »[3].

Le critère que Weitz donne ici pour distinguer les concepts ouverts et les concepts fermés est en fait inutilisable, car il est toujours possible d'imaginer pour chaque concept des cas qui exigent qu'une décision soit prise concernant ses conditions d'application. Une telle décision peut être par

1. *Ibid.*, p. 32.
2. *Ibid.*, p. 34.
3. *Ibid.*, p. 33.

exemple nécessaire lorsque les conditions d'application du concept sont claires mais ne sont pas remplies (comme dans les décisions juridiques à propos d'un « meurtre » ou d'un « homicide »). Mais même lorsque les conditions d'application sont claires et remplies, on peut hésiter sur la question de savoir si le concept doit être ou non appliqué, par exemple si les conditions d'application elles-mêmes sont problématiques. Weitz pense que c'est seulement dans le second cas qu'une « décision » réelle est nécessaire. C'est seulement dans les cas où la décision sur les conditions d'application est elle-même nécessaire (et possible) que l'on a affaire à un « concept ouvert ». Il s'ensuit que les concepts vagues aux « contours flous » que Wittgenstein considérait apparemment comme typiques de l'esthétique, ne sont pas des « concepts ouverts » au sens de Weitz. On voit, en principe, clairement quelles sont les conditions d'application des concepts vagues, et ils n'ont pas nécessairement besoin d'être révisés. Il y a seulement un assez grand nombre de cas limites dont on ne peut dire clairement s'ils remplissent ou non ces conditions. Il s'agit plutôt pour Weitz de cas analogues à celui de ce fauteuil dont Wittgenstein prend l'exemple, qui disparaît soudain durant quelques secondes avant de réapparaitre à nouveau, et fait hésiter sur la question de savoir si l'on peut encore désigner ce phénomène étrange comme un « fauteuil ». Wittgenstein utilise cet exemple pour montrer qu'il nous est tout à fait possible d'employer un concept même dans des cas où nous ne disposons pas de règles pour les appliquer[1].

Friedrich Waismann a soutenu que cette observation était exacte pour tous les concepts empiriques (comme par exemple le concept d'« or », et tous les concepts empiriques qui impliquent une certaine « porosité » ou une « texture ouverte »). Et, comme Weitz l'a lui-même reconnu par la suite, c'est principalement cette thèse de Waismann qui a inspiré son analyse de l'emploi du concept d'art. En mettant en évidence la « porosité » des concepts empiriques, Waismann a montré qu'il n'était pas possible de définir de tels concepts « avec une absolue précision »[2]. Cela ne signifie cependant pas selon lui qu'ils ne puissent pas être définis. En règle générale, il pense qu'on peut parfaitement définir l'usage de ces concepts

1. L. Wittgenstein, *Recherches philosophiques*, *op. cit.*, § 80.

2. F. Waismann, « Verifiability », *Proceeding of the Aristotelian Society*, Supplementary Volume 19, 1945, p. 121-123.

« dans des conditions normales » et que cela n'exige pas une définition absolument précise du concept lui-même. A la différence de Waismann qui s'appuie uniquement sur des cas empiriques qui ne se produisent pas dans des conditions normales et pour lesquels nous ne sommes en général pas équipés, Weiss se réfère à des cas qui n'ont rien du tout d'exceptionnel dans la sphère de l'art. Le problème posé par l'application du concept d'art, quand on rencontre des phénomènes nouveaux du point de vue artistique est à ses yeux analogue à celui que soulève Waismann avec ses exemples fictifs de concepts empiriques.

Si l'existence de cas problématiques, lorsqu'il s'agit des concepts empiriques normaux, n'est pour Waismann qu'une possibilité (plus ou moins) fictive ne concernant pas l'usage du concept dans des conditions normales, elle est au contraire pour Weitz la règle pour l'usage du concept d'art dans des conditions normales! Mais Weitz ne tient pas véritablement compte de cette différence pourtant importante. Il explique sans plus de façons l'emploi du concept d'art selon le modèle de la théorie de Waismann concernant la « porosité » des concepts empiriques tels que « l'or ». La différence (quand il la remarque) serait uniquement due au fait qu'une situation qui se produit rarement (ou jamais) avec les concepts empiriques normaux, se rencontre très fréquemment dans le cas du concept d'art, à savoir la situation où l'on est confronté à des objets inhabituels dont on ne sait pas ce que l'on doit en dire.

18.

La question se pose cependant de savoir pourquoi les conditions d'application du concept d'œuvre d'art ne pourraient pas être davantage précisées en tenant compte des cas problématiques, comme cela est tout à fait possible avec les concepts empiriques habituels. Weitz est convaincu que ce serait peine perdue. « En ce qui concerne le concept d'« art », dit-il, ses conditions d'application ne peuvent jamais être énumérées exhaustivement puisque de nouveaux cas peuvent toujours être envisagés ou créés par des artistes, ou même par la nature, qui réclamerait une décision de la part de quelqu'un afin d'étendre ou de clore l'ancien concept, ou d'en inventer un nouveau »[1]. Cette remarque montre pourtant qu'il ne serait nullement

1. M. Weitz, « Le rôle de la théorie en esthétique », art. cit., p. 34.

impossible « logiquement » de « fermer » le concept d'art, car la logique n'interdit pas d'exclure de nouveaux cas du royaume de l'art. Pour Weitz, cette possibilité, n'entre pas en ligne de compte. S'il n'envisage pas cette possibilité c'est sans doute parce qu'il affirme, en s'appuyant sur on ne sait quelle intuition mystérieuse, que les œuvres novatrices d'une époques *sont* des œuvres d'art et qu'elles doivent donc être désignées *de manière appropriée.* Il y aurait ainsi chez lui une sorte de « platonisme inversé » ! En complète opposition à ses propres ambitions anti-essentialistes, Weitz semble parfois considérer l'affirmation selon laquelle l'art se manifeste toujours dans des œuvres nouvelles, comme un énoncé portant sur l'essence de l'art, de sorte que « clore » le concept d'art serait contradictoire avec son essence (ainsi comprise).

L'unique argument que Weitz avance explicitement contre la possibilité d'une définition (éventuelle) du concept d'art est purement pragmatique : « Nous pouvons bien sûr choisir de clore le concept. Mais le faire pour les concepts d'"art", de "tragédie", ou de "portrait" etc. est ridicule puisque cela forclôt les conditions mêmes de la créativité dans les arts. »[1]. Une définition n'est donc en aucune façon logiquement impossible ; elle est juste « ridicule », et s'il la refuse c'est seulement parce qu'il pense que ses effets seraient nocifs. Contrairement à ce que l'on pourrait croire, ce n'est pas parce qu'elles s'appuient sur des prémisses sémantiques erronées que Weitz rejette les théories traditionnelles. Ce serait là une impression superficielle. Sa vraie raison est bien plutôt qu'elles mènent à des conséquentes pratiques qui ne lui semblent pas souhaitables. Sa théorie se ramène donc à une recommandation (camouflée) pour utiliser le concept d'« œuvre d'art » d'une certaine manière. Le concept d'art *doit* toujours pouvoir s'appliquer à des cas inédits. Cette recommandation exprime une attitude normative à l'égard de l'art : Weitz voudrait que quelque chose de nouveau soit le plus souvent proposé dans le domaine de l'art et il recommande par là même de *maintenir* le concept d'art ouvert pour tout ce qui est nouveau.

Même si, d'un point de vue strictement logique, rien ne s'opposerait à un concept d'art strictement fermé, l'idée que le concept d'art doit être un concept « ouvert » est difficilement contestable dans la mesure où elle

1. M. Weitz, « Le rôle de la théorie en esthétique », art. cit., p. 34.

correspond à un fait historique; on désigne en effet aujourd'hui comme des œuvres d'art de nombreux objets que l'on n'aurait pas nommés ainsi il y a quelques siècles. C'est un fait contingent que l'extension du concept d'œuvre d'art ait été constamment augmenté (et connaitra encore un accroissement). Si l'on voulait limiter cette extension par une définition, on construirait un concept qui ne serait précisément pas *notre concept*, tel qu'il est utilisé en réalité. Le développement historique de l'art est donc l'arrière plan sur lequel il convient de situer la thèse de Weitz selon laquelle on ne peut définir le concept d'art. On peut craindre en effet qu'une définition fermée du concept d'art rende impossible le développement de l'art, comme le redoutait Weitz. Mais, inversement, une définition du concept d'art peut toujours être mise en échec par le constant renouveau et la transformation de l'art. Ce n'est pas la définition qui fait obstacle au développement de l'art, mais l'art qui empêche la définition. C'est en tout cas seulement de cette manière que l'on peut comprendre la tentative piteuse d'Osborne pour définir les œuvres de Pollock comme des œuvres d'art.

19.

Il est évident que la définition d'Osborne dont on a vu qu'elle ne pouvait s'appliquer à nombre d'œuvres d'après-guerre, était en fait l'expression d'un dogme normatif visant à faire dépendre d'un critère de valeur unilatéral (et conservateur) tout affiliation à la classe des œuvres d'art. Weitz voit bien que dans les théories traditionnelles « le critère d'évaluation (par exemple, l'harmonie) pour l'emploi du concept d'art est converti en critère de reconnaissance »[1]. Il se rend compte que le fait que l'extension du concept d'art ne doive pas être enfermé dans des limites fixes, a pour conséquence que *toute* définition ne peut être qu'arbitraire et unilatérale; la définition trace une frontière qui n'est pas constatée dans les faits et que l'on pourrait tracer autrement de manière tout aussi légitime. Toute tentative de délimitation est donc inévitablement rhétorique et défectueuse d'un point de vue logique.
Convaincu qu'une définition du concept d'art ne peut qu'être unilatérale, arbitraire et normative, et donc s'écarter de l'usage réel, Weitz en déduit que l'emploi réel de ce concept ne peut pas être normatif. Si un concept d'art

1. *Ibid.*, p. 38.

« ouvert » doit toujours être applicable à de nouveaux cas, il ne peut pas être fondé sur un principe rigide et normatif. Le concept d'art, tel que Weitz l'entend, ne peut donc être employé de manière évaluative, mais seulement en vue d'une classification neutre. L'usage évaluatif du concept aboutit en effet à une conséquence fâcheuse : la distinction entre ce qui est de l'art et ce qui ne l'est pas étant établie une fois pour toutes, il est possible de rejeter sans état d'âme les œuvres d'art nouvelles puisqu'elles ne correspondent pas au critère utilisé (absolutisé dans la définition). Comme le dit Weitz, la classe des œuvres d'art, pour le théoricien de l'art traditionnel qui recourt de manière évaluative au concept d'art, ne peut être que partielle et limitée puiqu'il « refuse d'appeler quoi que ce soit une œuvre d'art, à moins que cela n'incarne son critère d'excellence à lui » [1]. L'unique moyen pour éviter, selon lui, de tomber dans un tel dogmatisme est d'employer le concept d'art d'une manière complètement neutre axiologiquement, dans le seul but d'établir l'appartenance d'un objet à la classe empirique des œuvres d'art, indépendamment de la question de savoir si cet objet correspond ou non à ses propres critères (toujours unilatéraux). C'est donc au nom de ce que l'on pourrait appeler l'idéologie de la désidéologisation que l'auteur combat les théories traditionnelles de l'art : il défend un concept d'art ouvert contre ses ennemis dogmatiques. En plus de l'usage évaluatif du concept d'art auquel aboutissent volontairement ou involontairement toutes les théories traditionnelles de l'art, Weitz est persuadé qu'il existe un usage beaucoup plus fondamental de ce concept, purement descriptif et classificatoire. Seul un tel concept classificatoire peut être réellement ouvert et flexible, parce qu'il n'est lié à aucun critère particulier de valeur. Dans la mesure où il est employé comme un concept empirique et descriptif, il en va du concept d'art comme des concepts empiriques selon Waismann, à savoir que leur application n'est pas fixée à l'avance pour tous les cas possibles et imaginables, contrairement aux concepts qui sont employés en vertu d'un principe stable et normatif. Comme le dit Weitz : « Selon l'usage effectif du concept, « art » est à la fois descriptif (comme « table ») et évaluatif (comme « bon »); c'est-à-dire que nous disons parfois « c'est une œuvre d'art » pour décrire quelque chose et que nous le disons parfois pour évaluer quelque chose. Ni l'un ni l'autre de ces usages ne surprend

1. M. Weitz, « Le rôle de la théorie en esthétique », art. cit., p. 38.

personne »[1]. Weitz prétend à tort que ces deux usages sont toujours séparés : selon lui, soit on classe quelque chose en lui attribuant le prédicat « œuvre d'art », soit on en fait l'éloge, mais on ne fait pas les deux en même temps. Il se donne beaucoup de peine pour établir une distinction stricte entre un usage classificatoire et un usage évaluatif du concept afin d'éviter la confusion des « critères de reconnaissance » avec les « critères d'évaluation », caractéristique des théories de l'art traditionnelles. Il plaide pour que la question de savoir ce que l'art est, soit radicalement distinguée de la question de savoir ce qui fait qu'une œuvre d'art est bonne; selon lui, le mélange des deux ne peut mener qu'à une « définition honorifique » – comme c'est manifeste chez Osborne –, qui énonce un critère normatif sous le travestissement hypocrite d'une définition en apparence neutre.

Weitz est convaincu que la théorie de l'art ne devrait pas répandre des principes axiologiques, mais se contenter, en tant que métaesthétique, d'une description impartiale de l'usage réel du concept d'art. La règle tout à fait estimable en faveur d'une théorie purement descriptive du concept d'art s'inverse subrepticement en une règle pour un concept d'art purement descriptif.

Comme nous le verrons, l'esthétique analytique n'a jamais pu se défaire de cette inversion lourde de conséquences.

20.

Si le concept classificatoire, que Weitz met en œuvre contre les théories traditionnelles, ne peut pas être employé en vertu de conditions nécessaires et suffisantes, se pose alors la question de savoir comment on peut apprendre à se servir de ce concept et déterminer si cet usage est correct.

Trois ans avant la publication de l'article de Weitz, Paul Ziff avait déjà tenté de répondre à cette question. Il pensait qu'il était possible d'élucider l'emploi du concept d'art de la même façon que l'on explique à un enfant ce qu'est un livre ou un marteau, à savoir en montrant un exemple paradigmatique et en désignant ses traits les plus saillants. Ziff prend comme exemple d'œuvre d'art un tableau de Nicolas Poussin, *L'enlèvement des Sabines*, et en souligne les caractères « importants » : a) « C'est une peinture »; b) « elle a été exécutée, intentionnellement et de manière consciente, avec un talent

1. *Ibid.*, p. 36.

et un soin évidents, par Nicolas Poussin; c) « le peintre voulait que le tableau soit exposé là où il pouvait être regardé et apprécié, contemplé et admiré »; d) « La peinture est ou a été exposée dans un musée où les gens peuvent en effet le contempler, l'étudier, l'examiner, l'admirer, le critiquer et en parler »; e) « Il s'agit d'une œuvre ayant un caractère figuratif »; f) « le tableau possède une structure formelle élaborée et certainement complexe »; g) « Le tableau est un bon tableau »[1].

Selon Ziff, ces sept traits distinctifs forment « un ensemble de conditions suffisantes pour qu'une chose soit une œuvre d'art »; mais « bien que l'ensemble de caractéristiques mentionnées fournisse un ensemble de conditions suffisantes, il ne fournit pas un ensemble de conditions nécessaires et suffisantes. Aucune des caractéristiques énumérées ne caractérise nécessairement une œuvre d'art »[2]. Aussi longtemps que les conditions d'application d'un concept forment une série finie de marques distinctives dont aucune à elle-seule n'est à vrai dire nécessaire, subsiste une double possibilité : soit un petit nombre d'entre-elles peuvent être suffisantes (un peu comme un minimum de membres suffit pour établir un pouvoir de décision dans une assemblée), soit, au lieu d'avoir une série de conditions nécessaires qui ne sont suffisantes que réunies, il est possible de dissocier les caractéristiques les unes des autres, chacune étant à chaque fois suffisante (comme lorsque l'on dit qu'un scandinave est un danois ou un suédois ou...). Dans les deux cas, on aboutit à un concept « fermé », car il est nécessaire d'indiquer quelles sont les conditions qu'un objet doit remplir pour pouvoir être subsumé sous ce concept[3]. Le concept aurait donc à chaque fois des limites fixes sans pour autant qu'une propriété commune des objets soit indiquée dans la définition. On ne peut donc, comme le fait Weitz, s'appuyer sur la conviction que les œuvres d'art n'ont aucune propriété commune pour en conclure qu'il ne peut y avoir aucune définition (« fermée ») du concept d'art. Et, inversement, un concept peut être fermé sans que les objets qu'il désigne aient une propriété commune.

En ce qui concerne le concept d'art, il n'existe, selon Ziff, aucune autre possibilité pour aboutir à une définition « fermée », parce qu'il est

1. P. Ziff, « The Task of Defining a Work of Art », *The Philosophical Review* 62, 1953, p. 60-62.

2. *Ibid.*, p. 64.

3. *Cf.* W. Tatarkiewitz, « What is Art? : The Problem of Definition Today », *The British Journal of Aesthetics* 11, 1971, p. 157-151.

impossible d'indiquer toutes les combinaisons possibles ni un minimum de conditions suffisantes. Pour désigner quelque chose comme une œuvre d'art, il faut seulement que l'on puisse établir une certaine ressemblance avec un « cas caractéristique », et il suffit pour cela que l'objet en question « présente un nombre partiel de l'ensemble des caractéristiques énumérées plus haut ». Quelque chose peut donc tout à fait être une œuvre d'art en ne possédant que les caractéristiques (a), (b), et (c) (ce qui signifie par exemple qu'il s'agit d'un mauvais tableau abstrait qui se trouve quelque part sans qu'on lui prête attention). On ne peut cependant en tirer aucune généralisation, car il est possible aussi qu'un objet possédant ces caractéristiques ne soit pas une œuvre d'art. On doit, dans chaque cas singulier, décider s'il existe ou non une ressemblance suffisante avec un cas paradigmatique. « Si l'on disait qu'un objet est une œuvre d'art en vertu de ses ressemblances avec un cas caractéristique, on supposerait que ces ressemblances sont suffisantes pour justifier l'affirmation selon laquelle l'objet est une œuvre d'art. Il n'existe aucune règle pour établir ce qu'est un degré suffisant de ressemblance pour justifier une telle affirmation ou même si ce degré suffisant existe. Au cas où, pour une raison ou une autre, on serait plutôt frappé par les dissemblances (ce qui frappe l'un, ne frappe pas nécessairement un autre), on hésitera à nommer l'objet une œuvre d'art »[1]. Si l'on désigne quelque chose comme une œuvre d'art, cela repose donc en dernière instance sur une impression personnelle et une décision subjective. C'est là après tout un résultat assez remarquable lorsqu'il s'agit de la description d'un concept empirique ordinaire.

Weitz présente de manière identique l'emploi du concept d'art. Il énumère lui aussi certains critères d'identification : « Ainsi, la plupart du temps, quand nous décrivons quelque chose comme une œuvre d'art, nous le faisons sous condition que soit présent quelque espèce d'artefact, fabriqué par l'habileté, la spontanéité et l'imagination humaines, incarnant dans son médium sensible et public – pierre, bois, sons, mots, etc. – certains éléments et relations discernables »[2]. Les marques de reconnaissance que Weitz énumère ici sont à peu près les mêmes que celles qui se trouvent dans sa définition réelle. Mais il leur fait jouer un nouveau rôle : « Ainsi, dire de quelque chose que c'est une œuvre d'art, c'est se porter garant de la

1. P. Ziff, « The Task of Defining a Work of Art », art. cit., p. 64.
2. M. Weitz, « Le rôle de la théorie en esthétique », art. cit., p. 36.

présence de certaines de ces conditions [...] Si aucune de ces conditions n'était présente, s'il n'y avait pas de critère présent pour reconnaître quelque chose comme une œuvre d'art, nous ne pourrions pas la décrire comme une œuvre d'art. Mais même ainsi, aucune de ces conditions ni aucune de ces série n'est ni nécessaire ni suffisante » [1].

Cela signifie que l'on peut tout à fait désigner quelque chose comme une œuvre d'art bien qu'aucune des conditions indiquées ne soit remplies. L'information que nous donne Weitz sur l'emploi du concept d'art est d'une effarante inanité. Il énumère quelques conditions extrêmement vagues, mais se hâte aussitôt d'assurer qu'elles n'engagent absolument à rien. Si quelques-unes d'entre-elles sont remplies, il peut être possible ou non d'appliquer le concept d'art, et si aucune d'elles en particulier n'est remplie, il peut être malgré tout possible de l'appliquer. Il difficile de fournir une information plus pauvre du point de vue de son contenu.

21.

Si Weitz prend le risque de donner une information aussi imprécise, c'est
104 parce qu'il croit qu'une plus grande précision falsifierait l'usage réel du concept d'art. La théorie ne peut pas être plus exacte que l'objet le permet, et le fait que le concept d'art puisse toujours être applicable à de nouveaux cas semble interdire d'établir des conditions nécessaires et suffisantes pour ce concept. Mais il ne s'agit jusque-là que d'une détermination négative, qui ne nous dit pas comment on peut appliquer le concept d'art à de nouveaux cas. Pour répondre à cette question, l'auteur met à profit les remarques de Wittgenstein sur le concept de nombre citées plus haut. Pour décider si un concept peut être étendu à un cas nouveau, il faut savoir si ce cas montre une « affinité » ou une « ressemblance » avec des cas déjà connus. Weitz précise sa conception de l'extension du concept d'art en l'appliquant à l'un de ses sous-concepts, celui de roman : « Parce que l'œuvre N+1 (la toute nouvelle œuvre) est comme A, B, C, ... N à certains égards – elle possède des plages de similitudes avec eux – le concept est étendu et une nouvelle phase du roman inaugurée. "N+1 est-il un roman?" n'est donc pas un problème factuel mais plutôt un problème de décision, où le verdict dépend de savoir si nous élargissons ou non notre ensemble de conditions

1. M. Weitz, « Le rôle de la théorie en esthétique », art. cit., p. 37.

d'application du concept »[1]. Pour Weitz, la règle selon laquelle le concept doit être étendu et ses conditions d'application élargies si la nouvelle œuvre comporte des ressemblances avec d'autres exemples d'œuvres nouvelles, est valide non seulement pour tous les sous-concepts du concept d'art, mais également pour celui-ci. Mais lorsqu'il dit qu'il faut prendre une décision pour savoir si les conditions d'application du concept d'art doivent être étendues, il présuppose ce qu'il prétend nier, à savoir que de telles conditions d'application existent. S'il y a des « cas nouveaux », c'est donc qu'il est impossible de les subsumer sous un concept d'art qui était clos à l'époque de son apparition. On ne peut en effet désigner un cas comme nouveau que s'il contredit les conditions valides d'application tout en prétendant être une œuvre d'art. L'argumentation de Weitz s'appuie ainsi paradoxalement sur des prémisses qui sont contredites par ses conclusions, à savoir qu'il existe des conditions d'emploi du concept d'art. L'ouverture de ce concept ne consiste donc pas dans l'absence de conditions ni dans le fait qu'il reste à tout moment ouvert pour tout ce qui est nouveau; en fait, on à affaire à une succession de concepts « fermés » qui prennent chacun le relais. « L'ouverture » du concept d'art soulignée par Weitz, ne fait que refléter, de manière déformée, le fait que les critères selon lesquels ce concept est employé sont soumis à des changements historiques. Mais Weitz présente cette ouverture comme si elle était un trait sémantique constitutif du concept lui-même, comme si elle tenait à la signification du concept et pas seulement à la pression externe de circonstances contingentes.

Si l'on considère l'histoire du concept d'art, on a effectivement l'impression qu'aucune de ses conditions d'application ne pouvait rester longtemps obligatoire. Elles ont toutes peu à peu été vouées à l'échec. Weitz ne voit pas qu'il s'agit d'un processus historique sujet à de fréquents changements à cause de combats de tranchées sémantiques. Le fait historique de la révision continuelle des conditions d'application du concept d'œuvre d'art lui apparaît dans une perspective purement logique, intemporelle, conformément à la cécité historique largement répandue de la philosophie analytique. Que *diverses* conditions d'application du concept aient été nécessaires et suffisantes à différentes époques mais abandonnées plus tard, se résume pour lui au fait qu'aucune de ces conditions n'est finalement nécessaire et

1. M. Weitz, « Le rôle de la théorie en esthétique », art. cit., p. 34.

suffisante. Le caractère changeant des conditions lui apparaît comme une « faiblesse » logique, les changement de signification comme une absence de signification.

Le fait que les critères pour l'emploi du concept d'art soient soumis à des changements historiques est pourtant ce qui donne une certaine crédibilité aux analyses de Weitz, mais lui-même n'est pas en mesure de le reconnaître dans la mesure où il reste prisonnier de la pensée essentialiste. En effet, s'il rejette certes tout énoncé sur la nature de l'art, il formule des énoncés sur la nature du concept d'art qu'il conçoit comme une entité hors du temps avec une grammaire toujours identique. Lorsque Weitz constate qu'il est impossible d'indiquer aucune condition nécessaire et suffisante pour l'emploi du concept d'art, il décrit une situation qui est, elle aussi, d'une certaine manière, le résultat d'un processus historique. La révision permanente des conditions d'application du concept d'art aboutit *de facto* à ce résultat. N'importe quel objet en effet pourrait devenir aujourd'hui réellement une œuvre d'art. En principe, plus rien ne s'y oppose. Il n'y a manifestement plus aucune condition irrévocable qui pourrait empêcher que n'importe quel objet banal (comme la boite de Brillo) soit promu au rang d'œuvre d'art. Ce que Weitz décrit comme un fait sémantique, à savoir qu'il n'existe plus aucune condition nécessaire du concept d'art, est en fait le résultat du processus historique des révisions constamment renouvelées du concept d'art et des changements de ses conditions d'application. Si Weitz avait raison, cela impliquerait que la manière dont il présente les décisions concernant les conditions d'application du concept d'art ne serait plus valable, et qu'elle serait devenue obsolète.

22.

Si tout objet quelconque peut devenir aujourd'hui un objet d'art, il faut alors construire la description de l'emploi du concept d'art de manière à ce que littéralement *rien* ne puisse être exclu du champ d'application de ce concept. Mais dans la mesure où ce concept ne peut être employé tout à fait indépendamment de conditions, Weitz n'a plus qu'une seule possibilité, rattacher son usage à la condition vague et extensible de la ressemblance : on désigne ces choses nouvelles comme des œuvres d'art parce qu'elles ressemblent d'une certaine manière aux choses qui ont été désignées ainsi jusqu'à présent.

Les théoriciens traditionnels de l'art pourraient avec raison protester contre cette manière de présenter les conditions d'emploi du concept d'art, en faisant des conditions beaucoup trop lâches. Osborne par exemple dit à propos de la théorie de Weitz (et des sources dont il s'inspire) : « le concept de groupe impliquant une ressemblance de famille est lui-même mis en cause. Il est en effet impossible d'imaginer quelque chose qui n'aurait pas une *quelconque* relation de ressemblance avec n'importe quel autre objet dans l'univers, et il est possible de regrouper un nombre infini de choses disparates, frappantes et extravagantes, qui seraient liées par la situation ou les circonstances, de sorte que dans cette masse chaque partie singulière aurait une quelconque ressemblance avec n'importe quelle autre partie. Rien ne serait exclu. De tels groupements seraient complètement arbitraires »[1].

L'idée que tout deviendrait de cette manière œuvre d'art déplaît naturellement à Osborne qui, au nom de ses principes normatifs, n'aimerait pas voir certaines choses dans les musées. L'idée que la classe des œuvres d'art pourrait n'être qu'une collection d'objets composée plus ou moins arbitrairement le met mal à l'aise parce cela impliquerait que toute science de l'art et toutes esthétique sont impossibles – idée angoissante pour quelqu'un comme lui pour qui ces disciplines constituent son gagne-pain. Ce qui est pour un traditionnaliste comme Osborne une vision effrayante, à savoir que n'importe quel objet pourrait devenir objet d'art, est au contraire pour Weitz une raison positive pour concevoir aussi souplement que possible les conditions d'application du concept d'art.

Mais on peut se demander quels sont les intérêts qui se cachent derrière ce débat. Osborne met en évidence une difficulté réelle qui menace de réduire à néant les bonnes intentions de Weitz. Celui-ci est en effet contraint de rendre les conditions d'emploi du concept d'art tellement vagues qu'il ne peut plus décrire adéquatement l'usage du concept lui-même. Comme le constate un critique, sa théorie « aboutit à l'affirmation qu'il n'existe aucune condition pour l'usage correct du terme, et qui nous permette de savoir dans quel cas son application est correcte et dans quel cas elle est absolument incorrecte »[2]. Un concept pour l'emploi duquel il n'existe aucune règle n'est pas un « concept ouvert »; ce n'est même en aucune

1. H. Osborne, « Definition and Evaluation in Aesthetics », art. cit., p. 17.
2. M. H. Snoeyenbos, « Vagueness and "Art" », *The British Journal of Aesthetics* 18, 1978, p. 15.

façon un concept. C'est juste un mot vide, qui ne veut rien dire. C'est ce que Richman nomme courtoisement un concept « *wide-open* » ; de son point de vue, une théorie comme celle de Weitz n'offre aucune alternative à la conception traditionnelle : « La notion de ressemblance de famille peut expliquer la manière dont nous étendons l'application d'un terme général donné ; elle ne semble pourtant fixer aucune limite à ce processus. Si elle doit servir d'alternative à la conception essentialiste des termes généraux (de tous ou de quelques uns) – selon laquelle ils doivent avoir « quelque chose de commun » – il faut qu'elle rende compte de la manière dont nous limitons leur application sous peine de ne pouvoir rendre compte de leur utilité. Il sera en particulier nécessaire de spécifier quelles sortes de similarité sont pertinentes pour déterminer l'applicabilité d'un terme et lesquelles ne le sont pas »[1].

Le fait de savoir si un objet ressemble à des œuvres d'art reconnues comme telles du point de vue de sa masse, de son poids ou de sa composition chimique, est assurément sans importance pour l'emploi du concept d'art. Si l'on se tourne vers les « critères de reconnaissance » des œuvres d'art énumérés pas Weitz, les ressemblances déterminantes à ses yeux sont apparemment celles qui concernent « certains éléments et relations discernables » du médium sensible. Mais nombreux sont ceux qui voient aujourd'hui les œuvres d'art comme des objets tout à fait semblables à des objets banals, et ces œuvres sont le plus souvent sans ressemblance aucune avec les œuvres d'art traditionnelles (auxquelles elles devraient cependant ressembler selon Weitz). La ressemblance avec les œuvres d'art classiques n'est pas l'unique raison pour désigner quelque chose comme une œuvre d'art. La thèse qui fonde l'extension du concept d'art sur l'existence de ressemblances est, ou bien insignifiante, ou bien fausse. Weitz aurait très bien pu s'en passer. Mais cela aurait alors rendu manifeste le fait qu'il était incapable de fournir un critère pour l'emploi du concept d'art, et il ne serait resté de sa théorie que le simple constat que ce concept est susceptible d'extension.

Les règles de cette extension sont toutefois chez lui assez peu claires. Weitz refuse, pour de bonnes raisons, de déterminer par de critères normatifs fixés une fois pour toutes ce qu'est ou n'est pas une œuvre d'art ; mais

1. R. J. Richman, « Something Common », *The Journal of Philosophy* 59, 1962, p. 829.

l'alternative qu'il propose consiste à proposer des critères faibles ou inexistants. Parce qu'il voudrait rendre justice au fait qu'il est possible, pour n'importe quel objet quelconque, de devenir une œuvre d'art, il est contraint d'assouplir tellement les conditions d'application du concept d'art que celui-ci est susceptible d'être employé pour n'importe quel objet et donc également pour ceux qui ne sont en aucune façon des œuvres d'art. Son assertion selon laquelle on pourrait employer le concept en vertu d'une quelconque ressemblance (sans la spécifier) ne permet donc pas de comprendre l'usage réel du concept d'art mieux que ne le faisait la théorie traditionnelle

23.

Le fait que les critères utilisés par Weitz ne permettent pas de savoir quand il est ou non possible d'utiliser le concept d'art, pourrait être l'indice de l'inutilité du genre de critères auquel il recourt. Weitz pourrait avoir commis une faute analogue à celle que fait quelqu'un qui chercherait à définir exclusivement avec des critères physiologiques ce qu'est un célibataire. C'est en ce sens que Mandelbaum reproche à Weitz d'avoir prêté beaucoup trop d'attention aux qualités perceptibles des œuvres, et d'avoir négligé la possibilité que l'usage du concept d'art soit également lié à des marques en quelque sorte « invisibles » telles que des relations[1]. Le point de départ (inconscient) de Weitz semble être en effet qu'il est possible de clarifier l'emploi du concept d'art si l'on décrit comment nous *apparaissent* les objets auxquels ce concept peut être appliqué. Mais si l'on s'arrête à ce point de vue, on se retrouve face à une telle multiplicité confuse de phénomènes que même avec la meilleure volonté, on ne peut plus y reconnaître un « réseau de ressemblances ».

Weitz est tellement fasciné par les remarques de Wittgenstein sur l'usage des concepts fondé sur des ressemblances de famille qu'il considère comme allant de soi la possibilité de les transférer au concept d'art. Mais la description que fait Wittgenstein de l'usage d'un petit nombre de concepts (comme « jeux de langage ») ne peut, sans précautions, s'appliquer à tous les termes généraux. Wittgenstein n'aurait guère affirmé niaisement que

1. M. Mandelbaum, « Family Resemblances and Generalization Concerning the Arts », *American Philosophical Quarterly* 2, 1964, p. 222.

les gens que nous nommons célibataires n'ont aucune propriété commune et que c'est uniquement parce qu'ils sont liés entre-eux par un réseau compliqué de ressemblances plus ou moins grandes qu'on peut les subsumer sous ce concept! Le fait que les propriétés communes ne sont pas toujours visibles extérieurement est susceptible de donner un certain crédit à l'idée traditionnelle que les œuvres d'art ont peut-être quelque chose de commun en dépit du caractère multiforme de leur manifestation. D'autant que Weitz est de toute façon incapable de démontrer de manière convaincante que les œuvres d'art ne peuvent avoir aucune qualité commune. Lorsqu'il dit qu'il suffit (comme le recommande Wittgenstein) de regarder pour savoir qu'il n'existe en réalité aucune propriété de ce genre, cette affirmation n'a pas grande valeur. Comme le remarque sèchement Margolis, elle révèle plutôt l'échec de Weitz qu'elle ne sert à démêler l'écheveau des ressemblances[1].

L'autre argument de Weitz, à savoir que la constante extension de la classe des œuvres d'art serait impossible si les membres de cette classe devaient avoir des propriétés communes, n'est pas plus convaincant. On peut en effet expliquer différemment l'extension du concept d'art. Il n'est pas nécessaire de supposer que les conditions de l'usage d'un concept sont souples pour pouvoir y inclure de nouveaux cas, car il est possible d'inclure de nouveaux cas également dans des concepts ayant des conditions suffisantes, nécessaires et inchangées. Il suffit pour cela que les opinons changent, c'est à dire que la réponse à la question de savoir quels objets remplissent ou non les conditions pour l'application du concept d'art se modifient sous l'effet des circonstances. C'est là un processus normal qui vaut également pour des concepts classificatoires comme l'est, selon Weitz, le concept d'art. On trouve, par exemple, très fréquemment de telles extensions du domaine d'application des concepts empiriques dans les concepts de fonction; ces petits produits en fibre synthétique que nous désignons aujourd'hui comme des maillots de bain, n'auraient jamais pu il y a quelques décennies remplir leur fonction. L'inclusion de nouveaux cas n'est donc pas *per se* ce qui interdit la possibilité d'une définition, d'une part parce que cette définition peut toujours être révisée, et d'autre part parce que l'extension du concept ne touche pas à sa signification. Si l'on définit par exemple une œuvre d'art

1. *Cf.* J. Margolis, *The Language of Art and Art Criticism*, Detroit, 1965, p. 38.

(suivant la définition révisée de Weitz) comme un objet qui doit remplir une certaine fonction déterminée, l'inclusion de nouveaux cas n'exige pas que l'on modifie la définition, mais que l'on modifie éventuellement les conditions d'application du concept. La conviction que certains objets remplissent la fonction requise et non pas d'autres, peut changer. La signification du concept pourrait donc demeurer inchangée, bien qu'on y subsume des objets qui n'auraient pu l'être auparavant. Weitz semble manifestement ne pas envisager cette possibilité, et n'a, de toute façon, aucun argument à lui opposer. Si l'on prend en considération cette possibilité, chercher des conditions nécessaires et suffisantes pour le concept d'« œuvre d'art » n'est plus nécessairement une erreur. Et, de fait, les philosophes analytiques commencèrent à se livrer à des réflexions de ce genre dès qu'il devint évident que les arguments de Weitz ne pouvaient pas démontrer l'impossibilité d'une définition essentialiste de l'art.

24.

Wittgenstein a critiqué le préjugé qui consiste à croire que les objets désignés par un même concept doivent posséder une propriété commune qui permet de les subsumer sous ce concept. La conception selon laquelle ces objets n'ont besoin de posséder que certaines ressemblances, qui se présente comme une alternative, reste à vrai dire très proche de l'idée critiquée par Wittgenstein, et lui est en fait apparentée ; l'usage du concept est justifié dans les deux cas par l'existence de certaines propriétés (communes ou de ressemblance). « S'il n'existait aucun critère pour reconnaître quelque chose comme une œuvre d'art, nous ne pourrions pas, dit Weitz, la décrire comme telle »[1]. Même s'il affirme que ces critères ne sont pas fixes, invariables et rigides, mais lâches, souples et capables d'extension, il ne fait pour lui aucun doute qu'il doit y avoir des « conditions » pour « l'emploi correct » du concept d'art, et que la tâche principale de l'esthétique est « de décrire les conditions sous lesquelles nous employons correctement ce concept »[2].

William Kennick, le critique le plus influent, avec Weitz, de la théorie traditionnelle de l'art, ne partage pas cette conception. Il pense en effet que,

1. M. Weitz, « Le rôle de la théorie en esthétique », art. cit., p. 34.
2. *Ibid.*, p. 36.

dans l'usage réel de ce concept, on ne se réfère pas à de telles conditions. Cette conception s'inspire également de remarques de Wittgenstein. Mais, contrairement à Weitz, Kennick s'appuie sur le fait, ignoré également par les théories traditionnelles, que nous sommes fréquemment en mesure d'employer un concept même si nous ne pouvons citer aucune règle pour son emploi. Kennick reprend cette idée à Wittgenstein et explique que tel est précisément le cas avec le concept d'art : nous pouvons tout à fait employer ce concept, quoique nous ne puissions pas dire comment nous le faisons. « Nous savons ce qu'est l'art lorsque personne ne nous demande ce qu'il est ; cela signifie que nous savons employer correctement le mot "art" et l'expression "œuvre d'art". Mais si quelqu'un nous demande ce qu'est l'art, alors nous ne le savons pas ; cela veut dire que nous ne sommes pas en mesure de produire un énoncé quelconque, simple ou complexe, qui mette exactement en lumière la logique de ce mot et de cette expression »[1]. S'il nous est possible d'employer le concept « d'œuvre d'art » alors même que nous sommes incapables d'indiquer les conditions (nécessaires et/ou suffisantes) de cet emploi, la question concernant de telles conditions est alors superflue. Elle peut même devenir un obstacle parce qu'elle trouble le fonctionnement non-problématique du langage quotidien. Selon Kennick, le problème que la théorie traditionnelle de l'art (et en un certain sens Weitz également) croyait pouvoir résoudre, n'a pas à être résolu mais tout simplement dissous. S'il n'est besoin de connaître aucune condition pour pouvoir employer le concept avec succès, il n'existe alors aucun problème, et s'il n'y a aucun problème, il n'y a rien à résoudre. La théorie traditionnelle de l'art s'est occupé d'un pseudo-problème, non pas parce que ce problème est insoluble, comme l'affirme Weitz, mais parce qu'il est superflu.

A première vue, cet argument pragmatique contre la théorie traditionnelle de l'art peut paraître à juste titre assez séduisant ; il est cependant difficile de le justifier de manière plausible. S'il est exact de dire qu'on peut employer le concept d'art sans être capable d'énoncer ses règles d'application, quelle en est la raison ? Pour Kennick, cela tient d'abord au fait que le concept possède une « pluralité compliquée d'applications », et une « logique complexe ». Il distingue de ce point de vue le concept d'art des concepts empiriques (comme l'hélium) et le compare à d'autres concepts philosophi-

1. W. E. Kennick, « Does Traditional Aesthetics Rest on a Mistake ? », art. cit., p. 322.

quement intéressants (comme « espace » et « temps »). C'est pourquoi il fait dans ce passage allusion à une remarque de saint Augustin sur le temps sur laquelle Wittgenstein avait réfléchi. La « complexité » de l'usage ne peut cependant pas être la raison véritable pour laquelle il est impossible de fournir aucune condition pour l'emploi du concept d'art, car cela voudrait dire que de telles conditions existent mais qu'elles sont trop complexes pour qu'on puisse les indiquer de manière appropriée, même dans une « formule complexe ».

Kennick s'efforce de réduire la « complexité » de l'usage du concept et de concentrer sa recherche sur certain type d'usage qui serait (soi-disant) d'un intérêt primordial pour l'esthétique. Il s'agit du même usage taxinomique que l'on a déjà rencontré Weitz. Si l'on se réfère à cet usage, l'analogie avec les concepts « philosophiques » (comme « l'espace » et le « temps ») devient naturellement intenable. D'où le fait qu'il finit par abandonner implicitement cette analogie et qu'il traite le concept d'art de la même manière qu'un concept empirique ordinaire, comme celui d'« hélium » (ou d'« or »). L'usage empiriquement classificateur du concept d'art n'exige, selon Kennick, aucune connaissance des conditions d'application. Lorsque l'on a appris le concept « d'œuvre d'art » et acquis ainsi la capacité pratique d'établir une classification des œuvres d'art, on n'a nul besoin ni d'une définition du concept d'« œuvre d'art » ni d'une théorie de ce qu'est une œuvre d'art. « Lorsque quelqu'un est capable d'employer correctement le mot "art" ou l'expression "œuvre d'art" – dans tous les contextes possibles et dans les occasions appropriées –, il sait alors "ce qu'est une œuvre d'art" et aucune formule au monde ne peut le rendre plus intelligent »[1]. Celui qui est capable de reconnaître une œuvre d'art sait par conséquent tout ce qu'il est nécessaire de savoir pour savoir « ce qu'est l'art ». Lorsque Kennick ajoute qu'aucune « formule » (un peu comme la définition réelle dans la théorie traditionnelle) ne pourrait le rendre encore plus intelligent », il veut simplement dire que cette personne n'a besoin d'aucune connaissance plus étendue pour utiliser le concept d'art, ce qui va de soi puiqu'elle maîtrise déjà cet emploi sans avoir cette connaissance, comme l'auteur vient juste de l'affirmer. En ce sens, on peut dire aussi de quelqu'un qui est capable de reconnaître un éclair et de le désigner, qu'il sait ce qu'est un

1. *Ibid.*, p. 321.

éclair, même s'il n'a aucune connaissance fondamentale du phénomène qu'il désigne ainsi. Kennick sépare donc radicalement la capacité à établir une classification des œuvres d'art de tout savoir se rapportant au contenu des objets désignés comme des œuvres d'art. Il peut de la sorte (contrairement à Weitz) renoncer à produire des énoncés sur le contenu des œuvres. Que l'on puisse trouver par exemple des propriétés communes ou seulement des ressemblances est de son point de vue sans importance, puisque l'usage du concept ne repose pas sur la connaissance des objets auxquels on l'applique. Il va même jusqu'à concéder qu'une définition purement rhétorique du concept d'art pourrait faire l'affaire. Mais une telle définition, ajoute-t-il, si on la trouvait, serait tout aussi inutile pour employer avec succès le concept d'art.

25.

Pour convaincre son lecteur qu'il n'est pas besoin de critères pour utiliser le concept d'art, Kennick nous demande d'imaginer un immense magasin dans lequel seraient accumulés tous les objets existants dans le monde. « Si

nous donnons l'ordre à quelqu'un d'aller dans le magasin et d'en sortir toutes les œuvres d'art qui s'y trouvent, il sera en mesure de le faire avec succès en dépit du fait qu'il ne possède aucune définition satisfaisante de l'art, au sens d'un dénominateur commun, vu qu'une telle définition n'a pas été trouvée jusqu'à présent. Imaginons que ce même homme soit envoyé dans ce magasin pour vider tous les objets ayant une forme significative ou ceux qui possèdent une force expressive ; il serait bien embarrassé. Il sait ce qu'est une œuvre d'art lorsqu'il en voit une, mais il n'a qu'une très faible idée voire aucune de ce qu'il doit chercher lorsqu'on lui dit qu'il faut rapporter un objet possédant une forme significative »[1].

Kennick est fermement convaincu que n'importe quelle personne qui serait chargée de trouver des œuvres d'art dans un magasin imaginaire, en serait parfaitement capable. Pour pouvoir exécuter cette mission avec succès, il suffit d'avoir appris sa langue maternelle. Toute personne sachant parler possède par conséquent la capacité de reconnaître les œuvres d'art quand il les voit. Et aucune des définitions telles qu'elles ont été élaborées par les théories traditionnelles ne peuvent lui être d'une quelconque utilité, ne

1. W. E. Kennick, « Does Traditional Aesthetics Rest on a Mistake ? », art. cit., p. 321-322.

serait-ce que parce qu'elles sont formulées dans une terminologie qui est beaucoup plus incompréhensible et plus obscure que la simple expression d'« œuvre d'art » du langage courant, que chacun comprend.

Le constat que les définitions données par les théories traditionnelles de l'art sont souvent moins compréhensibles que l'expression d'« œuvre d'art », constitue pour Kennick une objection contre ces théories. Mais cela n'est à vrai dire une objection que si l'on pense à tort que ces théories cherchent à formuler dans un langage ordinaire une règle d'emploi de l'expression d'« œuvre d'art » qui puisse enseigner l'usage correct de cette expression à quelqu'un qui ne la connaît pas. Mais il est clair que la théorie traditionnelle ne cherche pas à élucider l'usage réel du mot, ni à trouver des synonymes du langage courant. Dans la perspective de l'esthétique traditionnelle, ces questions concernent tout au plus ceux qui enseignent les langues ou composent des dictionnaires. Le seul reproche que Kennick pourrait adresser à ces théories est d'avoir omis de chercher une définition « lexicale ». Mais ce reproche serait absurde, puisque Kennick affirme précisément qu'une telle définition (ainsi que sa recherche) est complètement superflue. L'objection de l'auteur n'atteint donc pas la théorie traditionnelle. Kennick lui reproche de ne pas avoir réalisé quelque chose qu'elle ne voulait absolument pas faire, et qui, de toute façon, selon sa propre opinion, ne doit pas être fait.

Il n'y a pas à s'étonner ni à regretter qu'une définition qui n'est pas conçue comme une définition « lexicale », ne soit pas aussi facilement compréhensible que le *definiendum*. Puisque les théories traditionnelles aspirent toujours à une définition réelle qui puisse contenir dans une formule brève un savoir se rapportant au contenu d'une certaine sorte d'objets, il n'est pas étonnant que leurs définitions soient formulées dans un langage théoriquement élaboré, qui ne peut pas être compris par des profanes peu familiers avec ces théories. La plupart d'entre-nous seraient, comme la personne du test imaginé par Kennick, accablés si l'on nous donnait la consigne de sortir d'un magasin tous les objets qui réfléchissent la lumière avec des longueurs d'onde de 680-700 nm, alors même que nous comprendrions tout de suite cet ordre s'il était formulé dans le langage courant, et pourrions l'exécuter sans problème.

Comme Weitz, Kennick considère que l'erreur majeure de ces théories est qu'elles s'éloignent de l'usage généralement accepté du concept d'art et sont par-là même arbitraires et rhétoriques. Cela apparaît avec évidence si l'on imagine de soumettre un théoricien de l'art (et connaisseur) comme Clive Bell au test du grand magasin. Il ne fait pas de doute qu'il ressortirait sans les tableaux des peintres académiques du XIXe siècle, puisque pour lui ces tableaux ne sont pas des œuvres d'art mais seulement ce qu'il nomme des « peintures descriptives »[1]. C'est ainsi qu'il dit explicitement à propos d'un tableau de William Powell Frith, célèbre à cette époque : « *Paddington Station* n'est pas une œuvre d'art ». Pour Kennick, il s'agit là simplement d'un mauvais usage de la langue. Bell n'utilise pas ici le concept d'art en accord « avec les règles qui déterminent l'usage réel et généralement accepté du mot "art" »[2]. Pour des raisons démagogiques évidentes, il s'écarte de l'usage généralement obligatoire, et désigne comme « art » ce qu'il considère comme de l'art et qu'il estime avoir une valeur artistique. Aux yeux de Kennick, cette déclaration est analogue à celle-ci : « les noirs ne sont pas des hommes ». Exactement comme Weitz, il suppose que l'emploi évaluatif du concept d'art conduit à s'éloigner des « règles effectives et généralement acceptées » de son usage. C'est pourquoi pour lui, comme pour Weitz, le concept « d'œuvre d'art », lorsqu'on l'emploie conformément aux règles généralement acceptées, ne peut être qu'un concept descriptif, neutre d'un point de vue axiologique, avec lequel on établit une classification des objets, sans tenir compte de la manière dont on les évalue. Ce concept empirique et classificateur est le seul à pouvoir faire l'objet d'une vérification par le test du magasin.

26.

Le test fictif du grand magasin permet de montrer que l'on peut être capable de *reconnaître* ce qu'est une œuvre d'art bien qu'on ne soit pas capable de *dire* ce qu'est une œuvre d'art. Si un tel usage sans critères du concept d'art est possible, cela ne peut être qu'en vertu des mêmes raisons qui le rend possible pour les concepts de perception. Wittgenstein a dit quelque chose sur le concept de couleur qui peut valoir en général pour les concepts de perception : « *Comment puis-je reconnaître que cette couleur est le rouge? Une réponse pourrait être : "J'ai appris le français"* »[3]. Kennick tire profit de cette

1. C. Bell, *Art*, *op. cit.*, p. 18.
2. W. E. Kennick, « Does Traditional Aesthetics Rest on a Mistake ? », art. cit., p. 321.
3. L. Wittgenstein, *Recherches philosophiques*, *op. cit.*, § 381, p. 172.

remarque (sans la citer) lorsqu'il présente l'emploi du concept d'art de la manière suivante : « Nous sommes capables d'isoler les objets qui sont des œuvres d'art par rapport aux autres objets qui ne le sont pas, parce que nous savons le français, c'est-à-dire parce que nous utilisons correctement le mot "art" et que nous pouvons appliquer correctement l'expression "œuvre d'art" ».[1]

L'explication selon laquelle il est possible de reconnaître des objets déterminés lorsqu'on est capable d'employer correctement le concept sous lequel ils sont subsumés, semble parfaitement tautologique. Et il serait ridicule de répondre à la question de savoir comment on reconnaît un célibataire en disant que c'est parce qu'on a appris sa langue maternelle. Toutes les questions analogues à celle sur la couleur ne sont pas susceptibles de ce genre de réponse. L'importance de la remarque de Wittgenstein tient à ce qu'elle se réfère à un *prédicat* (exemplaire) *de perception.* Elle s'oppose à l'affirmation de la sémantique traditionnelle selon laquelle on ne peut employer un concept que si l'on est capable de reconnaître les choses qui sont subsumées sous lui par une caractéristique qui les distingue. Cette affirmation entraîne en effet une régression infinie : on ne peut pas reconnaître une chose toujours par rapport à une autre chose. Il existe certes des prédicats (comme « célibataire ») que l'on emploie parce que d'autres prédicats s'appliquent également aux cas désignés. Mais cela ne peut pas être le cas avec tous les prédicats, et ça ne l'est pas avec les prédicats de perception. Il n'y a rien, par exemple, à quoi on reconnaît la couleur rouge. On est enclin il est vrai à supposer qu'il y a quelque chose à quoi l'on peut reconnaître l'applicabilité du prédicat « rouge », et s'il n'y a rien de tel dans les choses elles-mêmes, qu'il doit du moins exister dans l'esprit une représentation à laquelle on compare les choses pour pouvoir reconnaître correctement leur couleur. Indépendamment du fait que l'on pourrait se demander à quoi l'on reconnaît l'accord entre la chose et le (supposé) modèle mental, parler d'un tel modèle intellectuel revient à recourir à une image qui certes tranquillise, mais n'explique rien.

S'il n'est pas possible de dire à quoi l'on reconnaît la couleur rouge (sans répéter le prédicat « rouge »), cela ne tient donc pas seulement au fait que l'on ne sait pas à quoi on la reconnaît, mais simplement à ce qu'on ne la

1. W. E. Kennick, « Does Traditional Aesthetics Rest on a Mistake? », art. cit., p. 321.

reconnaît généralement à rien. On reconnaît « immédiatement » la couleur rouge simplement parce qu'on appris, en apprenant notre langue, à réagir à un certain type d'excitation au mot « rouge ». C'est le sens de la remarque apparemment tautologique de Wittgenstein quand on prend en compte le fait qu'elle se réfère à un prédicat de perception. On voit bien qu'il est en ce cas impossible de donner aucune autre réponse. Il n'est pas possible d'expliquer l'emploi des prédicats de perception par un critère, quel qu'il soit, mais seulement parce qu'on sait qu'il existe une certaine convention ou « institution » qui désigne certains objets déterminés avec un tel prédicat, et que cette « technique » est très répandue. On peut aussi envisager la question de savoir comment on reconnaît une couleur déterminée comme étant une question portant sur des causes (par exemple physiologiques). Une telle question ne se situe pas sur un plan sémantique et elle n'a rien à voir avec celle qui consiste à se demander en vertu de quelles règles les concepts de perception sont employés, de même que la question de savoir si on est capable de jouer aux échecs n'a rien à voir celle de savoir comment ce jeu est exécuté. Wittgenstein ne conteste pas l'existence de causes pour l'emploi des prédicats de perception; il souligne simplement l'absence de raisons.

Lorsque Kennick affirme que le concept d'art peut être employé sans la connaissance de critères, il prétend à tort que l'on recourt au concept d'art de la même manière qu'on recourt à un concept de perception. Il *doit* du moins le supposer pour rendre crédible sa thèse. Si le concept d'art n'est pas employé selon des critères, son usage ne peut alors reposer en effet que sur la perception immédiate. Chez Kennick, comme chez Osborne – dont Kennick pourtant rejette nettement les idées –, le concept d'art devient un concept de perception. De manière symptomatique, Kennick dit en effet de son visiteur du magasin : « Il sait ce qu'est une œuvre d'art lorsqu'il en voit une »[1]. Il partage (d'une certaine manière comme Weitz) l'un des présupposés les plus fréquents de la théorie traditionnelle de l'art, à savoir qu'il suffit d'une perception immédiate pour savoir si les choses sont ou non des œuvres d'art. Contrairement à Osborne ou à Weitz, dont il s'éloigne sur ce point, Kennick n'indique aucune marque perceptible sur laquelle les critères du concept d'art pourraient reposer; mais, comme eux, il affirme

1. W. E. Kennick, « Does Traditional Aesthetics Rest on a Mistake ? », art. cit., p. 322.

que l'on peut reconnaître les œuvres d'art de manière immédiate. L'alternative qu'il propose aux efforts sans succès des théories traditionnelles de l'art pour définir le concept d'art aboutit donc à une sorte de conception intuitionniste (le titre de son article fait d'ailleurs allusion à un article de Prichard[1]). Selon Kennick, c'est seulement par une intuition immédiate qu'on peut déterminer si quelque chose est ou non une œuvre d'art, de sorte qu'il est impossible également de donner une définition verbale de la *signification* du concept « œuvre d'art ». La seule fonction d'une telle définition serait alors celle qui lui a été attribuée par les théories traditionnelles : elle pourrait dire quelque chose sur le fait que des objets sont des œuvres d'art, mais non sur ce que signifie le concept par lequel on les désigne.

27.

Lorsque Kennick critique les théories traditionnelles en disant que leur effort pour définir l'« essence » de l'art est totalement dépourvu de sens dans la mesure où le problème qu'elles s'efforcent de résoudre n'est rien d'autre qu'un faux problème, il se fonde paradoxalement sur la même affirmation que celle qui est responsable de l'échec des théories qu'il critique. Exactement comme les théoriciens traditionnels, il s'appuie sur le fait (incontestable) que l'expression d'« œuvre d'art » appartient à notre répertoire linguistique, pour conclure que cette expression permet d'établir sans aucune difficulté une classification des œuvres d'art. C'est pourquoi il peut affirmer qu'il est tout à fait superflu de se donner tant de peine pour définir le concept d'art. Si toute la dépense théorique des théories traditionnelles lui semble inutile, c'est parce que l'unique résultat auquel elles aboutissent en fin de compte, c'est l'aptitude à reconnaître les œuvres d'art – qui est précisément la base sur laquelle elles se sont construites ! Comme on l'a montré, la prémisse sur laquelle repose la critique de Kennick des théories artistiques traditionnelle est extrêmement problématique, car, ainsi que Danto le suggère avec la douce ironie qui lui est propre, « distinguer les œuvres d'art des autres choses, n'est pas une affaire si simple,

1. *Cf.* H. A. Prichard, « Does Moral Philosophy Rest on a Mistake ? », *Mind* 21, 1912.

même pour qui parle sa langue maternelle »[1]. Kennick pourrait répliquer que si quelqu'un ne sait pas pour chaque cas si le concept d'œuvre d'art est applicable ou non, c'est qu'il ne le connaît pas encore suffisamment, puisqu'il suppose que quelqu'un qui a appris ce concept est capable de « l'employer dans tous les contextes possibles et dans toutes les occasions adéquates »[2]. Prétendre que quelqu'un qui a appris le concept d'« œuvre d'art » a appris en même temps à l'appliquer correctement en toute occasion, revient à dire qu'il s'agit là d'un concept de perception, car c'est seulement des concepts de perception qu'on peut dire que la connaissance de leur signification coïncide avec la capacité à les appliquer aux objets adéquats. L'apprentissage d'un tel concept consiste précisément à acquérir une aptitude pratique qui permet de reconnaître les occasions d'application quand on les voit. Quelqu'un qui ne reconnaît pas un objet rouge quand il le voit ne sait pas ce que signifie le mot « rouge », alors que quelqu'un qui sait ce que veut dire le mot « célibataire » n'est pas du tout en mesure, *en vertu du mot seulement*, de reconnaître un célibataire lorsqu'il en voit un. L'usage d'un concept de perception repose essentiellement sur l'accord du jugement avec son objet. Il s'ensuit que Kennick est obligé de supposer que, dans le test de la maison, chaque personne sort *la même* collection d'objets. Puisqu'il n'existe, selon sa thèse, aucune marque pour reconnaître les propriétés qui servent à définir une œuvre d'art et grâce auxquelles on peut vérifier que quelqu'un utilise correctement le concept d'« œuvre d'art » et choisit correctement les objets, le seul critère qui reste pour vérifier que l'usage est correct (comme en général avec les concepts de perception) est son accord avec l'usage qui en est fait par autrui. C'est seulement ainsi qu'on peut savoir si, dans le test, l'individu a rempli son contrat avec ce « remarquable succès » que Kennick croit pouvoir attendre en toute confiance. Mais penser que toute personne dont le vocabulaire contient le concept d'œuvre d'art, l'applique à la même collection d'objets est une supposition manifestement absurde. Les disputes à propos de l'application du concept d'art sont beaucoup plus fréquentes que celles que l'on peut avoir concernant les concepts habituels de perception. Ce simple fait suffit à miner

1. A. C. Danto, « Le monde de l'art », dans D. Lories (éd.), *Philosophie analytique et esthétique*, *op. cit.*, p. 184.
2. W. E. Kennick, « Does Traditional Aesthetics Rest on a Mistake ? », art. cit., p. 321.

l'analogie avec les concepts de perception sur laquelle repose toute l'argumentation de Kennick.

Que les opinions concernant l'applicabilité du concept d'art divergent très souvent, n'a certes pas échappé à Kennick. Il tente de désamorcer la difficulté que cela soulève du point de vue de sa théorie en disant que cette diversité tient seulement au fait que le concept « d'œuvre d'art », comme tant d'autres concepts de perception, est un concept vague. Il s'efforce de nous rassurer : « lorsque nous sommes dans le doute, c'est probablement parce que "art" et "œuvre d'art", comme la plupart des termes généraux, sont vagues dans leur application et comportent des cas-limites »[1]. Mais s'il existe des cas limites, il doit également y avoir (et probablement en grand nombre) des cas évidents, qui ne font pas problème ; le refus d'appliquer le concept à ces cas prouve que l'on n'est plus (ou pas encore) en accord avec l'usage ordinaire de la langue. Alors que celui qui nie qu'une tomate soit rouge en se référant à une tomate mûre ne fait que montrer qu'il ne maîtrise pas l'emploi du concept « rouge » (peut-être parce qu'il est aveugle ou daltonien), il n'existe manifestement pas de test analogue pour l'usage du concept d'art. Sircello a fait à Kennick l'objection suivante : « Toutes les fois que notre langue nous permet d'appliquer le terme d'"art", il n'y a rien, semble-t-il, pour autant que les règles du langage sont concernées, qui nous interdise de contester ce terme »[2].

Si le concept d'art est, comme le dit Kennick, un concept vague, il ne devrait exister aucun cas évident mais *seulement* des « cas limites ». Mais s'il est possible, dans n'importe quel cas, de contester l'emploi de ce concept, c'est qu'on ne le considère pas comme vague.

Kennick pourrait répondre que quelqu'un qui se refuse à appliquer le concept « d'œuvre d'art » à des objets comme les tableaux du Louvre, soit doute de ses compétences linguistiques, soit possède une compétence linguistique mais utilise le concept de manière évaluative. Cela est probablement exact dans la plupart des cas. On pourrait toutefois justifier le refus d'user du concept d'art dans le cas où il s'agirait par exemple d'un faux.

1. W. E. Kennick, « Definition and Theory in Aesthetics », *in* W. E. Kennick (ed.) *Art and Philosophy*, New York, 1964, p. 86. *Cf.* W. E. Kennick, « Does Traditional Aesthetics Rest on a Mistake? », art. cit., p. 322.

2. G. Sircello, « Arguing about "Art" », *in* B. Tilghman (ed.), *Language and Aesthetics*, Lawrence, 1973, p. 74.

Cette simple éventualité suffit déjà à ôter tout fondement à la conception de Kennick, car elle serait inconcevable si le concept d'art était réellement un concept de perception que l'on emploie sans critère. Aussi longtemps que l'on est exclusivement renvoyé à la perception immédiate, on peut effectivement se demander à propos de n'importe quel objet s'il s'agit d'une œuvre d'art sans mettre pour autant en question sa propre capacité *linguistique* à utiliser ce concept également en un sens classificatoire. Cela ne serait pas possible (de manière analytique) avec un concept de perception.

Le brave locuteur qui parle sa langue maternelle et aux capacités duquel Kennick accorde toute sa confiance éprouverait probablement de plus grandes difficultés pour identifier des œuvres d'art que son porte-parole théoricien de l'art. Il lui serait difficile non seulement de distinguer les œuvres d'art des faux habilement faits, mais aussi de repérer les œuvres de Andy Warhol au milieu des boites de soupe et des cartons de lessive qui l'entourent dans le magasin imaginaire. Cela lui serait difficile non seulement parce que ces œuvres ne peuvent pas, du point de vue de la perception, être distinguées (pleinement ou à peu près) des objets ordinaires, mais aussi parce qu'elles appartiendraient à cette espèce de « cas nouveaux », si chers au cœur de Weitz, et que celui qui maîtrise sa langue maternelle ne peut même pas reconnaître. Si les capacités de classification de celui qui parle sa langue maternelle, et qu'il acquiert par sa compétence linguistique, suffisent sans doute lorsqu'il s'agit de reconnaître des peintures à l'huile conventionnelles et des bustes en marbre, ce « savoir » inarticulé de « ce qu'est l'art » est mis en échec devant de nouvelles œuvres dont on ne sait pas encore si ce sont des œuvres d'art. A l'opposé de Weitz, largement conscient du problème, Kennick n'a rien à dire concernant l'extension du concept d'art à de nouveaux cas. La glorification du langage quotidien par Kennick conduit donc à un conservatisme latent, au même titre que son dédain par la théorie traditionnelle. On constate ici une nouvelle fois la fragilité de l'analogie que Kennick établit entre le concept d'art et les concepts de perception. D'abord parce qu'il est impossible que de « nouveaux cas », au sens où nous l'avons précisé, existent avec les concepts de perception; ensuite parce qu'il est évident que lorsque des cas de ce genre se présentent pour le concept d'art, l'extension du concept a besoin, pour chaque cas, d'être justifié. Et même s'il peut sembler que, dans les cas paradigmatiques, l'emploi du concept d'œuvre d'art n'a pas besoin d'être justifié, il est toujours possible de s'interroger sur les raisons de son emploi. C'est donc qu'il doit bien exister, pour chaque cas, des raisons pour l'application du concept d'art. Osborne s'appuie sur cet argument pour critiquer les thèses de Kennick. Mais il refuse par là même d'abandonner le dogme sémantique traditionnel dont il partage avec Kennick les prémisses, à savoir l'idée que le concept d'art est employé en fonction d'une perception immédiate. Ce dogme sémantique ne peut entraîner que des spéculations indémontrables et superflues sur ce qui se produit (inconsciemment) dans l'esprit du locuteur lorsque le mot « œuvre d'art » sort de sa bouche. Qu'il soit toujours possible de demander des raisons pour l'emploi du concept d'art, n'implique pas que cette question ait toujours un sens d'un point de vue métasémantique. Considérée de ce point de vue, elle est même complètement dépourvue de sens quand il s'agit de concepts de perception.

Toutes ces réflexions s'opposent à la thèse sur laquelle repose la critique que fait Kennick de la théorie de l'art traditionnelle, à savoir que la classification des œuvres d'art ne pose aucun problème et que l'on peut comprendre l'emploi du concept d'art de manière analogue à celui des concepts de perception. Ce locuteur candide qui parle sa langue maternelle, auprès duquel Kennick se réfugie pour se soustraire aux problèmes de la théorie traditionnelle, cet homme de la rue qui ne sait rien dire sur l'art mais qui est malgré tout en mesure de reconnaître avec sûreté des œuvres d'art, sont des personnages de science-fiction.

chapitre 3
les jugements esthétiques

28.

Nous avons discuté les théories de Weitz et de Kennick parce qu'elles ont représenté les seules possibilités pour essayer d'échapper aux difficultés de la théorie traditionnelle de l'art, en analysant l'usage du concept d'art dans le langage ordinaire. Une telle investigation pouvait paraître riche de promesses dans la mesure où les difficultés de la théorie traditionnelle tenaient principalement au fait qu'elle était incapable de faire la clarté sur la délimitation du domaine qu'elle analysait. Cette délimitation semble en effet résulter des capacités du langage à utiliser le concept d'œuvre d'art, puisque cet usage consiste à appliquer ce concept à certaines choses et non à d'autres. Il était facile de penser qu'il suffisait d'analyser en quoi consiste cette capacité pour découvrir comment se fait la classification des œuvres d'art. Cette recherche paraissait également inéluctable du fait que toutes les conditions d'application élaborées théoriquement pour le concept d'art s'étaient révélées à chaque fois non-pertinentes. Et cela d'autant plus que la distinction entre art et non art apparaissait de plus en plus comme le résultat d'un usage pré-théorique du concept d'art dans le langage ordinaire, usage qui s'est avéré finalement plus déterminant que tout usage philosophiquement très subtil.

Toutes les tentatives pour déterminer des conditions nécessaires et suffisantes de l'emploi du concept d'art ayant échoué, il pouvait sembler que de telles conditions n'existaient pas. Il fallait en outre tenir compte du fait que cet usage ne pouvait pas être lié à un critère axiologique déterminé puisque la classification des œuvres d'art est compatible avec des opinions divergentes sur la valeur des objets ainsi classés. Les critères selon lesquels sont évaluées les œuvres d'art semblent être une affaire de préférences subjectives, alors que le fait d'appartenir à la classe des objets d'art n'a rien à voir manifestement avec les préférences personnelles. De là naquit l'idée que l'usage du concept d'art dans la vie quotidienne – et donc la distinction entre art et non art – ne pouvait pas être lié à des critères normatifs fixés une fois pour toutes, mais devait être un usage classificatoire, empirique, neutre axiologiquement, et compatible avec les critères de valeur les plus différents.

Il fallait trouver un modèle sémantique qui puisse expliquer comment il est possible d'employer un concept descriptif sans que cet emploi repose sur des conditions nécessaires et suffisantes. La seconde philosophie de Wittgenstein pouvait fournir deux différents modèles pour résoudre le

problème en question : d'une part, celui de l'usage de concepts fondé sur une ressemblance de famille ; d'autre part, le modèle d'un usage totalement dépourvu de critères. Weitz choisit le premier et Kennick le second modèle. L'usage classificatoire du concept d'art pouvait par conséquent être présenté de deux manières : soit comme l'usage d'un concept « ouvert », soit comme un usage correspondant à celui des concepts de perception. Ces deux variantes sont en fait les uniques explications possibles.

Et pourtant, il s'est avéré qu'aucune de ces deux explications n'est convaincante. La proposition euphémisée de Kennick selon laquelle on pourrait connaître les œuvres d'art sans critères explicitables, s'est révélée sans fondement. La thèse de Weitz selon laquelle on pourrait identifier les œuvres d'art en s'appuyant sur des « conditions de ressemblance » flexibles, s'est avérée insignifiante, sinon carrément fausse. La classification des œuvres d'art n'est pas une « performance banale » ainsi que la présente Kennick, et les critères sur lesquels elle repose ne sont pas aussi inconsistants et indéterminés que l'affirme Weitz. Si l'on désigne un objet comme une œuvre d'art, on indique par là même des critères pour chaque cas singulier (et particulièrement pour les « cas nouveaux » ou modernes), et seul quelqu'un qui n'est pas familier avec l'usage du concept d'art pourrait considérer cet usage comme inapproprié. Ces critères diffèrent en effet selon les cas, et il n'existe aucun critère qui serait en quelque sorte valable pour chacun des cas singuliers. Mais si les critères de classification changent d'un cas à un autre, la question à laquelle Kennick et Weitz restent attachés, à savoir celle concernant la généralité des critères sur lesquels repose la classification des œuvres d'art, ne peut que rester sans réponse. C'est pourquoi les théories traditionnelles qui absolutisent l'un des critères possibles sont aussi insatisfaisantes que les deux conceptions analytiques alternatives que nous venons de critiquer. De nombreuses raisons poussent à abandonner la question sur la généralité des critères du concept d'art et à se tourner vers une recherche concernant les critères *possibles* pour l'emploi de ce concept.

Ce déplacement d'attention s'est effectivement produit au cours du développement historique de l'esthétique analytique. Après que Weitz et Kennick ont fait connaître leurs thèses, une certaine perplexité a envahi la philosophie de l'art. Un simple retour aux théories essentialistes paraissant impossible, il ne restait qu'une seule alternative : s'il est réellement absurde de rechercher les conditions définitives de l'usage du concept d'art, il semble alors préférable de se limiter à la question de savoir comment les énoncés sont employés pour décrire et interpréter les œuvres d'art. Mais si l'on n'est pas convaincu par les arguments de Weitz et de Kennick, s'interroger sur les différentes propriétés des œuvres d'art peut avoir un sens, puisqu'il faut bien que certaines de ces propriétés soient données comme critères.

On a toujours considéré traditionnellement comme allant de soi que les seules propriétés des œuvres d'art sont les *propriétés esthétiques*. Cette idée est assez plausible au premier abord. Si l'on voulait par exemple expliquer à un martien pourquoi on fait dans notre culture une distinction entre un poème et une prévision météorologique, ou pourquoi un portrait de Rembrandt est désigné comme une œuvre d'art tandis qu'un portrait-robot diffusé par la police en règle générale ne l'est pas, on ne pourrait probablement pas s'empêcher de renvoyer à certaines qualités esthétiques. Non seulement les théoriciens analytiques mais aussi les esthéticiens professionnels ont souvent affirmé à tort que les propriétés esthétiques sont les seuls critères sur lesquels repose la distinction entre l'art et le non art. Ainsi par exemple, un penseur aussi peu orthodoxe que Nelson Goodman voit la différence entre les modes de symbolisation artistique et non artistique

dans le fait que la première fait survenir une certaine qualité esthétique (reconnaissable à quatre – ou cinq – « symptômes ») qui fait défaut à la seconde[1]. Sa conception est à cet égard proche de celle d'Osborne ou de Beardsley, qui sont en eux-aussi persuadés que les œuvres d'art se distinguent des autres objets grâce à des qualités esthétiques. Tous deux cherchent à réduire la diversité de ces qualités à une qualité unique et générale, une sorte « d'esthéticité » *sans phrase*[2], qui consiste selon eux dans « l'unité dans la diversité », adage connu depuis l'antiquité.
On verra plus loin que les propriétés esthétiques, si elles peuvent certes servir de critères pour l'attribution du concept d'art, ne sont cependant pas les propriétés qui constituent le caractère artistique des œuvres d'art. Il est donc préférable de se tourner à présent vers la question de savoir comment sont employés les énoncés se rapportant aux propriétés esthétiques des objets. Cette voie indirecte permet d'éclairer l'usage du concept d'art mieux que si l'on concentrait son attention exclusivement sur ce concept central. On peut, à cet égard, se rapporter à la recommandation d'Austin[3] selon laquelle l'esthétique devrait cesser de s'occuper de concepts prétendument centraux, comme le beau, et s'intéresser plutôt à des concepts comme « drôle » ou « disgracieux » qui se situent sur un plan (apparemment) plus modeste.

29.

Pour découvrir quelles propriétés des choses peuvent être tenues pour des critères permettant de les désigner comme œuvres d'art, tournons-nous du côté de la très importante classe des images mentionnées dans l'inventaire du grand magasin de Kennick, qui contient aussi bien des œuvres d'art que des illustrations sans prétention. Il est manifestement sans importance pour déterminer le caractère artistique d'un tableau, de dire, par exemple, que l'on voit des couleurs bleues ou vertes, des figures agenouillées etc. Par contre, plus intéressants sont les énoncés qui disent que la disposition des figures donne une tension au tableau, ou que la tableau est harmonieux

1. *Cf.* N. Goodman, *Les langages de l'art*, Nimes, J. Chambon, 1990 ; « *Quand y a-t-il art ?* », dans D. Lories (éd.), *Philosophie analytique et esthétique*, *op. cit.*, p. 199-210.
2. En français dans le texte.
3. J. L. Austin, « Plaidoyer pour les excuses », dans *Écrits philosophiques*, Paris, Le Seuil, 1994, p. 145.

et équilibrée. Ces exemples peuvent paraître un peu démodés; mais on ne les a pas choisis au hasard : ils comptent en effet parmi ceux que Franz Sibley utilise pour délimiter l'objet de sa recherche dans ses articles qui ont exercé une très grande influence. Il nomme les prédicats qui sont employés dans la seconde sorte d'énoncés des « concepts esthétiques », à la différence des concepts non-esthétiques qui sont utilisés dans les énoncés de la première sorte. Que des concepts non-esthétiques ne soient pas applicables à un objet n'a évidemment aucun intérêt au regard de la question de savoir si cet objet est ou non une œuvre d'art; il est en revanche réellement important – si ce n'est décisif – de savoir quels concepts esthétiques peuvent lui être assignés.

Pour élucider ce que sont les concepts esthétiques, Sibley prend les exemples suivants : « unifié, équilibré, intégré, etc. ». Pour Sibley, ce qui distingue les concepts esthétiques des concepts non-esthétiques c'est que toute personne possédant des capacités perceptives normales peut formuler des énoncés contenant des concepts non-esthétiques, alors que formuler des propositions contenant des concepts esthétiques « requiert l'exercice du goût, de la perceptivité ou de la sensibilité, du discernement ou de l'appréciation esthétique »[1]. Que le goût soit nécessaire pour pouvoir énoncer des propositions qui contiennent des concepts esthétiques ne dit rien sur le contenu du concept mais fournit le critère permettant de définir ce qu'est en général un concept esthétique : « Lorsque donc un mot ou une expression est tel que son application requiert le goût ou la perception, je l'appellerai un terme ou une expression *esthétiques*, et je parlerai, parallèlement, de concepts esthétiques ou de concepts de goût »[2]. Que faut-il entendre par « goût »? Sibley annonce d'emblée que par « goût », il n'entend pas une préférence subjective (au sens d'une « affaire de goût »), mais « l'aptitude à remarquer, à voir ou à constater que des choses ont certaines qualités »[3]. Ces qualités des choses que l'on peut établir grâce au goût sont précisément leurs qualités esthétiques, et la définition devient ainsi circulaire : les concepts esthétiques sont ceux pour lesquels l'usage du goût est nécessaire et le goût est la capacité à déterminer les qualités qui

1. F. Sibley, « Les concepts esthétiques » dans D. Lories (éd.), *Philosophie analytique et esthétique*, *op. cit.* p. 41.
2. *Ibid.*
3. *Ibid.*, p. 43.

sont désignées par des concepts esthétiques. Il faut donc trouver une autre critère pour le goût qui ne renvoie pas à la sorte de concepts qui ne peuvent être définis que par le goût.

Une remarque de Sibley pourrait constituer un indice pour trouver un tel critère : pour pouvoir déterminer des qualités esthétiques, dit Sibley, il ne suffit pas de disposer des capacités normales que l'on peut supposer chez « quelqu'un jouissant d'une intelligence normale, d'une bonne vue et d'une bonne ouïe »[1]. Ted Cohen note qu'on pourrait déduire de cette remarque une condition nécessaire (quoique probablement non suffisante) pour l'usage des concepts esthétiques : ces concepts exigeraient à chaque fois *plus que des capacités* normales pour leur emploi. Mais comme Cohen l'a montré, ce critère ne permet d'établir aucune distinction tranchée. En effet, pour *chaque* concept que Sibley considère comme un concept esthétique, on peut trouver également un usage que chacun est en mesure de faire avec des capacités normales. Si cela est exact, alors le critère de Sibley est inutilisable : « si aucun terme n'exige nécessairement du goût pour son application, qu'est-ce donc finalement qu'un terme esthétique ? »[2] Puisque le trait distinctif défini par Sibley est inutilisable, Cohen conclut que la distinction elle-même est également inutilisable. Dans la mesure où le problème principal que traite Sibley (à savoir, quelles relations existent entre les deux sortes de concepts, esthétiques et non-esthétiques) n'existerait pas sans cette distinction (obscure et superflue) qu'il établit au départ, Cohen pense qu'il est inutile de s'arrêter aux autres idées développées par son adversaire : « On peut ignorer ce que fait Sibley après avoir établi la distinction : la distinction elle-même est toute la philosophie de Sibley »[3].

Il n'est cependant pas si facile d'échapper aux arguments de Sibley. Si Cohen démontre de manière en effet convaincante qu'il n'existe aucun concept qui puisse être employé exclusivement comme un « concept esthétique » (au sens de Sibley), l'argument qu'il utilise pour cette démonstration repose en fait sur la distinction entre un usage esthétique et non-esthétique des concepts. La seule preuve qu'il apporte consiste à montrer qu'il peut y avoir, pour chaque concept soi-disant esthétique, un usage non-

1. F. Sibley, « Les concepts esthétiques », *op. cit.*, p. 42.

2. T. Cohen, « Aesthetic / Non-aesthetic and the Concept of Taste : a Critique of Sibley's Position », *Theoria* 39, 1973, p. 131.

3. *Ibid.*, p. 124.

esthétique. Sibley pourrait répondre à cette critique en disant qu'il s'appuie sur la même distinction que celle revendiquée par Cohen. En fait, Sibley aurait dû définir le concept esthétique comme un prédicat présent dans un jugement esthétique. La question de savoir s'il existe des concepts qui ne se rencontrent *que* dans de tels jugements serait alors restée ouverte. La critique de Cohen ne peut donc porter que sur la construction d'une catégorie particulière de termes; mais elle ne peut pas montrer qu'il n'existe aucune différence entre les jugements esthétiques et les jugements non-esthétiques.

30.

La thèse principale de Sibley est en effet la suivante : « Il n'y a pas de traits non-esthétiques qui servent en n'importe quelles circonstances de *conditions* logiquement *suffisantes* pour l'application de termes esthétiques. Les concepts esthétiques ou de goût ne sont à cet égard nullement régis par des conditions »[1]. Cette assertion semble à première vue être en contradiction avec une autre thèse énoncée dans le même passage : « l'application des termes esthétiques résulte toujours en dernier ressort de la présence de traits qui, comme les lignes courbes ou angulaires, les contrastes de couleurs, l'emplacement des masses ou la vitesse du mouvement, sont visibles, audibles ou discernables d'une autre manière sans aucun exercice du goût ou de la sensibilité »[2]. Les traits non-esthétiques des objets ne peuvent donc pas servir de conditions pour l'attribution des concepts esthétiques, quoique ces derniers ne puissent être attribués qu'aux objets qui présentent ces traits non-esthétiques! Pour résoudre ce paradoxe, il faut commencer par expliquer de quelle manière – sur un plan factuel – les qualités esthétiques dépendent des qualités non-esthétiques, et se demander ensuite pourquoi une dépendance analogue – sur le plan du langage – ne pourrait pas exister également pour les concepts correspondant à ces qualités, à savoir les concepts esthétiques. Sibley poursuit donc ainsi son analyse : « L'existence des qualités esthétiques dépend de l'existence de qualités non-esthétiques. Elles pourraient aussi peu exister isolément que la ressemblance entre des visages sans traits du visage ou un ricanement

1. F. Sibley, « Les concepts esthétiques », *op. cit.*, p. 44.
2. *Ibid.*, p. 43-44.

sans un visage; l'inverse par contre n'est pas vrai. Les qualités non-esthétiques d'une chose déterminent ses qualités esthétiques »[1]. Les propriétés esthétiques sont donc dépendantes de la manière la plus étroite des propriétés non-esthétiques. Sibley l'illustre avec l'un de ses termes de prédilection : « gracieux » : « Alors qu'il n'existe rien dans l'apparence d'une chose qui la fasse paraître bleue, il existe des traits visibles qui la font paraître gracieuse ou qui sont « responsables » de son apparence gracieuse[...] et toute modification de ces traits peut avoir pour résultat qu'elle cesse d'être gracieuse »[2]. Mais si des propriétés non-esthétiques tout à fait ordinaires (comme les formes et les couleurs) sont « responsables » du fait que les choses possèdent des qualités esthétiques définies, on ne voit pas pourquoi elles ne pourraient pas également servir pour l'attribution de prédicats correspondants. Pour Sibley, ce n'est pas le cas. On pourrait dire que Sibley soutient une thèse « anti-réductionniste » : les énoncés sur les propriétés esthétiques ne peuvent pas se ramener à des énoncés sur des propriétés non-esthétiques, car, en dépit de la dépendance « ontologique » des propriétés esthétiques par rapport aux propriétés non-esthétiques, il n'existe aucune dépendance « logique » (correspondante) des jugements esthétiques par rapport aux jugements non-esthétiques.

Pour corroborer cette thèse, Sibley analyse les différentes sortes de relations « logiques » qui permettraient d'inférer des énoncés sur les propriétés esthétiques à partir d'énoncés sur les propriétés non-esthétiques. Il exclut d'emblée la possibilité de définir les concepts esthétiques d'une manière traditionnelle au moyen d'une série de conditions nécessaires et suffisantes (non-esthétiques). Il envisage une seconde possibilité, qui aura plus tard son importance : « Parmi ces concepts auxquels on a récemment accordé de l'attention, il y a ceux pour lesquels on ne peut fournir de conditions *nécessaires-et-suffisantes*, mais pour lesquels il existe un nombre de traits pertinents A, B, C, D, E, tels que la présence de quelques groupes ou combinaisons de ces traits *suffit* pour l'application du concept. La liste des traits pertinents peut être ouverte; c'est-à-dire qu'étant donné A, B, C, D, E, nous pouvons ne pas souhaiter exclure la pertinence possible d'autres traits non répertoriés après E »[3]. Les concepts esthétiques seraient ainsi

1. F. Sibley, « Les concepts esthétiques », *op. cit.*, p. 43-44.
2. *Ibid.*
3. *Ibid.*, p. 44.

« ouverts » de la même manière que l'est pour Weitz le concept d'art. Certains critères joueraient clairement *en faveur de* l'application du concept esthétique et l'on pourrait indiquer dans chaque cas un ensemble de conditions pour son emploi. Une différence importante sépare néanmoins le point de vue de Sibley de celui de Weitz : il existe pour Sibley des conditions non-esthétiques qui s'opposent à l'emploi de tel ou tel concept esthétique. Sibley admet que des propriétés non–esthétiques peuvent jouer en faveur de l'emploi d'un concept esthétique, et il n'exclut pas même qu'elles puissent fonctionner comme des conditions nécessaires ; mais ces conditions nécessaires ne sont jamais pour lui des conditions suffisantes.

31.

Il est clair, d'après ce que nous avons vu, que les concepts esthétiques ne peuvent être définis en règle générale que de manière ostensive. On pourrait supposer qu'il est possible d'inférer, à partir des exemples et contre-exemples grâce auxquels on apprend l'usage de ces concepts, certains traits et principes en vertu desquels on serait en mesure d'appliquer plus tard le concept à de nouveaux cas. Pour Sibley, « rien de ce genre n'est possible avec les termes esthétiques. Les exemples jouent sans aucun doute un rôle crucial en nous permettant de saisir ces concepts ; mais nous ne tirons pas, ni ne pouvons le faire, de ces exemples des conditions et des principes, aussi complexes soient-ils, qui nous rendront, si nous sommes cohérents, capables d'appliquer les termes, même à quelques nouveaux cas »[1]. Contrairement à l'opinion de quelques-uns de ses commentateurs, Sibley ne se contente donc pas d'exclure la possibilité de formuler, pour les concepts esthétiques, des conditions *sémantiques* (suffisantes) en termes non-esthétiques ; il nie également la possibilité de généralisations *empiriques* concernant la relation des propriétés esthétiques et non-esthétiques. Imaginons quelqu'un, nous demande Sibley, qui serait incapable (faute d'avoir du goût) de reconnaître les qualités esthétiques des objets. Cet homme, qui mérite toute notre compassion, pourrait essayer de découvrir certains traits non-esthétiques en vertu desquels il pourrait inférer comment appliquer un concept esthétique. Mais Sibley est convaincu que cela ne le mènerait pas très loin. « Il ne pourrait pas avoir une grande

1. F. Sibley, « Les concepts esthétiques », *op. cit.*, p. 50.

assurance ni être sûr de lui; un léger changement dans un objet pourrait à tout instant, de façon imprévisible, ruiner ses calculs, et il pourrait aussi facilement avoir tort que raison. Aussi soigneux qu'il ait été dans l'élaboration d'un ensemble de principes et de conditions cohérents, il est seulement en mesure de penser qu'il est très possible que l'objet soit délicat »[1]. Celui qui manque de goût est ainsi dans la même situation (mais bien moins heureuse) que ce Monsieur Schmidt que Ted Cohen a imaginé dans l'exemple suivant : « Supposons que tous les objets cylindriques soient rouges, que Mr Schmidt le sache et qu'il soit aveugle. Schmidt peut établir que quelque chose est rouge, bien qu'il ne sache pas reconnaître la couleur rouge et que "rouge" et "cylindrique" n'aient aucun lien sémantique. La position théorique de Sibley consiste à mentionner l'existence de Mr Schmidt comme une preuve ou la confirmation d'une preuve que tous les cylindres ne sont pas rouges »[2]. Cela est évidemment faux car pour Sibley, quelqu'un comme Mr Schmidt, si nous restons dans l'analogie, ne peut absolument pas exister.

En effet, Sibley conteste la possibilité d'établir les propriétés esthétiques des choses de manière certaine si l'on s'appuie exclusivement sur des généralisations empiriques concernant leurs propriétés non-esthétiques. On ne trouve dans tout le texte de Sibley qu'un seul argument pour justifier cette conception : « Si quelqu'un suivait simplement une règle, nous ne devrions pas dire qu'il exerce son goût »[3]. Mais cela ne démontre rien, car le « goût » ne serait pas nécessaire si l'on pouvait établir en s'aidant de règles (inductives ou acquises d'une autre manière) quelles propriétés possèdent les choses. Sibley est incapable de justifier sa thèse, à savoir qu'il ne peut exister aucune règle parce que sinon le goût ne serait pas nécessaire; il devrait plutôt démontrer (à l'inverse) que c'est parce qu'il n'existe aucune règle que quelque chose comme le « goût » est nécessaire. Mais pour Sibley, il n'est nul besoin de prouver que le goût est nécessaire pour pouvoir employer des concepts esthétiques. Il s'agit là pour lui d'une vérité nécessaire (analytique) de simple bon sens, puisque c'est précisément par le « goût » qu'il a défini au commencement ce qu'est un concept esthétique.

1. F. Sibley, « Les concepts esthétiques », *op. cit.*, p. 51.
2. T. Cohen, « Aesthetic / Non-aesthetic and the Concept of Taste : a Critique of Sibley's Position », art. cit., p. 121-122.
3. F. Sibley, « Les concepts esthétiques », *op. cit.*, p. 51.

C'est pourquoi il lui est possible d'affirmer qu'un concept qu'on peut employer en s'appuyant sur des conditions d'application acquises de manière inductive, donc sans l'exercice du goût, soit n'est « pas proprement un concept esthétique », soit est un « cas périphérique » que l'on peut négliger en toute sérénité. Il s'avère donc que la proposition selon laquelle il n'existe aucune condition (non-esthétique) pour l'emploi de concepts esthétiques, qui devrait être le résultat de l'analyse que développe Sibley, est en fait impliquée analytiquement dans sa définition de cette sorte de concepts. Comme il le remarque lui-même quelque part, c'est d'une certaine manière ce que signifie le « goût ». La référence au « goût » n'a donc pas chez Sibley la fonction innocente qu'il lui attribue – et que Cohen accepte naïvement dans sa reconstruction de l'argument de Sibley –, à savoir servir à délimiter la classe des concepts esthétiques. Elle implique une décision préétablie, habilement dissimulée, concernant la question de savoir comment ces concepts sont employés.

32.

Du fait que Sibley ne peut justifier sa thèse de manière pertinente, on ne saurait cependant conclure, comme le font quelques-uns de ses commentateurs, que cela suffit à la réfuter. Une justification meilleure que celle que Sibley a exposée (ou plutôt : qu'il n'a pas exposée) est en effet possible. Cette justification, on peut la trouver dans la discussion que Pierre Kivy consacre à la thèse de Sibley et où l'auteur présente la seule alternative possible à la théorie de Sibley dans l'état actuel de l'argumentation. Kivy affirme en effet que l'on peut « appliquer correctement les termes esthétiques en vertu de règles et de conditions »[1]. Kivy incarne donc la thèse « réductionniste » selon laquelle les propositions qui contiennent des concepts esthétiques peuvent être traduites en propositions ne contenant pas des concepts esthétiques. Cette conception est selon Kivy tout à fait compatible avec l'affirmation de Sibley selon laquelle la sensibilité esthétique est nécessaire pour voir, établir, ou percevoir que quelque chose est par exemple gracieux. Mais pour Kivy, il ne s'ensuit pas que l'attribution de concepts comme celui de « gracieux » puisse se faire tout à fait indépendamment des conditions. Ce qu'il faut entendre à son avis par « sensibilité

1. P. Kivy, *Speaking of Art*, Den Haag, 1973, p. 58.

esthétique » ou « goût », c'est en effet la capacité rare de reconnaître rapidement, et avec précision, les conditions qui justifient l'application d'un concept esthétique. Contrairement à celle de Sibley, cette conception du goût, que l'on trouve déjà chez Hume avec l'anecdote, tirée de *Don Quichotte*, de Sancho Pancha et du tonneau de vin[1], n'est pas incompatible avec une vérification intersubjective. Kivy décrit les conditions auxquelles est soumis l'emploi des concepts esthétiques sur le modèle des « concepts ouverts » (à la Weitz), que Sibley avait rejeté. Comme exemple paradigmatique d'un concept employé de manière précise et adéquate, Kivy choisit exactement le même concept que celui utilisé à plusieurs reprises par Sibley de manière négative pour distinguer l'emploi des concepts esthétiques, à savoir le concept d'intelligence. Kivy est convaincu que les concepts esthétiques peuvent être employés exactement comme le concept « intelligent », à savoir sur la base d'un ensemble flexible et ouvert de critères dont n'importe quel nombre indéterminé est suffisant dans chaque cas particulier.

Il s'ensuit que les concepts esthétiques, selon Kivy, sont des concepts que l'on pourrait désigner comme des « concepts théoriques », donc des concepts que l'on ne peut pas employer en s'appuyant sur une observation immédiate, mais qu'il est possible de ramener, en vertu de certaines règles, à des concepts d'observation. (Le concept d'intelligence désigne lui aussi une qualité qui n'est pas immédiatement perceptible parce qu'il s'agit d'une qualité de disposition). L'exemple que Kivy utilise pour illustrer sa conception des concepts esthétiques est celui, bien connu, d'unité. On n'entend pas immédiatement, dit-il, l'unité d'un morceau de musique. On conclut à l'existence de l'unité d'un morceau de musique à partir d'une analyse plus ou moins scientifique de certaines de ses propriétés non-esthétiques. L'« unité », dans le cas de la musique, est donc pour Kivy un concept théorique dont l'applicabilité est liée à des critères contrôlables. Ce concept d'unité fonctionnant chez lui comme un paradigme, on peut supposer qu'il conçoit tous les autres concepts esthétiques sur le même modèle. Si les concepts esthétiques sont bien des concepts théoriques, un usage correct de ces concepts doit nécessairement reposer sur des critères établis par certaines conventions. De fait, Kivy pense que l'apprentissage du concept d'« unité » dépend d'un certain contexte, qu'il faut faire partie d'un cercle

1. *Cf.* D. Hume, « De la règle du goût » dans *Essais sur l'art*, Paris, Vrin, 2010, p. 95.

ou d'une société dont les membres « s'intéressent suffisamment à l'art ou à l'esthétique pour s'entretenir de ces sujets »[1]. Kivy est convaincu qu'à l'intérieur de ce cercle de personnes qui s'intéressent à l'art et possèdent une certaine compétence, règne un accord très large, sinon complet, sur les critères pour un usage correct de ce concept. Si quelqu'un ne s'en tient pas à ces critères, on peut « conclure de manière légitime » qu'il ne sait pas de quoi il parle – qu'il ne sait pas par exemple ce que signifie « unité ». Si l'on suit Kivy, il serait déraisonnable, voire irresponsable de déroger aux règles, car « dans notre usage des termes esthétiques et dans nos évaluations esthétiques, il existe des limites qu'on ne peut franchir sans être légitimement taxé d'"irrationnel" »[2].

33.

Kivy insiste sur le caractère conventionnel des critères pour l'emploi des concepts esthétiques et fustige avec des mots très durs tout distanciation par rapport à ces critères parce qu'il croit qu'il est possible de transposer les arguments de Wittgenstein contre le « langage privé » et de reprendre pour les concepts esthétiques le modèle « critériologique » que Wittgenstein a développé principalement en référence aux concepts psychologiques[3].

Wittgenstein a montré que cela serait absurde de douter que quelqu'un souffre, lorsque tous les critères à notre disposition relativement à son comportement et aux circonstances (cris, contorsions, terribles blessures) nous permettent de conclure qu'il souffre, et l'on ne voit pas de quelle preuve supplémentaire on aurait encore besoin (comme par exemple une information sur le système nerveux). Un tel doute n'aurait aucun sens puisque que c'est en fonction de ces mêmes critères que l'on a appris le prédicat (souffrance) dont on refuse ici l'emploi, et parce qu'il faut bien que celui qui doute connaisse la signification du prédicat qu'il a appris ainsi pour pouvoir exprimer son doute. Ce doute consiste à refuser d'employer le prédicat pour un cas qui ne se distingue en rien des cas à partir desquels on

1. P. Kivy, « Aesthetics and Rationality », *The Journal of Aesthetics and Art Criticism* 34, 1975, p. 56.
2. *Ibid.*, p. 57.
3. *Cf.* P. Kivy, « Aesthetics Concepts : Some Fresh Considerations », *The Journal of Aesthetics and Art Criticism* 37, 1979.

a appris sa signification. La formulation d'un tel doute se prive elle-même de sa propre signification linguistique.

Il serait tout aussi dépourvu de sens, selon Kivy, de douter qu'un morceau de musique possède une unité si l'on admet que certains critères sont satisfaits. C'est ce qu'il s'efforce de montrer avec l'exemple de la *Symphonie héroïque* : « le thème principal de la première phrase se répète pas moins de trente sept fois [...] Si le thème principal se répète trente sept fois dans n'importe quelle phrase de même longueur, sommes-nous libres logiquement de nier que ce morceau de musique possède une unité et de lui refuser cette propriété? La réponse est un "non" solennel ».[1] La répétition constante d'un thème – la structure monothématique, comme la nomme Kivy –, n'est pas le seul critère pour l'emploi du concept d'« unité », mais il est toujours possible de prendre suffisamment de critères (non-esthétiques), pour qu'aucun homme raisonnable ne puisse contester que la musique possède une unité. Par cette méthode (critériologique), qui consiste en une « accumulation d'évidences aboutissant à une sorte de conclusion logiquement contraignante »[2], il est, selon Kivy, possible de justifier de manière irréfutable tout jugement esthétique.

Sibley affirme au contraire : « Il n'y a pas de conditions suffisantes, de traits non-esthétiques tels que la présence d'un ensemble ou d'un certain nombre d'entre-eux justifiera logiquement ou garantira, et de façon incontestable, l'application d'un terme esthétique »[3]. Du point de vue de Sibley, il est donc tout à fait possible de contester ce que Kivy présente comme une vérité logiquement nécessaire, à savoir qu'on doit parler d'unité à propos d'un morceau de musique dès lors que son thème est répété trente sept fois (ou seulement vingt quatre fois, comme il le dit dans un autre passage). Il faudrait que Kivy démontre en quoi le refus d'employer le terme d'unité à propos d'un tel morceau de musique serait incorrect (d'un point de vue linguistique) et « irrationnel ». Un premier argument consisterait à dire que quelqu'un qui refuse de parler dans un tel cas d'« unité » utilise ce terme en un sens évaluatif : « Là où l'on dénie l'unité à une structure monothématique, on refuse simplement un certain degré de reconnaissance

1. P. Kivy, *Speaking of Art*, *op. cit.*, p. 47.
2. *Ibid.*
3. F. Sibley, « Les concepts esthétiques », *op. cit.*, p. 45.

esthétique »[1]. Mais cet argument n'intéresse pas Kivy chez qui l'on constate la même aversion insurmontable à l'égard des concepts évaluatifs que l'on rencontre chez les philosophes analytiques, avec lesquels il s'accorde tout à fait sur ce point. Sibley aussi concentre exclusivement toute son attention sur l'usage descriptif des concepts esthétiques, bien qu'il ne lui échappe nullement que les concepts esthétiques ont souvent une composante évaluative. Mais il est persuadé que cela n'affecte en rien sa thèse. Même si l'on éliminait les composantes évaluatives que possèdent souvent les concepts esthétiques, ou si l'on se limitait exclusivement aux concepts esthétiques descriptifs, on ne pourrait, selon lui, faire dépendre de conditions non-esthétiques l'application de concepts esthétiques. Cela tient à sa conviction que les jugements esthétiques sont liés à une perception immédiate, qu'on peut « voir la grâce ou l'unité d'une œuvre, entendre la mélancolie d'une musique ... »[2]. Quelqu'un qui saurait que la symphonie de Beethoven a une « structure monothématique », uniquement par la description d'un musicologue anglais, pourrait douter du fait qu'elle soit réellement homogène, parce qu'« une description, comme le dit Kivy, peut toujours sur un point essentiel se révéler fausse ». Il suffit pour le savoir d'examiner l'œuvre en question. On ne peut donc, selon lui, déduire du fait que la perception immédiate est nécessaire, qu'il n'existe aucun critère (non-esthétique), puisqu'il s'agit de propriétés esthétiques qui peuvent être immédiatement perçu. Il est possible, dans ce cas, de conclure, au moins de manière hypothétique, de certaines propriétés non-esthétiques de l'objet à ses propriétés esthétiques; et si l'on est certain que ces propriétés non-esthétiques existent, il est également possible de porter un jugement esthétique sur l'objet sans posséder d'information provenant d'une perception immédiate. Kivy insiste (contre Tormey) sur l'existence de cette possibilité[3]. Si les concepts esthétiques peuvent être employés en fonction de critères non-esthétiques, il doit alors être possible (en vertu d'implications « critériologiques ») de déduire un jugement esthétique d'une description non-esthétique appropriée, de même qu'il est possible de déduire de la description (du comportement) d'une personne si elle est ou non intelligente. Pour

1. P. Kivy, *Speaking of Art*, *op. cit.*, p. 17.
2. F. Sibley, « Les concepts esthétiques », *op. cit.*.
3. P. Kivy, « Aesthetics Concepts : Some Fresh Considerations », art. cit., p. 424; *cf.* A. Tormey, « Critical Judgements », *Theoria* 39, 1973, p. 39.

Kivy, il ne fait aucun doute que les termes esthétiques sont dépendants de conditions, contrairement à ce qu'affirme constamment Sibley.
Ce n'est pas par une analyse logique que l'on peut décider lequel des deux, Sibley ou Kivy, a raison sur ce point, mais seulement par l'observation de l'usage réel des concepts esthétiques. Or les observations relatives à ce sujet corroborent clairement la conception de Sibley : ces conclusions hypothétiques dont parle Sibley en fait ne marchent pas. La théorie de Kivy par là même s'effondre ; il lui devient impossible de se retrancher derrière l'affirmation qu'une simple intuition immédiate permet de percevoir les traits non-esthétiques des objets à partir desquels on peut ensuite mettre en lumière leurs qualités esthétiques. Si les conclusions hypothétiques qu'on peut tirer de la perception de traits non-esthétiques ne sont jamais convaincantes, cette affirmation repose alors sur une pure spéculation ; elle est inutile et indémontrable.

34.

Il est donc probable qu'il nous faille suivre, dans nos réflexions ultérieures, la conception de Sibley : « On peut nous décrire les choses en termes non-esthétiques autant qu'on veut, mais on ne nous met pas par là en position de devoir admettre (ou d'être incapable de nier) qu'elles sont délicates, gracieuses, criardes ou d'un équilibre exquis »[1]. Même s'il est vraisemblable que les choses se passent ainsi, il n'est cependant pas évident de savoir *pourquoi*. Sibley ne croit pas que c'est notre vocabulaire qui serait trop pauvre pour pouvoir décrire de manière satisfaisante des propriétés non-esthétiques. Certes, il reconnaît que les propriétés non-esthétiques sur lesquelles repose une qualité esthétique ne peuvent pas être décrites de manière satisfaisante avec des termes généraux : « Quand nous parlons d'une œuvre d'art, nous [...] disons qu'elle est gracieuse, non pas parce que son dessin s'incurve légèrement, mais en raison de *cette* courbe particulière »[2]. Suivant Isenberg, si une description des propriétés non-esthétiques ne peut pas être entièrement satisfaisante, c'est parce qu'elle contient nécessairement des expressions déictiques – cette couleur-ci, cette ligne là –, de sorte qu'elle ne peut être comprise que « remplie » ou

1. F. Sibley, « Les concepts esthétiques », *op. cit.*, p. 46.
2. *Ibid.*, p. 52.

« complétée » par la perception[1]. Cette explication ne concerne cependant pas le cœur de l'affaire, car il serait tout à fait possible, si on le voulait, d'éliminer les expressions déictiques et de les remplacer par des descriptions indépendantes de la situation, par exemple en se servant d'un système de coordonnés géométriques. Mais si l'on suit Sibley, une description non-indexicale des propriétés non-esthétiques d'un objet ne permettrait pas non plus d'inférer le moindre jugement esthétique.

Les choses se passent manifestement ici comme avec l'arôme de café dont Wittgenstein prend l'exemple : « Décris l'arôme du café ! – Pourquoi cela ne marche-t-il pas? Les mots nous manquent-ils? Et à quelle fin nous manquent-ils? – Mais d'où provient l'idée que cette description devrait néanmoins être possible? Une telle description a-t-elle jamais fait défaut? As-tu essayé de décrire l'arôme sans y parvenir? »[2] Il est tout aussi superflu de vouloir décrire ce que désigne un concept esthétique dans d'autres concepts (non-esthétiques). L'unique fondement fiable pour l'emploi de concepts esthétiques ne peut être que la perception immédiate. A l'opposé de Kivy, qui traite les concepts esthétiques comme des « concepts théoriques », Sibley affirme donc qu'il s'agit de *purs concepts de perception.* C'est l'unique raison pour laquelle ils sont employés indépendamment de critères (non-esthétiques).

C'est ainsi qu'il faut comprendre la variante que donne Sibley de l'argument de la question ouverte (« *open-question-argument* ») de Moore. Selon Sibley, ce qui est désigné par un concept esthétique est à chaque fois quelque chose d'autre que ce qui est désigné par une description non-esthétique, quoique les deux soient équivalents d'un point de vue extensionnel. Par conséquent, la tentative de Kivy pour ramener le premier au second serait quelque chose d'analogue à « l'erreur naturaliste » (*the naturalistic Fallacy*) critiquée par l'argument de la question ouverte. Celui qui se rend coupable de cette « conclusion erronée », ne commet pas à proprement parler – comme Frankena l'a montré – l'erreur d'une fausse conclusion; peut être seulement ne voit-il pas de différence entre les deux modes de description si ceux-ci sont équivalents du point de vue extensionnel. Comme le dit Frankena : « ce n'est ni un sophisme logique, ni une confusion logique. En toute rigueur, ce n'est pas même une erreur. C'est plutôt une sorte de cécité, analogue

1. *Cf.* A. Isenberg, « Critical Communication », *The Philosophical Review* 58, 1949.
2. L. Wittgenstein, *Recherches philosophiques*, *op. cit.*, § 610, p. 225.

à la cécité aux couleurs »[1]. On peut, dans le cas de l'esthétique, prendre à la lettre cette cécité à laquelle on réduit généralement le « sophisme naturaliste ». Il est évident qu'on peut désigner l'incapacité à percevoir les qualités esthétiques (comme l'incapacité à percevoir des proportions déterminées ou des rythmes) comme une « cécité esthétique ».

35.

S'il apparait que les concepts esthétiques ne peuvent être employés que sur la base d'une perception immédiate, cela ne constitue pas pour autant un argument contre l'idée qu'on pourrait découvrir des régularités empiriques dans le rapport entre les qualités esthétiques et les qualités non-esthétiques. Si l'on en croit Sibley, il n'existe aucune espèce de régularités de ce genre. « Les traits qui rendent quelque chose délicat ou gracieux etc., se combinent d'une manière spécifique et unique [...]. La qualité esthétique dépend exactement de cette combinaison individuelle ou unique de ces couleurs et formes précisément de telle sorte qu'un changement même léger pourrait faire toute la différence »[2]. Il semble difficile exclure ainsi,

d'une manière si apodictique, toute possibilité de généralisation, même pour des objets « uniques ». On peut en effet rencontrer des combinaisons homogènes de qualités non-esthétiques dans des qualités esthétiques de même nature. Sibley atténue cette objection, sans pourtant la réfuter lorsqu'il dit qu'une telle généralisation n'est possible que si deux (ou plusieurs) cas sont parfaitement identiques. « Si X a la propriété P, pour être certain qu'une chose Y possède la même propriété P, il faut être certain que Y est exactement comme X eu égard à tous les aspects relevant de P »[3]. Il est possible de conclure d'un cas à un autre seulement si les deux cas sont indiscernables du point de vue de la perception, comme, par exemple, avec deux produits manufacturés dans une même série de production.

Que l'on puisse appliquer à deux cas numériquement différents, mais parfaitement identiques, le même prédicat de perception ne présente aucun intérêt ni d'un point de vue empirique ni d'un point de vue sémantique.

1. W. K. Frankena, « The Naturalistic Fallacy », *Mind* 48, 1939, p. 475.
2. F. Sibley, « Les concepts esthétiques », *op. cit.*, p. 53.
3. F. Sibley, « Particularity, Art, and Evaluation », *Proceeding of the Aristotelian Society*, Supplementary volume 48, 1974, p. 12.

Cela va de soi! Il est beaucoup plus intéressant de se demander pourquoi Sibley restreint les possibilités de généralisation à de tels cas. Il avance plusieurs raisons. La plus petite modification – d'un mot dans un poème, d'une couleur ou d'une ligne dans un tableau, ou d'une note dans une composition musicale –, peut changer la qualité esthétique de tout ou d'une partie de l'œuvre. Ensuite, des modifications importantes des propriétés non-esthétiques ne causent souvent aucune modification dans les propriétés esthétiques. Enfin, cette même propriété non-esthétique, qui contribue dans un cas à produire une qualité esthétique déterminée, peut avoir dans un autre cas l'effet exactement inverse : « Le même trait, par exemple une couleur, une forme ou une ligne d'un genre particulier, qui contribue à la réussite d'une œuvre, peut en gâcher tout à fait une autre »[1]. Ces observations, qui rappellent, non par hasard, la description classique des « qualités de forme » par Christian von Ehrenfels, suggèrent en fait que la classe des objets subsumés sous un concept esthétique peut être si hétérogène eu égard à ses traits non-esthétiques qu'il est impossible d'établir, à partir d'un de ces traits, une inférence d'un membre de la classe à un autre. C'est bien ce que pense Sibley lorsqu'il affirme que chacun des cas subsumés sous un concept esthétique est « unique ». Il s'ensuit que sa thèse « singulariste », comme il l'appelle en opposition à Strawson et Macdonald, ne se restreint pas aux cas de ces œuvres d'art que l'on désigne, pour d'autres raisons (discutées plus haut), comme « uniques ».

Mais même si l'on admet que chaque cas singulier auquel s'applique un concept esthétique contient une combinaison différente de propriétés non-esthétiques, on peut toujours imaginer que chacun de ces cas résulte d'une composition (unique) des mêmes éléments. Beardsley est resté « prisonnier » de cette idée. Selon lui, les propriétés esthétiques sont causées par des propriétés non-esthétiques. Et dans la mesure où des généralisations inductives sont possibles dans toute relation causale, on doit pouvoir établir les conditions qui déterminent de manière causale l'existence des propriétés esthétiques. Outre son exemple de prédilection, la relation entre le tempo lent et la tristesse dans le cas de la musique, Beardsley reprend l'exemple de Kivy pour faire comprendre sa conception de la causalité. « Ce n'est pas la logique (ou la sémantique) qui nous interdit de nier qu'une

1. F. Sibley, « Les concepts esthétiques », *op. cit.*, p. 53.

phrase musicale où le thème est répété 37 fois possède une unité, mais l'expérience musicale »[1]. Bearsdley développe une sorte d'analyse factorielle : « Je me représente la relation entre une qualité esthétique et un certain nombre de qualités non-esthétiques de la manière suivante : Certaines qualités non-esthétiques (en général pas toutes) exercent une *influence* sur ou contre l'apparition (ou l'intensification) d'une certaine qualité esthétique; cette influence peut être renforcée, compromise ou dissimulée par d'autre propriétés non-esthétiques »[2]. Si l'on admet que n'importe quelle combinaison de traits non-esthétiques n'est pas possible parce que ces combinaisons se potentialisent ou se paralysent dans leurs effets qui peuvent être plus ou moins importants, on peut alors rendre compte sans difficulté des phénomènes observés par Sibley.

Bien que l'explication de Beardsley ait connu un réel succès, il faut bien reconnaître qu'il s'agit là d'une pure fiction. Mais elle provoque un effet apaisant sur les esthéticiens enclins à l'empirisme. Même s'il est peu probable qu'on puisse reconstruire les facteurs et les lois de l'action réciproque des qualités non-esthétiques et esthétiques, et que personne, pas même Beardsley lui-même, n'ait jamais formulé de telles lois, cette idée donne le sentiment que tout va pour le mieux en Esthétique. Non sans raison, Wittgenstein s'est moqué à de nombreuses reprises de ces fictions naïves et vaines.

Certes, si l'on pouvait trouver ces régularités dont l'existence empirique est postulée par Beardsley, cela permettrait d'établir des inférences des propriétés non-esthétiques aux propriétés esthétiques – avec un certain « risque inductif » qui est inévitable. Mais on n'aurait pas avancé d'un pouce sur la question de savoir comment des concepts esthétiques sont employés. Pour rechercher une corrélation empirique entre des propriétés esthétiques et des propriétés non-esthétiques, il faut déjà pouvoir les reconnaître indépendamment les unes des autres. Sans cela, on ne voit pas comment on pourrait savoir si la modification d'une propriété non-esthétique entraîne la modification d'une propriété esthétique. Les recherches empiriques pourraient tout au plus permettre de forger des hypothèses sur la manière d'obtenir un effet esthétique déterminé (ce qui serait tout à fait

1. M. C. Beardsley, « The Descriptivist Account of Aesthetic Attributions », *Revue Internationale de Philosophie* 28, 1974, p. 337 *sq*.
2. M. C. Beardsley, « The Descriptivist Account of Aesthetic Attributions », art.cit.

intéressant par exemple pour un dessinateur de publicité ou un compositeur de musique de film). Mais on peut très bien utiliser les concepts esthétiques sans être informés sur les conditions qui déterminent l'apparition des propriétés esthétiques. Qu'on puisse les employer en s'appuyant sur de telles conditions ne nous dit pas plus sur leur usage réel que ce que pourrait nous dire sur l'usage des prédicats de couleur le fait qu'un robot soit capable d'identifier des couleurs selon des mesures de fréquences lumineuses. C'est d'ailleurs évident même pour Beardsley

36.

Si les concepts esthétiques ne peuvent être employés qu'en fonction d'une perception immédiate, on devrait alors pouvoir décrire leur usage de manière analogue à celle des concepts de couleur. L'usage des concepts de couleur repose, comme le dit Wittgenstein, sur le fait que celui qui participe au « jeu » a appris à réagir avec ces concepts en conformité avec certaines parties du spectre (subdivisées spécifiquement du point de vue culturel). « Le jeu dépend de l'accord de ces réactions entre elles ; *i.e.* il faut qu'ils *appellent* les mêmes choses "rouge" »[1]. Ceux qui sont incapables d'appren-
dre les « réactions requises », donc la dénomination des couleurs, sont disqualifiés en tant qu'« aveugles » ou « aveugles aux couleurs ». Il existe en effet, comme le dit Wittgenstein, une cécité aux couleurs. D'où le fait que ce n'est pas un hasard si les jugements sur les couleurs s'accordent en général. Cela résulte de la règle d'emploi des concepts de couleur. Une divergence par rapport à cet accord général, n'est donc pas un simple écart statistique, mais une *erreur* qui doit être expliquée par des causes. La cause d'un emploi divergent des concepts de couleur ne peut consister que dans le fait que les conditions dans lesquelles le spectateur perçoit quelque chose ne concordent pas avec les conditions normales dans lesquelles le concept est appris (éclairage extraordinairement tamisé, effet de sidération etc.). L'emploi des concepts de couleurs implique toujours une référence aux conditions standards de la perception, et la possibilité de vérifier les jugements sur les couleurs suppose l'existence de telles conditions. Si ces conditions standard n'existent pas, il est nécessaire de les créer avant de pouvoir vérifier si le jugement sur les couleurs est correct ou non. Pour

1. L. Wittgenstein, *Notes sur l'expérience privée et les sense data*, Mauvezin, TER, 1989, p. 15.

Sibley, il en va exactement de même en ce qui concerne les concepts esthétiques. Dans un cas comme dans l'autre, il existe des conditions standards pour leur emploi correct; la différence tient seulement au fait que ces conditions sont plus rarement remplies dans le cas des concepts esthétiques. Sibley développe en effet une sorte de « théorie élitiste » de l'usage des concepts esthétiques. Ce n'est pas selon lui l'accord qui existe entre les jugements esthétiques « des gens normalement doués de sens et d'entendement » qui permet de déterminer si l'usage des concepts esthétiques est correct ou non, mais la convergence entre les jugements d'observateurs possédant « une sensibilité à la fois large et fine », capables de percevoir de subtiles différences[1]. L'objectivité des jugement esthétiques est ainsi garantie par une élite composée de personnes ayant une perception aiguisée. Sibley confond par là objectivité et exactitude, car l'énoncé disant qu'une chose est rouge cinabre, n'est en aucune façon plus objectif (ou plus vrai) que l'énoncé disant qu'elle est rouge. Mais il est vrai par ailleurs qu'il faut être capable de différenciations très fines pour dire d'une chose non pas seulement qu'elle est rouge, mais rouge cinabre. Et les propriétés esthétiques étant pour Sibley plus difficiles à reconnaître que les fines nuances de la couleur rouge, il en conclut que les conditions d'une perception correcte ne peuvent être remplies que par une minorité. Beaucoup plus de gens sont insensibles aux propriétés esthétiques qu'aux propriétés ordinaires, et on peut les « disqualifier » de la même manière que l'on disqualifie, dans le cas des prédicats de couleur, ceux dont nous disons qu'ils sont « aveugles aux couleur ».

Si l'usage des concepts esthétiques est identique à celui des concepts de couleur, leur attribution doit être vérifiée selon une méthode identique à celle utilisée pour les prédicats de couleur, c'est-à-dire en percevant l'objet sous des conditions standards. Par conséquent, quelqu'un qui ne connaitrait pas les qualités esthétiques des choses, devrait être en mesure de les percevoir si on le place dans des conditions standards. Sibley énumère toute une série de méthodes possibles pour enseigner comment percevoir « correctement » des qualités esthétiques. Et d'abord faire référence à des traits non-esthétiques. On peut dire par exemple, en face d'un tableau : « avez vous remarqué ces lignes et ces taches de couleur ici et là … ne

1. F. Sibley, « Les concepts esthétiques », *op. cit.*, p. 43.

rendent-elles pas la peinture lumineuse ou dynamique? » Pour Sibley, de telles indications ont pour but de rendre la perception adéquate, et non, comme le supposait Kivy, de fournir une justification (« critériologique ») à une conviction théorique. Sibley a sans doute raison sur ce point. Celui qui est incapable de discerner les qualités esthétiques des choses, doit effectivement apprendre à les *voir*. On ne convaincra jamais personne de l'existence de ces qualités par de simples raisons théoriques. Si l'on met quelqu'un dans la situation de percevoir par lui-même une propriété esthétique, on ne fournit aucune preuve théorique de son existence. La question de la structure logique de la preuve ne se pose donc pas non plus. Cela n'apparaît pas seulement dans l'utilisation fréquente d'impératifs (« regardez »), mais aussi dans le fait que pour parvenir à l'effet souhaité, on recourt à des moyens dont on perçoit au premier coup d'œil qu'ils n'ont rien à voir avec une argumentation rationnelle, à savoir des métaphores, des allusions, des répétitions et des exercices visuels, ou encore des mimiques, des gestes et toutes les variantes d'un comportement expressif. Si l'on veut « prouver » à quelqu'un l'existence d'une qualité esthétique, aucune méthode ne doit être exclue a priori. Si l'autre finit par percevoir lui aussi cette qualité, alors la fin a justifié les moyens : « S'il constate ensuite qu'il est d'accord avec moi, j'ai légitimé mon affirmation de la meilleure des façons, en le mettant en situation de le voir par lui-même. Il n'y a aucune raison pour ne pas dire, si l'on veut, que j'ai confirmé, justifié ou même démontré mon jugement originel. On pourrait parler de *preuve perceptive* ».[1] Il s'agit bien là pour Sibley d'une preuve dans la mesure où elle fournit les conditions standards pour une perception esthétique correcte et permet ainsi de vérifier le jugement esthétique, puisque les qualités esthétiques se révèlent nécessairement sous ces conditions

37.

Sibley décrit donc l'emploi des concepts esthétiques exactement selon le même modèle que celui utilisé généralement pour décrire l'emploi des concepts de perception; les observateurs qualifiés s'accordent dans leurs jugements et ceux dont les jugements divergent sont considérés soit comme

1. F. Sibley, « Aesthetic and Nonaesthetic », *The Philosophical Review* 74, 1965, p. 143.

aveugles, soit comme victimes d'une illusion dont il est possible d'expliquer les causes et de se délivrer par des moyens adéquats.

Cette présentation est cependant au plus haut point problématique. La question décisive est de savoir s'il existe effectivement des conditions standards pour la perception correcte des qualités esthétiques. Hungerland ne le pense pas : « La possibilité d'établir des critères, adaptés aux circonstances, pour des observateurs normaux et des conditions normales d'observation, dépend de l'existence de quelque chose de stable en nous même et dans notre environnement. Qu'une telle stabilité existe pour des propriétés de couleur mais pas pour des qualités esthétiques, est un fait purement contingent »[1].

Cette objection ne vaut pas pour Sibley, car pour lui, les jugements ne dépendent pas de l'existence de ces conditions standards. Que les jugements soient stables et concordants est parfaitement insignifiant de son point de vue. Même si la majorité était composée de personnes aveugles (de façon permanente) au rouge et au vert, Sibley continuerait à dire que l'emploi correct des concepts de couleurs n'est pas dicté par leurs jugements (dominant d'un point de vue statistique), mais par les jugements d'une élite capable d'établir des différenciations du point de vue de la perception. Et il dirait la même chose pour les jugements esthétiques.

Mais à quoi reconnait-on que quelqu'un appartient à cette élite de la perception esthétique postulée par Sibley? Dans la tradition de l'esthétique sensualiste à laquelle se rattache Sibley, cette question fonctionne habituellement comme un signal annonçant l'entrée en scène d'une figure aussi plaisante que mystérieuse, celle de « l'observateur idéal », qui a toutes les facultés nécessaires pour porter des jugements esthétiques infaillibles. Les facultés attribuées à cet « observateur idéal » sont telles qu'elles disqualifient, de manière négative, le jugement de celui qui est malade, insensible ou plein de préjugés. Par ailleurs, c'est parce que ses jugements sont corrects que l'on sait que quelqu'un possède les facultés requises (si l'on dit que l'observateur idéal est doué de sensibilité, d'empathie, d'expérience, etc., ce sont les jugements qu'il porte qui permettent de reconnaître chez lui ces capacités). Sibley veut éviter cette définition circulaire et sans aucune utilité du « juge idéal » : « De même que nous ne distinguons pas ceux qui

1. I. C. Hungerland, « Once Again, Aesthetic and Non-aesthetic », *The Journal of Aesthetics and Art Criticism* 26, 1968, p. 288.

voient les couleurs par un examen physiologique, nous ne choisissons pas les critiques par le critère du « spectateur idéal » : nous sélectionnons les deux en fonction de leurs performances ».[1] Mais cette affirmation, que l'on trouve déjà chez Hume, reste circulaire car elle laisse entière la question de savoir comment on reconnaît la performance des juges compétents. La difficulté consiste en ce que quelqu'un qui porte des jugements justes doit pouvoir être également reconnu par ceux qui ne sont pas eux-mêmes en mesure de porter de tels jugements.

Rudinow évoque la situation dans laquelle un profane, étant dans le même lieu que les experts, pourrait contrôler leurs jugements, non pour vérifier si ces jugement sont corrects, ce dont il n'est pas capable, mais pour voir s'ils font le même genre de distinctions. On pourrait ainsi déterminer la capacité de faire des différentiations avec acuité. Cette capacité est précisément celle par laquelle, selon Sibley, se distingue l'élite esthétique de la perception

Mais le problème, c'est que dans le cas des concepts esthétiques, les disputes à propos de leur usage continuent même dans la situation où il est possible d'y mettre fin lorsqu'il s'agit de concepts de perception, à savoir celle où l'on a immédiatement devant les yeux l'objet auquel a été attribué le prédicat en question. Dans cette même situation, aucun critère ne permet de décider lequel des deux protagonistes a attribué le prédicat esthétique correct, et (ce qui revient au même) lequel des deux appartient à l'élite de la perception esthétique.

38.

Bien que Sibley ait admis lui-même cette inévitable indécidabilité, il reste attaché à la prémisse selon laquelle, lorsque des différences existent dans l'attribution d'un concept esthétique, l'une des personnes (au moins) se trompe, même si l'on ne sait pas forcément laquelle. Dans la mesure où, selon lui, les propriétés esthétiques existent indépendamment du fait d'être perçues, il y a nécessairement, dans toute controverse esthétique, au moins un des participants qui est incapable « de voir les choses comme elles sont esthétiquement »[2]. Il n'existe à ses yeux que deux possibilités : soit la

1. F. Sibley, « Objectivity and Aesthetics », *Proceeding of the Aristotelian Society*, Supplementary Volume 42, 1968, p. 46.
2. F. Sibley, « About Taste », *The British Journal of Aesthetics* 6, 1966, p. 68-69.

propriété esthétique en question existe, soit elle n'existe pas. On pourrait dire avec Wittgenstein que le principe du tiers exclu ici n'explique rien mais ne nous donne qu'une « image ». Et parce que Sibley ne parvient pas à se libérer de cette « image », il est contraint d'adopter une théorie que l'on peut nommer à juste titre « intuitionniste ». Bien que les commentateurs hésitent en général à la nommer ainsi, il faut bien reconnaître qu'elle en a toutes les caractéristiques. Les jugements esthétiques sont pour lui des propositions assertoriques avec des prédicats à une place, désignant des propriétés « objectives » des choses, et elles sont vraies ou fausses; on ne peut pas déterminer la valeur de vérité de ces propositions selon des procédures habituelles; elles ne sont pas dérivées d'autres propositions, ni vérifiables par la perception sensorielle, mais font appel à une compétence particulière, exceptionnelle, dont il est impossible d'indiquer les critères. Si les jugements esthétiques sont ou vrais ou faux et si, conformément aux prémisses secondaires, les concepts esthétiques sont des concepts de perception, il doit nécessairement exister des conditions standards pour leur application correcte. Mais dans la mesure où il est impossible, comme on l'a vu, de décider si l'attribution d'un concept esthétique est vraie ou fausse, la norme qui dit que cette attribution *doit* être vraie ou fausse ne peut pas être dérivée de l'usage réel de ces concepts. Cet usage ne permet pas de soutenir cette thèse, ni même de la rendre crédible. C'est pourquoi il n'est pas non plus possible de la réfuter en renvoyant, comme le fait Hungerland, à l'usage effectif de ces concepts. La thèse de Sibley résiste aux tentatives de réfutation qui utilisent des arguments reposant sur des faits empiriques. Le fait qu'il soit impossible de la réfuter par des arguments empiriques n'est en rien la marque d'une quelconque supériorité; cela signifie seulement qu'elle est compatible avec n'importe quel fait, et donc qu'elle est elle-même indifférente. Quoique l'on ne puisse pas réfuter de manière convaincante la théorie de Sibley, rien ne permet vraiment de s'y rallier. L'importance des désaccords entre les jugements esthétiques qui ne constituait au départ chez Sibley qu'une différence quantitative relativement aux jugements de couleur, se transforme soudain en une différence qualitative. Comme le souligne Wittgenstein en se référant aux jugements sur les couleurs, l'accord dans l'usage des concepts de perception n'est pas un simple fait contingent; il est essentiel au jeu de langage. Il en va différemment avec des concepts comme « agréable », « désagréable », « beau », « laid »[1]. L'emploi des concepts esthétiques, dit-il, suit manifestement d'autres règles que celui des concepts de couleurs. Cela apparaît clairement si l'on imagine que la situation pour les jugements de couleur est la même pour les jugements esthétiques : « L'un dirait rouge cette fleur qu'un autre nommerait bleue, etc. Mais quel droit aurions-nous alors de dire que les mots "rouge" et "bleu" utilisés par ces hommes sont nos "mots de couleurs"? Comment apprendraient-ils à employer ces termes? Et le jeu de langage qu'ils apprendraient serait-il encore celui que nous appelons l'emploi des "noms de couleur"? A l'évidence, il y a ici des différences de degré »[2].

On peut se demander s'il serait encore possible de décrire les mots, tels qu'on suppose qu'ils sont utilisés dans cette expérience de pensée, sur le même modèle que celui de l'usage de nos noms de couleur. Sibley est convaincu non seulement que c'est possible mais que cela a un sens. Qu'il y ait si peu d'accord entre les jugements esthétiques s'explique pour lui simplement par le fait qu'il s'agit de propriétés extraordinairement difficiles à connaître, de sorte que l'on commet plus de fautes en les identifiant que dans le cas des jugements sur les couleurs. Mais comment faut-il comprendre qu'il soit possible d'exprimer tant de jugements « défectueux » ? Alors qu'un daltonien s'abstient de tout jugement sur les couleurs, se désigne lui-même comme aveugle et reconnaît le jugement de l'observateur normal, n'importe qui sachant se servir de sa langue maternelle peut employer sans aucune hésitation n'importe quel concept esthétique. Des individus que Sibley qualifierait d'esprits bornés et dépourvus de goût, peuvent, avec assurance, nommer « gracieuses » et « élégantes » les figures de porcelaines dans leurs vitrines ou sur une garniture de cheminée. Si l'on suit la théorie de Sibley, on doit supposer que ces hommes ne maîtrisent pas (encore) les concepts esthétiques, ou alors, s'ils les maîtrisent, qu'ils souffrent d'hallucinations et voient des propriétés qui n'existent absolument pas. Ils commettent des erreurs qui sont soit linguistiques, soit épistémologiques.

1. L. Wittgenstein, *L'intérieur et l'extérieur, derniers écris sur la philosophie de la psychologie II*, Mauvezin, TER, 2010.
2. L. Wittgenstein, *Recherches philosophiques*, *op. cit.*, p. 316-317.

Il est absurde de considérer les jugements déviants comme des erreurs. C'est tout aussi absurde que si l'on pensait que, dans un pays où la plupart des voitures roulent du coté droit, c'est au fond la circulation à gauche qui domine.

39.

Si l'on ne peut comprendre la perception des propriétés esthétiques par analogie avec la perception des couleurs, une autre analogie s'offre alors à nous, à savoir celle avec « voir des aspects », éventuellement « voir-comme », qui a beaucoup occupé Wittgenstein dans sa dernière philosophie et dont il a constamment souligné l'importance pour les problèmes esthétiques. Il note par exemple que le besoin d'un tel concept se présente très fréquemment dans le cas des œuvres d'art, et notamment lorsqu'il s'agit de décrire un « phrasé » musical ou pictural. Sibley lui-même insiste sur la ressemblance de la perception esthétique avec le « voir-comme » : « On ne peut pas s'attendre à ce que quelqu'un voit la grâce d'une danseuse sans remarquer jusqu'à un certain point les traits qui la rendent gracieuse. Mais

il arrive que l'on voit ces traits et que pourtant la qualité esthétique qui en résulte échappe. De même, quelqu'un pourrait, même après un examen attentif, rater un aspect de l'image d'un puzzle, voir un visage et ne pas remarquer sa mine fatiguée, ou voir deux visages et être incapable de voir leur ressemblance »[1]. Wittgenstein recourt à ces mêmes exemples pour élucider ce qu'il entend par « remarquer un aspect » : « J'observe un visage et je remarque soudain sa ressemblance avec un autre. Je vois qu'il n'a pas changé, et pourtant je le vois différemment. Je nomme cette expérience "remarque d'un aspect" »[2].

Cette étonnante analogie nous rappelle que certaines remarques de Wittgenstein sur le problème du « voir-comme » peuvent être importantes pour la question de la perception des propriétés esthétiques. « Voir un aspect » se caractérise par la possibilité de voir une seule et même chose de différentes manières. Comme le montrent les exemples déjà cités, il n'est nullement nécessaire qu'il s'agisse d'une figure double ou multiple comme

1. F. Sibley, « Aesthetic and Nonaesthetic », art. cit., p. 141-142.
2. L. Wittgenstein, *Recherches philosophiques*, *op. cit.*, p. 274.

le canard lapin ou le « schéma du cube »[1]. Ces figures nous déconcertent parce qu'elles montrent des aspects qui peuvent changer de manière abrupte. Wittgenstein souligne toutefois qu'il n'est pas seulement question d'aspect dans des figures de ce genre : « Les aspects, dans le changement d'aspect, sont les aspects que, dans certaines circonstances, la figure pourrait avoir de manière permanente dans une image »[2]. Malgré cette précision, la plupart des commentateurs de Wittgenstein ont utilisé l'exemple du canard-lapin pour expliquer ce qu'il faut comprendre par voir un aspect. « Mais le changement, dit Wittgenstein, suscite un étonnement que la reconnaissance ne suscitait pas »[3]. Outre les « aspects de l'image », Wittgenstein compte un grand nombre d'autres phénomènes parmi les aspects, entre-autres les ressemblances, les « aspects de l'organisation », et les qualités d'expression qui sont particulièrement importantes en esthétique.

La grâce de la danseuse, pour reprendre l'exemple de Sibley, peut donc tout à fait se comprendre comme un aspect au sens de Wittgenstein, puisque Sibley dit que quelqu'un dont la vision serait parfaitement distincte pourrait néanmoins ne pas voir cette propriété, et que celle-ci lui demeurerait cachée. Il s'agit bien là d'un « aspect » qui ne se révèle que par un « voir-comme » : « "Maintenant je le vois comme un" ... va de pair avec : "j'essaie de le voir comme un ...", ou avec "je ne peux pas encore le voir comme un ..." »[4].

De même qu'avec les aspects, on peut faire un effort (éventuellement voué à l'échec) pour reconnaître la grâce (supposée telle) de la danseuse. Il est sans doute possible d'être aveugle aux aspects, mais contrairement à la perception des couleurs, on peut se délivrer de cet aveuglement par un effort volontaire. Et on peut aussi sommer quelqu'un de faire un effort pour voir ce qu'il ne voit pas, à savoir la grâce de la danseuse. Le fait qu'il soit possible d'exercer une influence également sur la perception esthétique, joue en faveur de l'analogie avec le « voir-comme ». « La vision aspectuelle et la représentation relèvent de la volonté. On peut donner l'ordre : "représente

1. L. Wittgenstein, *Philosophische Untersuchungen*, *op. cit.*, p. 293.
2. *Ibid.*, p. 284.
3. *Ibid.*, p. 282.
4. *Ibid.*, p. 290.

– toi cela!" ou : "Maintenant, vois la figure ainsi!", mais non : "cette feuille, vois la maintenant verte"! »[1].

Parce qu'il est impossible de faire des efforts pour voir une feuille comme verte, Wittgenstein ne désigne pas la perception des couleurs et des formes comme un « voir-comme ». La vision aspectuelle est donc plus compliquée que la simple perception des couleurs et des formes : « A la couleur de l'objet correspond la couleur de l'impression visuelle (ce buvard me paraît rose et il est rose), à la forme de l'objet, la forme de l'impression visuelle (il me paraît rectangulaire, et il est rectangulaire) »[2]. Le « voir-comme » se distingue de la perception des couleurs et des formes, parce qu'intervient ici une relation à quelque chose que l'on ne peut pas voir (du moins momentanément) : « Ce que je perçois lors de l'apparition soudaine de l'aspect n'est pas une propriété de l'objet. C'est une relation interne entre lui et d'autres objets. C'est presque comme si "voir le signe dans ce contexte" était l'écho d'une pensée. "L'écho d'une pensée dans le voir" – pourrait-on dire »[3].

Pour pouvoir reconnaître, par exemple, l'image comme une image d'un lapin, on ne doit pas seulement se fier à la reproduction mais aussi connaître ce qu'est un lapin ou du moins son apparence. La réception « purement optique » du visible n'est donc pas suffisante pour la vue d'un aspect. « Comment aurais-je pu voir que cette attitude était hésitante avant de savoir que c'est une posture, et non l'anatomie de tel être. Mais cela ne veut-il pas dire simplement que *ce* concept qui ne se rapporte pas à quelque chose de *purement* visuel ne me permet pas de décrire ce qui est vu? – Ne pourrais-je cependant pas avoir un concept purement visuel de l'attitude hésitante du visage craintif? »[4]

On doit manifestement répondre à cette question par l'affirmative, car ce n'est qu'en s'appuyant sur une perception immédiate que l'on peut désigner l'attitude d'un être humain comme hésitante et un visage comme craintif. Et cela, en dépit du rôle que jouent les connaissances et les hypothèses concernant les objets et leurs propriétés. On pourrait supposer que la vue d'un aspect consiste en une interprétation de données « purement visuelles »

1. L. Wittgenstein, *Recherches philosophiques*, *op. cit.*, p. 300.
2. *Ibid.*, p. 298.
3. *Ibid.*, p. 298.
4. *Ibid.*, p. 295.

auxquelles on ajoute des « idées ». On ne verrait, au sens propre, que les données optiques qu'une caméra pourrait enregistrer et on leur donnerait « en esprit » une interprétation.

A ce postulat positiviste d'une base neutre de la perception, on peut opposer cette réflexion de Wittgenstein : « Interpréter, c'est penser, c'est agir; voir, en revanche est un état. Il est facile de reconnaître les cas dans lesquels nous *interprétons*. Quand nous interprétons, nous faisons des hypothèses qui peuvent se révéler fausses. "Je vois cette figure comme un..." est aussi peu vérifiable (ou l'est dans le même sens) que : "je vois un rouge éclatant". L'emploi du verbe "voir" présente donc une analogie dans ces deux contextes »[1].

Le fait d'utiliser indépendamment de tout critère des énoncés à la première personne lorsqu'on voit quelque chose permet de dire qu'on voit réellement un aspect (un peu comme l'expression d'un visage) et pas seulement des couleurs et des formes que l'on interprète de manière appropriée. Quelle que soit la différence entre la perception de l'aspect et celle des formes et des couleurs, on n'est nullement forcé de limiter l'usage du concept « voir » de telle manière qu'on puisse dire seulement des couleurs et des formes qu'on peut les « voir ».

Selon Wittgenstein, le critère pour savoir ce que quelqu'un voit, est « *la présentation de ce qui est vu* ». Et, à cet effet, la description verbale n'est pas seulement ce qui compte pour lui, mais aussi la traduction de ce qui est vu par des dessins ou des gestes etc. Ce que quelqu'un voit, se montre également dans toutes les « esquisses possibles du comportement » en relation avec ce qui est vu. Quand on regarde une photographie, dit Wittgenstein, il faut se demander si ce qu'on voit est une répartition de taches sombres et claires, et s'il serait plus facile de représenter ce que l'on voit par une description de cette répartition de taches ou par une description d'un visage humain. De même, pour représenter un visage qui sourit, il est plus facile de décrire la forme du visage, voire de sourire. Il est clair que la seconde possibilité est beaucoup plus facile à concevoir, et cela montre combien ce serait manquer d'esprit de finesse que d'affirmer, à la manière de Kivy, que l'on ne perçoit véritablement que les couleurs (élémentaires) et les formes.

1. *Ibid.*, p. 299.

Voir un visage et un sourire est tellement courant que ce serait une chose étonnante si quelqu'un ne reconnaissait dans les traits d'un visage que des taches de couleur ou une totalité dépourvue d'expression.

On ne peut donc pas décider de ce que quelqu'un voit en se plaçant sur un autre plan (comme par exemple celui de la physiologie des sens). Ce sont les prédicats de perception que l'on emploie pour la description de ce qui est vu et l'usage qu'on en fait qui le montrent. Cela dépend de « techniques » culturelles que l'on a acquises par « l'habitude et l'éducation » : « Ce n'est que de quelqu'un qui est en mesure de faire aisément certaines applications de la figure du triangle qu'on dirait qu'il le voit tantôt comme ceci, tantôt comme cela. Le substrat de cette expérience vécue est la maitrise d'une technique »[1].

Il nous est facile de voir une ligne et un point comme l'image d'un lapin, mais si l'indigène de Quine continue à y reconnaître son « Gavagai », c'est en effet problématique. Peut-être n'y voit-il que de « simples lignes » comme celles que nous voyons lorsque nous jetons un regard sur une écriture inconnue. Si nous faisons abstraction des figures à double sens comme celle du canard-lapin, nous n'avons pas à faire particulièrement d'effort,

lorsque nous voyons un certain genre de dessin, pour reconnaître ce qu'il représente. L'identification est le plus souvent tellement simple et dénuée d'équivoque, qu'il y a une seule manière de décrire ce qui est vu. Wittgenstein refuse, pour de tels cas, d'employer l'expression « voir comme ». « Je ne peux pas essayer de voir l'image conventionnelle d'un lion *comme* un lion pas plus que je ne peux voir un F comme la lettre F (mais bien comme une potence) »[2].

Si cela n'a aucun sens de dire que l'on voit A comme A, dire que l'on voit A comme B est banal; il doit donc exister au moins deux descriptions différentes de ce qui est vu. Puisque l'on peut cependant remplacer, du moins dans la perspective d'une troisième personne, chaque prédicat de perception par un autre (comme par exemple par une description de « simples » couleurs et de formes), on peut dire, en un sens trivial, que toute vision est un voir-comme. Pour que le discours du voir-comme acquiert un sens, il est nécessaire que les deux descriptions que l'on peut donner de ce qui est vu, soient sémantiquement et logiquement indépendantes l'une de l'autre. Dire

1. L. Wittgenstein, *Recherches philosophiques*, *op. cit.*, p. 294.
2. *Ibid.*, p. 291.

que l'on voit un cactus comme une plante en forme d'aiguillon n'est pas très subtil.

C'est seulement lorsqu'on ne peut pas reconstituer une description précise de ce qui est vu à travers une autre description, qu'il est possible de dire qu'une vision correspondante est nécessaire. « On ne voit pas d'abord les contorsions du visage pour *conclure* ensuite (à la façon dont le médecin établit un diagnostic) à la joie, à la tristesse, ou à l'ennui. On décrit immédiatement un visage comme triste, rayonnant de bonheur ou plein d'ennui, même si l'on est incapable de donner aucune autre description des traits de ce visage »[1].

Si l'on veut, par exemple, rendre évident à quelqu'un qu'une ligne et un point sur un papier ne sont pas seulement une ligne et un point, mais l'image d'un lapin, on ne le peut pas tant que l'on parle seulement de la ligne et du point. Il faut se transporter sur un autre plan qui est indépendant, un plan de description, et entreprendre une traduction. Ce que l'on désignait d'abord comme un « point » ou un « long appendice », on le nommera un « œil » et une « oreille » : seul un lapin, et non une ligne, a des oreilles ! On poursuit ce nouveau genre de description jusqu'à ce que l'autre l'accepte et soit capable de la continuer lui-même de manière autonome ; cela n'est possible que s'il *voit* réellement la figure d'une nouvelle manière.

Le résultat de l'effort pour « démontrer » que la ligne et le point représentent un lapin est donc une nouvelle vision et non une conviction théorique modifiée. De ce fait, il n'est pas possible non plus de s'appuyer sur des argumentations rationnelles qui (du moins chez les hommes raisonnables) pourraient garantir d'une certaine manière ce résultat, ou permettre de disqualifier comme irrationnels ceux qui ne parviennent pas à l'atteindre. Celui qui ne voit pas la tête du canard-lapin comme un lapin n'est pas déraisonnable : c'est simplement, qu'il n'a pas l'habitude de s'absorber dans la vision d'un objet.

40.

De la même manière, ce n'est pas en recourant à des déductions logiques qu'on peut montrer à quelqu'un qu'un objet présente une qualité esthétique déterminée. Le but n'est pas ici d'atteindre un savoir pouvant être justifié,

1. L. Wittgenstein, *Fiches*, Paris, Gallimard, 1967, p. 61.

auquel nul ne pourrait refuser de donner son accord à moins d'être irrationnel, mais de transformer le mode de vision. Ce mode de vision transformé exige une technique appropriée que l'on doit simplement dominer (et exercer le cas échéant). Les méthodes rationnelles ne peuvent donc ni expliquer ni exercer une contrainte sur la perception des propriétés esthétiques. « Si soudain un thème, une expression te dit quelque chose, il n'est pas nécessaire que tu puisses l'expliquer. C'est ce geste-là qui t'est soudain devenu accessible »[1].

Les remarques de Wittgenstein concernant la vision aspectuelle ne peuvent que conforter la thèse de Sibley selon laquelle on emploie les concepts esthétiques indépendamment des descriptions des propriétés non-esthétiques. Elles ne proposent cependant aucune alternative à la tentative, on l'a vu insatisfaisante, de décrire l'usage des concepts esthétiques exactement comme celui des concepts de perception. On trouve cette alternative dans les écrits de Virgil C. Aldrich, qui s'est attaché à décrire les particularités de la perception esthétique. Il fait expressément appel à la conception de Wittgenstein sur la vision aspectuelle qu'il commente dans un langage qui s'efforce laborieusement d'être original (et en faisant une allusion bizarre à Baudelaire) : « Wittgenstein ne développe pas sa théorie des aspects au-delà de simples suggestions. Il reste encore beaucoup de jus à presser dans l'orange de la catégorie de l'aspect »[2].

Après avoir « pressuré » le concept d'aspect, Aldrich aboutit au résultat qu'« il est possible de voir les choses soit comme des objets physiques soit comme des objets esthétiques et ces aspects catégoriaux des choses apparaissent sous différentes formes d'attention »[3]. Il s'agit là d'une nouvelle formulation d'une idée connue, tirée du répertoire de l'esthétique traditionnelle. Aldrich mentionne en effet la distinction déjà citée de Beardsley entre « l'objet physique » et « l'objet esthétique ». Celui-ci, dit-il, avait déjà suggéré l'idée que ce que l'on « nomme deux objets ne sont que deux aspects du même objet »[4]. Aldrich ajoute simplement l'idée qu'il doit exister également deux modes de vision correspondant à ces deux aspects

1. L. Wittgenstein, *Fiches*, *op. cit.*, p. 46.
2. V. C. Aldrich, « Pictorial Meaning, Picture – Thinking, and Wittgenstein's Theory of Aspects », *Mind* 67, 1958, p. 74-75.
3. V. C. Aldrich, « Picture Space », *The Philosophical Review* 67, 1958, p. 346.
4. V. C. Aldrich, « Pictorial Meaning, Picture – Thinking, and Wittgenstein's Theory of Aspects », art. cit., p. 74-75.

catégoriaux. Obéissant à son besoin maniaque d'inventer un nouveau vocabulaire (pour de vieilles idées), il désigne le mode de vision qui dévoile les qualités esthétiques des objets : une « préhension », et l'autre, par lequel ces choses se manifestent comme des objets physiques : « observation ». Comme il s'agit dans les deux cas d'une vision « de quelque chose », il doit y avoir en outre, selon Aldrich, une « chose matérielle en soi », que l'on reconnaît pour ainsi dire avant toute décision en faveur de l'un ou l'autre mode de vision, en vertu d'une perception neutre pour laquelle il a trouvé l'expression clinquante de « perception holophrastique ». D'après lui, les propriétés esthétiques des choses se donnent tout simplement parce que l'on regarde leurs propriétés non-esthétiques selon un mode de perception spécifiquement esthétique. Cette idée d'une perception spécifiquement esthétique appartient à l'arsenal de l'esthétique traditionnelle. Ce qui est nouveau, c'est de dire que la perception esthétique est toujours un « voir-comme » : « Il est possible de désigner une telle vision comme un « voir-comme », et l'on peut nommer les caractéristiques qui apparaissent dans ce mode de vision, des « aspects » des choses vues, à la différence des qualités d'une chose observée »[1]. Wittgenstein avait cependant fait remarquer qu'il était impossible d'expliquer le phénomène du « voir-comme » par une forme spécifique de vision dont on pourrait rendre compte par la psychologie ou la physiologie : « Mais ce n'est naturellement pas une simple question de physiologie. Le physiologique est ici un symbole du logique »[2]. Ce n'est donc pas en s'aidant de spéculations sur la spécificité de la perception esthétique qu'Aldrich peut rendre crédible son interprétation de la perception esthétique au sens d'une « vision de l'aspect ». Il faut qu'il montre que la description des propriétés esthétiques relève d'une « logique propre »[3].

41.

Dans un célèbre paragraphe de son *Traité de peinture*, Léonard de Vinci fait observer qu'on peut reconnaître dans les taches qui se trouvent sur les vieux

1. V. C. Aldrich, « Back to Aesthetic Experience », *The Journal of Aesthetics and Art Criticism* 24, 1966, p. 369.
2. L. Wittgenstein, *Recherches philosophiques*, *op. cit.*, p. 296.
3. V. C. Aldrich, *Philosophy of Art*, Englewood Cliffs, 1963, p. 88.

murs toutes sortes de paysages avec des rochers, des rivières, des montagnes et des arbres, mais aussi des créatures fabuleuses et étranges, des scènes de batailles et des visages, et il recommande aux peintres de s'exercer à ce « genre de vision » parce qu'elle leur sera utile pour la composition de leurs tableaux. Ayant découvert ce paragraphe dans le livre de Gombrich *L'art et l'illusion*, Aldrich prend ce mode de perception comme un exemple paradigmatique de la perception des propriétés esthétiques. C'est que toute forme de « vision aspectuelle », donc également la simple reconnaissance des figures, est pour lui une perception esthétique.

Ce n'est pas parce que deux personnes peuvent voir des figures complètement différentes dans les mêmes taches d'un mur, qu'on devrait supposer que seule l'une de ces forme existe et donc que l'une au moins de ces deux perceptions différentes est fausse. Ce serait absurde.

Et c'est ici que se présente une alternative à la conception de Sibley : ce n'est pas l'affirmation que l'on perçoit une combinaison déterminée de propriétés non-esthétiques *comme* une certaine qualité esthétique qui permet de dépasser la conception de Sibley, mais le constat qu'il est possible de percevoir cette qualité comme esthétique ou comme non-esthétique.

Le fait qu'Aldrich choisisse comme paradigme une figure susceptible d'avoir plusieurs significations est à cet égard intéressant; compte tenu de l'analogie avec les jugements esthétiques, il faut commencer par expliquer à quelles règles obéit l'attribution des aspects en concurrence. Pour résoudre cette question, Aldrich aurait pu se servir de la tête du canard-lapin de Wittgenstein (et de Jastrow) au lieu du mur de Léonard. Ce serait totalement absurde de dire que celui qui ne désignerait pas cette tête comme une tête de lapin soit n'y voit que des lignes, soit ne sait pas comment on emploie le mot « canard », soit encore, en supposant qu'il le sache, porte un jugement faux. Sibley est tout aussi peu convaincant lorsqu'il affirme que quelqu'un qui refuse de reconnaître la grâce de la danseuse, soit est esthétiquement aveugle, soit ne sait pas comment on emploie le mot « gracieux », soit son jugement est erroné. Il est possible de voir *ici et là* un objet de différentes façons et de le décrire adéquatement. On pourrait dire tout au plus, qu'à chaque fois, une possibilité qui « existe objectivement » n'est pas réalisée. Mais ce serait pas à cause d'une erreur linguistique ni d'une erreur épistémologique; simplement par manque d'intelligence.

Lorsqu'on décrit ce que l'on voit dans les taches d'un mur, on réalise, selon Aldrich, qui invente là encore un nouveau mot, un « portrait expressif »[1]. Une telle description, explique-t-il, « est un discours qui se rapporte aux propres impressions du locuteur, et elles n'ont pas été analysées objectivement par lui avant qu'il nous les rapporte. Il les éprouve simplement et nous en informe. La communication est plutôt ici une sorte de portrait verbal expressif qui fait qu'une demande de vérification n'a aucun sens, alors que le critère de vérité pour toi auditeur, s'impose de lui-même »[2].
Énoncé à la première personne, un jugement esthétique est par conséquent toujours la communication d'une impression perceptive. Il ne dit rien sur l'objet auquel il se réfère, mais seulement sur l'état de conscience de celui qui l'exprime. Pour Aldrich, le fait que différents aspects, éventuellement des qualités esthétiques, d'un seul et même objet « neutre » puissent être vus par différentes personnes (ou par la même personne en des temps différents), signifie qu'il s'agit « d'impressions » différentes de cet objet. Il désigne ce mode de vision spécifique comme un « mode de vision impressionniste », risquant ainsi de provoquer chez un lecteur superficiel une confusion avec le terme qui appartient à l'histoire de l'art. Aldrich utilise cette expression seulement pour souligner que l'attribution des qualités esthétiques repose sur le fait que le spectateur éprouve certaines impressions devant l'objet en question : « Ces caractéristiques de la chose en tant qu'objet esthétique ne sont pas des qualités "observées". Elles apparaissent dans ce mode vision que nous avons nommé "préhension", et on peut imaginer qu'elles correspondent aux impressions de celui qui perçoit. »[3]
La « logique particulière » des jugements esthétiques, telle que la présente Aldrich, n'est donc qu'un cas spécial de la logique des énoncés à la première personne portant sur des états de conscience : « C'est d'une certaine manière analogue à la logique des termes de sensation et d'image décrite par Wittgenstein. Dans ce cas, la question de la justification de l'expression ne peut se poser pour celui qui se sert de ces termes mais uniquement pour les autres qui ont à les accepter. Et, selon Wittgenstein, le critère de leur recevabilité, c'est l'énoncé du locuteur lui-même, dans un contexte qui

1. V. C. Aldrich, *Philosophy of Art*, *op. cit.*, p. 50-51.
2. *Ibid.*
3. *Ibid.*, p. 24.

inclut le fait qu'on connaît sa sincérité et sa compétence dans le jeu de langage auquel il est en train de jouer. »[1] Le locuteur n'a pas à chercher à justifier son jugement esthétique, parce qu'il ne le peut absolument pas. Un autre locuteur doit accepter son jugement s'il suppose qu'il est sincère et qu'il maîtrise sa langue maternelle. Les conditions de vérité du jugement sont donc entièrement indépendantes du « contenu » du jugement. La vérification ne concerne pas le fait de savoir si l'objet possède réellement la propriété que le locuteur lui attribue, mais seulement si le locuteur éprouve réellement l'impression correspondante. Dans la mesure où il est exprimé avec sincérité, tout jugement esthétique est par conséquent vrai.

42.

Isabel Hungerland a une conception des jugements esthétiques analogue à celle d'Aldrich. Elle part également du fait que les propriétés esthétiques, comme les aspects, sont des qualités qu'il est possible de reconnaître dans certaines combinaisons de propriétés non-esthétiques. Puisqu'il n'existe, selon elle, aucune condition standard pour la perception correcte des propriétés esthétiques, on ne peut dire que « quelque chose » possède « réellement » une certaine propriété esthétique. Pour cette raison, les jugements esthétiques ne peuvent avoir qu'un statut semblable à des propositions comme, par exemple, « ceci semble rouge ». Utilisant des lettres A ou selon les cas N comme variables pour les propriétés non-esthétiques, elle exprime cela de la manière suivante : « L'attribution de type A, "X est A" ne s'oppose pas avec force à "X à l'air d'être A, mais ne l'est peut-être pas". Je ne dis pas que les attributions-A ne sont pas en un certain sens des énoncés, ou que nous ne pouvons pas leur appliquer "vrai" ou "faux". Ce que je dis est ceci : le rôle qu'elles jouent est plutôt comme celui de "X paraît être N" »[2]. Selon cette analogie, les jugements esthétiques appartiennent à la même catégorie logique que les énoncés sur les états de conscience : « Il y a des constats (vrais ou faux) dont l'énonciation ne suppose l'existence d'aucun critère. Bien qu'elles se distinguent considérablement, les informations sur la perception, les sentiments, les constats de fait tombent

1. V. C. Aldrich, « Picture Space », art. cit., p. 351.

2. I. C. Hungerland, « Once Again, Aesthetic and Non-aesthetic », art. cit., p. 288.

dans la catégorie générale des attributions-A qui sont faites avec des propositions comme « ceci parait être N »[1]. En outre, pour Hungerland, une proposition comme : « quelque chose paraît rouge » contient toujours une référence cachée au locuteur qui devient claire si on la traduit (*salva veritate*) dans la perspective d'une troisième personne : « ceci paraissait rouge à madame Hungerland à une date t ». Elle souligne également qu'on ne peut rien dériver d'une telle proposition concernant la couleur réelle de l'objet en question. Elle reste ainsi attachée à la même explication des jugements esthétiques qu'Aldrich.

Mais comme on peut l'attendre d'esthéticiens sérieux, tous deux s'efforcent pourtant de nier les conséquences subjectivistes de leurs intuitions. Bien qu'Aldrich dise que les jugements esthétiques appartiennent à la même catégorie que les énoncés sur les impressions perceptives telles que nos rêves ou nos expériences de drogues, il prétend à d'autres endroits qu'elles sont aussi « objectives à leur manière que les mesures de la physique »[2]. Pour tenter de justifier cette affirmation pour le moins déconcertante, Aldrich s'efforce de distinguer, dans les jugements esthétiques, les impressions qui nous informent sur les choses, des impressions « purement subjectives », sentiments et représentations, bien que ces deux sortes d'impressions, selon sa théorie, doivent être placées sur le même plan : « Dans le cas de l'esthétique aussi, les représentations et les sentiments sont en jeu. Mais il y a une différence décisive. Dans ce cas, quelqu'un a une impression ou une image du phénomène qui n'existe pas seulement subjectivement ou dans sa tête, mais aussi dans le médium d'un objet naturel qui est perçu comme un objet esthétique. C'est pourquoi ce n'est pas seulement *son image* du phénomène. Dans un tel cas, deux ou plusieurs personnes ont en principe la même image du phénomène dans la mesure où elles perçoivent esthétiquement le même objet matériel. On peut dans de tels cas parler, et même correctement, d'impressions objectives, à la différence des impressions libres ou fluctuantes de l'expérience subjective »[3].

Le fait qu'une impression nous informe sur un objet auquel nous avons accès en ayant les yeux bien ouverts change aussi peu le statut logique d'une

1. I. C. Hungerland, « The Logic of Aesthetic Concepts », *Proceedings and Addresses of the American Philosophical Association* 36, 1962, p. 57.
2. V. C. Aldrich, *Philosophy of Art*, *op. cit.*, p. 23.
3. *Ibid.*, p. 85-86.

information perceptive formulée à la première personne que le second fait mentionné par Aldrich, à savoir les impressions subjectives, parce que plusieurs autres personnes peuvent dire la même phrase conforme à la vérité. Les impressions sur lesquelles repose un jugement esthétique ne peuvent pas cependant être complètement arbitraires, car « les limites sont posées par les caractéristiques de la chose matérielle (le corps, la silhouette) simplement perçue, qui remplit la fonction d'objet esthétique »[1]. Mais même si les propriétés non-esthétiques de « l'objet matériel », comme le remarquait déjà Sibley, posent des limites, elles sont aussi peu en mesure de déterminer la manière dont l'objet est perçu esthétiquement que de définir l'agencement de lignes montrant la direction d'une flèche. Pour être obligatoire, une manière de percevoir les formes et les couleurs devrait reposer sur certaines conditions standards de la perception établies par des conventions. Contemplant un paysage de montagnes peint par Oskar Kokoschka, son peintre préféré, Aldrich remarque à cette occasion que ces conditions standards ne sont pas forcément données. Le peintre aurait ainsi, dit-il, perçu les alpes comme une surface bidimensionnelle de formes et de couleur; mais il aurait pu les voir autrement : « L'artiste peut voir les choses comme des solides ou comme des surfaces plates, dans un cas comme dans l'autre sous une forme ou catégorie esthétique. C'est comme voir l'image du canard–lapin comme un lapin ou comme un canard »[2].

S'il est impossible de définir des conditions standards sur lesquelles reposerait une perception esthétique correcte, l'attribution de propriétés esthétiques ne peut être rien d'autre que ce qu'Aldrich dit qu'elle est, à savoir un « discours sur les impressions que produisent les choses »[3].

43.

L'idée que le jugement esthétique décrit comment quelque chose faisant partie du monde apparaît à un sujet dans une perception immédiate, est aisée à concevoir. Il est possible ainsi d'expliquer pourquoi il peut y avoir des jugements esthétiques divergents à propos d'un même phénomène.

1. V. C. Aldrich, « Aesthetic Perception and Objectivity », *The British Journal of Aesthetics* 18, 1978, p. 214.
2. V. C. Aldrich, « Picture Space », art. cit., p. 351.
3. V. C. Aldrich, *Philosophy of Art*, *op. cit.*, p. 87.

Cette explication ne rend cependant pas plus compréhensibles les raisons pour lesquelles les jugements esthétiques font généralement l'objet de débats. Du point de vue d'Aldrich et d'Hungerland, de telles querelles, qui surgissent pourtant chaque jour, sont complètement en porte-à-faux et reposent sur la même confusion logique que si l'on voulait contredire quelqu'un qui souffre de maux de tête en lui disant qu'il n'en a jamais souffert.

La théorie d'Aldrich et d'Hungerland conduit à considérer l'emploi réel des jugements esthétiques comme l'effet d'un gigantesque aveuglement. Bien que cette raison suffirait à elle seule à récuser cette théorie, nous tenons à insister sur le fait que c'est aussi pour des raisons internes qu'elle n'est pas tenable. Si un jugement esthétique est un énoncé sur la manière dont certains objets apparaissent à une certaine personne à un certain moment, cela implique que cette personne sait quels sont les concepts corrects pour décrire ses impressions sensorielles. Mais d'où sait-on qu'il faut désigner avec le mot « rouge » l'impression sensorielle que l'on a par exemple devant une tomate mûre ? On pourrait penser que c'est parce qu'on a appris à associer le mot rouge avec l'impression correspondante. Mais cela n'explique rien. Il est impossible de vérifier qu'on utilise correctement le mot rouge à l'aide d'une comparaison avec sa propre impression subjective puisque celle-ci ne permet pas de savoir si l'on se trompe ou non dans l'usage du prédicat. L'unique critère d'un emploi correct des concepts de perception est un usage en accord avec des conditions standards. C'est seulement lorsque les conditions standards pour l'emploi des concepts de perception font défaut que l'on énonce des propositions sur ses « impressions » subjectives. C'est dans de telles situations que l'on remplace des phrases du type « c'est rouge » par des phrases comme : « en tout cas cela me semble rouge ». On peut dire d'un énoncé qu'il exprime une impression subjective seulement si la personne utilise un concept de perception en le détournant de son usage correct et qu'il ne le fait pas parce qu'il ignore l'usage correct du concept en question. C'est seulement lorsque l'on maîtrise déjà l'emploi correct du mot rouge qu'il devient possible de donner au jeu de langage « une nouvelle articulation » qui consiste à abandonner la phrase « c'est rouge » en faveur de l'autre phrase « cela me semble rouge ».

S'il est possible dans certains cas de formuler des énoncés sur des impressions subjectives, on est tenté de se demander, comme le remarque

Wittgenstein, pourquoi ça ne pourrait pas être toujours le cas.[1] On ne voit pas pourquoi ce qui se produit dans dix pour cent des cas, ne pourrait pas se produire dans cent pour cent des cas, lorsqu'il s'agit bien sûr d'évènements contingents, et non d'événements qui peuvent être rattachés à une règle; car en ce cas, l'exception ne saurait être aussi bonne que la règle. Cela n'a donc aucun sens de dire que les concepts de perception ne décrivent *que* nos impressions subjectives. Ce genre de description n'est possible que si l'on a appris auparavant à utiliser ces concepts sans référence aux impressions subjectives.

Bien qu'Aldrich et Hungerland affirment que les jugements esthétiques ne décrivent que des impressions subjectives, ils supposent en toute bonne foi que le locuteur maîtrise l'emploi correct des concepts pour décrire ces impressions. Hungerland dit par exemple qu'un jugement esthétique peut être faux parce que le locuteur n'emploie pas le mot juste pour décrire son impression sensorielle. Il peut, dit-elle, « être accusé de mentir ou d'employer les mots de manière incorrecte ou d'être négligent ». On ne voit pas comment elle pourrait expliquer qu'on puisse apprendre l'usage correct d'un concept esthétique si l'on ne peut jamais décrire que des impressions subjectives. On ne peut pas montrer une impression subjective pour expliquer à quelqu'un ce que signifie par exemple le mot « gracieux »; il faut lui montrer quelque chose qui appartient à la sphère publique, comme une danseuse. Quelqu'un d'autre pourrait avoir une toute autre impression de la danseuse que le locuteur. On pourrait croire que le locuteur est seul à savoir ce qu'il veut dire lorsqu'il emploie le mot « gracieux », et qu'il ne peut définir que pour lui-même quelle est l'impression qui lui correspond (au moyen d'une définition ostensive). Mais, puisque cette impression ne lui fournit aucun critère pour savoir s'il se trompe en employant ce mot, il est non seulement incapable d'expliquer à quelqu'un d'autre ce qu'il entend par ce mot, mais il n'est pas sûr qu'il puisse même comprendre ce qu'il pense véritablement par-là. Pour pouvoir parler des impressions subjectives, il faut qu'il y ait des conditions standards pour l'emploi correct des concepts avec lesquels on décrit ces impressions. Aldrich et Hungerland affirment que ce genre de conditions n'existe pas pour les concepts esthétiques. Si l'on se place à leur point de vue, il s'ensuit qu'il est

1. L. Wittgenstein, *Notes sur l'expérience privée et les sense data*, *op. cit.*, p. 283.

impossible dans le cas des jugements esthétiques de parler des impressions subjectives. La même raison qui oblige à s'en tenir à des énoncés portant sur des impressions subjectives est en même temps, paradoxalement, ce qui rend de tels énoncés impossibles.

44.

On ne peut donc pas se satisfaire du simple constat selon lequel il peut y avoir des impressions esthétiques différentes et inconciliables d'un même objet; il faut expliquer comment il est possible de les décrire dans une langue compréhensible par autrui. Modifiant légèrement une remarque de Wittgenstein, on pourrait dire que le problème n'est pas que nos impressions sensorielles soient différentes mais que nous comprenions leur langage. « Ce qui est ici en question, dit Wittgenstein, n'est pas que les impressions des sens puissent nous tromper, mais que nous comprenions leur langage? Et ce langage, comme tout autre langage, repose sur une convention »[1]. Aldrich et Hungerland ne voient là aucune difficulté parce qu'ils restent crispés sur l'analogie avec la vision aspectuelle. Dans le cas de la vision aspectuelle, il est évident que la description suppose la maîtrise de l'usage des concepts. Pour reprendre un exemple de Hungerland, si l'on peut voir un zèbre comme un animal noir avec des rayures blanches ou comme un animal blanc avec des rayures noires, et le décrire de manière appropriée, c'est parce qu'on connaît les concepts correspondants. Et si l'on peut désigner dans l'image du canard-lapin la tête du canard-lapin comme l'image d'un lapin, c'est parce qu'on connaît le concept de « lapin ». Et même s'il n'existe qu'un seul homme capable de reconnaître un lapin sur le mur de Léonard, pour nommer ce qu'il voit, il utilise un concept dont l'emploi s'appuie sur une « convention » que beaucoup acceptent. La description d'aspects, dans un cas aussi extrême, n'est donc pas une affaire privée. On peut la comparer, dit Wittgenstein, à ces jeux de patience que l'on joue seul, mais selon des règles que chacun peut apprendre et vérifier[2].
Décrire des aspects ne pose donc aucun problème; les concepts utilisés dans ce but sont des concepts descriptifs normaux dont l'emploi n'est réglé ni par des critères formulables verbalement ni par des conditions standards de

1. L. Wittgenstein, *Recherches philosophiques*, *op. cit.*, p. 166.
2. *Ibid.*, p. 137.

perception. Que l'on ait appris les concepts utilisés pour décrire un aspect comme des concepts désignant authentiquement ces aspects (un peu comme les prédicats qui décrivent l'expression d'un visage) ou qu'il s'agisse d'une sorte d'emploi métaphorique (comme lorsque la lettre F est désignée comme une potence), cela ne fait aucune différence, car les concepts utilisés métaphoriquement possèdent aussi une signification descriptive claire. Il y a des cas manifestes où le refus de recourir aux concepts de « sourire » ou de « potence » serait aussi contraire au langage que si l'on refusait de nommer rouge une tomate mûre.

Il n'en va pas de même avec les jugements esthétiques : contrairement aux cas mentionnées plus haut, où le refus d'employer un prédicat défini aboutit à dire quelque chose qui n'est pas seulement faux, mais même, selon nos conventions linguistiques, dépourvu de sens, dans le cas des jugements esthétiques, il est toujours possible de contester l'attribution d'un prédicat sans dire par là-même quelque chose d'absurde linguistiquement. Celui qui nie que la *Symphonie héroïque* de Beethoven possède une unité ne dit rien d'inintelligible ou d'absurde. Il ne transgresse pas les règles du langage, mais tout au plus les principes esthétiques. Avec les concepts esthétiques, il

n'existe manifestement aucun cas paradigmatique où le refus d'appliquer un certain concept indiquerait une ignorance du vocabulaire esthétique ou un manque de disposition à l'employer correctement. En outre, on peut toujours attribuer un autre prédicat à la place de celui qu'on refuse et qui n'est pas compatible avec lui. Un exemple de Wittgenstein permet d'élucider ce point : on peut appeler n'importe quel morceau de musique aussi bien majestueux qu'emphatique ou pompeux, sans commettre une faute *de langage*. Il en va différemment avec les aspects : il est impossible de refuser d'utiliser le mot lapin dans les cas où l'image serait désignée comme l'image d'un lapin. Celui qui refuserait de désigner adéquatement le lapin du célèbre dessin de Dürer ou même affirmerait qu'il s'agit d'un canard, dirait quelque chose dont le sens ne serait pas évident, déjà d'un point de vue purement linguistique.

S'il n'existe pour l'emploi des concepts esthétiques aucune condition standard ni des cas paradigmatiques d'application, ces concepts ne peuvent apparemment pas être des concepts de perception.

45.

Au commencement, tout parlait en faveur de l'hypothèse selon laquelle il est possible d'employer les concepts esthétiques en s'appuyant sur une perception immédiate. Mais si l'on considère ces concepts comme des concepts de perception, on se voit alors placé devant une alternative : ou bien on suppose avec Sibley, qu'il existe des conditions standards pour leur emploi correct, ou bien, on suppose, avec Aldrich et Hungerland qu'il n'y en a pas. Sans même tenir compte du fait que la seconde possibilité, contrairement à la première, n'est déjà pas tenable pour des raisons internes, les deux possibilités d'explication aboutissent à la même conséquence inéluctable, à savoir que les modalités réelles de l'usage des jugements esthétiques sont toujours en contradiction avec la structure logique profonde de ces jugements. C'est ce qui fait qu'il n'est guère convaincant de vouloir expliquer l'usage des concepts esthétiques exactement comme on le ferait pour des concepts de perception. Il est cependant difficile de renoncer aussi à la prémisse sur laquelle se fondent ces deux variantes d'une telle explication, à savoir celle selon laquelle on ne peut employer les concepts esthétiques qu'en s'appuyant sur une perception immédiate. Mais l'usage des concepts esthétiques se distingue tellement des concepts ordinaires de perception, qu'il faut au moins renoncer au présupposé qu'il s'agit de *purs* concepts de perception. La perception immédiate semble être certes nécessaire pour leur usage, mais elle n'est pas suffisante. Il faudrait donc ajouter encore quelque chose d'autre à la perception immédiate. Mais quoi ? Pour expliquer ce qui s'ajoute à la perception immédiate par l'usage des concepts esthétiques, on peut se servir d'un exemple que mentionne Hungerland : « J'ai passé presque la moitié d'une année dans un pays où le décor en bois et la clôture de chaque maison sont peints en rangée de différentes couleurs lumineuses. On y manifeste une prédilection pour les combinaisons de vert éclatant, de rose, de violet, de rouge, de bleu et de jaune. Je trouvais tout d'abord l'effet plutôt criard. Par un processus qui ne me paraît ni tout à fait mystérieux ni complètement compréhensible, j'en suis arrivée peu à peu à voir ces couleurs comme gaies, et même comme l'expression de cette sorte de gaité à laquelle se livre Yeats dans l'un de ses poèmes tardifs »[1].

1. I. C. Hungerland, « The Logic of Aesthetic Concepts », art. cit., p. 53.

Il n'est manifestement pas possible d'expliquer en se référant à leur contenu descriptif ce qui distingue les prédicats incompatibles « couleur joyeuse » et « criardes », puisqu'ils peuvent être appliqués exactement au même phénomène perçu. Si l'on demande à une personne de choisir parmi une série de combinaisons de couleur celle à laquelle convient le concept de « couleur gaie », et à l'autre, celle à laquelle s'applique le concept de « criarde », il se peut fort bien que toutes les deux choisissent le même exemplaire. Malgré cette congruence extensionnelle (possible), les deux concepts n'ont pas la même signification et ne sont pas synonymes.

Hungerland ne nie pas que le contenu descriptif de ces concepts puisse être une importante composante de leur signification : « supposons, à titre d'exemple, qu'un débutant en français ait une langue maternelle dans laquelle le mot « tendre » est identique phonétiquement au mot « criard » et réciproquement, et que, pour cette raison, il confonde souvent l'un des mots français avec l'autre. Si nous parlions avec lui de la combinaison des couleurs, nous découvririons bientôt qu'il emploie les mots français de manière incorrecte, parce qu'il ne sait pas ce qu'ils signifient »[1]. La confusion des deux mots serait dans ce cas facile à constater puisqu'ils se distinguent par leur contenu descriptif et qu'on pourrait le dire en se référant à leurs conditions nécessaires et non-esthétiques. Mais ce serait plus difficile si l'étranger avait confondu « couleurs criardes » avec « couleurs joyeuses », car il est possible qu'il applique le mot « criard » à des couleurs que nous désignerions comme criardes, bien qu'il voulut dire en fait qu'il les trouvaient gaies.

Pour dissiper cette confusion, il ne suffit pas de lui faire observer quels sont les phénomènes auxquels ces différents concepts s'appliquent. Il faudrait plutôt déterminer quelle est son attitude face à ces phénomènes. La différence entre les deux concepts consiste manifestement dans leur contenu évaluatif et différentiel : « couleur criarde » exprime une appréciation négative, alors que « couleur joyeuse » exprime une appréciation positive. Outre leur contenu descriptif (qui peut être identique le cas échéant), les deux concepts ont en plus une composante évaluative. Si l'on examine l'ensemble des concepts esthétiques, on s'aperçoit qu'il en va ainsi dans la plupart des cas.

1. I. C. Hungerland, « The Logic of Aesthetic Concepts », art. cit., p. 63.

Si ces concepts, en règle générale, ne décrivent pas seulement des phénomènes perceptibles mais expriment en outre une évaluation de ces phénomènes, les raisons pour lesquelles il est possible, dans chaque cas donné, de refuser un prédicat esthétique déterminé et de le remplacer par un autre (incompatible), deviennent claire. Refuser de qualifier de « majestueuse » la musique de Wagner et la nommer « emphatique » et « pompeuse », rend évidente une différence qui ne concerne pas tellement la caractérisation descriptive de cette musique mais avant tout son évaluation. Et cette différence n'est pas déterminée par les traits descriptifs de cette musique.

46.

Dans les écrits des esthéticiens analytiques contemporains, on trouve peu de choses éclairantes touchant la question des composantes évaluatives des concepts esthétiques, parce qu'ils ont toujours voulu traiter les jugements esthétiques comme de purs constats descriptifs. Comme leurs collègues spécialisés dans l'étude de l'usage du concept d'art, les philosophes qui s'occupent de l'usage des concepts esthétiques montrent un zèle patho-
logique à exclure de leur réflexion l'emploi évaluatif de ces concepts. D'où le fait qu'ils s'efforcent en règle générale de présenter l'usage des concepts esthétiques comme analogue à celui des concepts descriptifs (de perception ou théoriques). Ces efforts, comme on l'a vu, ne sont pas convaincants.
Pour parvenir à une certaine clarté en ce qui concerne les aspects évaluatifs de l'emploi des concepts esthétiques, on recommande en général de faire appel à un passage des écrits posthumes de Frege dans lequel on trouve déjà toutes les thèses centrales *in nuce* de la philosophie analytique ultérieure : « Si nous comparons les propositions "ce chien a aboyé toute la nuit" et "ce cabot a aboyé toute la nuit", nous trouvons que la pensée est la même. Nous n'apprenons par la première phrase rien de plus et rien de moins que par la première. Mais tandis que le mot "chien" se rapporte indifféremment au plaisir ou au déplaisir, le mot "cabot" a incontestablement plus d'affinité avec le déplaisir et donne par-là même une indication pour se représenter le chien comme quelque chose de misérable. Si l'on commet par là une grande injustice à l'égard de l'animal, on ne peut cependant pas dire que la seconde proposition, à cause de cela, est fausse. Celui qui l'énonce, exprime

ainsi une certaine forme de dévalorisation; mais celle-ci n'appartient pas à une pensée exprimée. Ce qui distingue la seconde proposition de la première a la simple valeur d'une interjection. On pourrait penser que l'on apprend plus par la seconde proposition que par la première, à savoir que le locuteur a une médiocre opinion du chien. Dans ce cas, toute une pensée serait contenu dans le mot "cabot" »[1]. Selon Frege, les deux mots dont il s'agit ici ne se distinguent pas dans leur contribution à la valeur de vérité des propositions dans lesquelles ils sont présents. Il en découle qu'ils ne peuvent se distinguer non plus dans leur contenu descriptif. Mais Frege dit que le mot « cabot » donne une « indication » sur la manière déterminée de se « représenter » l'animal en question ou de se « recréer » sa représentation. Selon lui, l'« idée » (susceptible de vérité) de la phrase n'est pas influencée par des représentations de ce genre mais ne fait que recevoir un « éclairage » supplémentaire ou une « coloration ».

Cette explication n'est pas particulièrement éclairante, parce que Frege considère les « représentations » dont il parle comme des images privées qui ne peuvent avoir aucune influence sur les règles d'usage des mots en question. La différence entre « chien » et « cabot » a aussi peu besoin d'être fondée sur des associations privées que celle entre « chien » et « chat ». Soit les deux mots se distinguent par leur contenu descriptif (qui exerce une influence sur la « pensée »), soit ils ne se distinguent que du point de vue des différentes attitudes qui sont exprimées de cette manière. C'est seulement dans ces deux cas qu'il peut y avoir une différence relativement aux règles de leur usage linguistique. Mais puisque les concepts de « chien » et de « cabot » (comme les couleurs « joyeuses » et « criardes ») peuvent se référer à des objets identiques du point de vue descriptif, on explique dans le meilleur des cas leur différence par les différentes évaluations que ces mots expriment, qui, pour Frege, se ramènent tout simplement au sentiment de plaisir ou de déplaisir, idée que les philosophes importants ont repris a leur compte jusqu'à présent. C'est ainsi que Quine voudrait ramener l'emploi des concepts qui expriment des prises de position positives ou négatives (concernant aussi bien les états de faits esthétiques ou moraux que le goût au sens gastronomique) aux sentiments de l'agréable et du désagréable. Une telle conception pourrait même être

1. G. Frege, « Logique » dans *Écrits posthumes*, Nîmes, J.Chambon, 1999, p. 152.

particulièrement plausible dans le cas des jugements esthétiques; elle permettrait en effet d'expliquer non seulement l'élément hédoniste, frappant dans ce type de jugement, mais également le fait qu'il requiert une perception immédiate. Si l'on suppose que les jugements esthétiques expriment des sentiments de plaisir ou de déplaisir, ces sentiments ne peuvent être causés que par une confrontation immédiate avec l'objet lui-même et non par une pure description. La simple description d'une bonne bière ne cause pas cette même sensation agréable que son absorption.

Il reste cependant à se demander si l'expression des jugements esthétiques a quelque chose à voir avec le fait que celui qui les exprime éprouve des sentiments déterminés. En ce cas, on ne devrait pas désigner certaines combinaisons de couleur comme stridentes ou criardes, si elles causent la nausée ou la chair de poule. En outre, les sensations que certains phénomènes esthétiques nous font éprouver ne sauraient être comprises comme un effet isolé qui aurait pu tout aussi bien être produit par un autre phénomène. Comme le remarque Wittgenstein « Si je trouve un menuet admirable, je ne peux pas dire : « prenez-en un autre ». Il fait le même effet ». Qu'entendez-vous par là? Ce n'est pas le même »[1]. Dans la mesure où un sentiment de plaisir ou de déplaisir est purement un événement psychique, d'une durée temporelle limitée, et qui est provoqué par une cause, il peut être plus éclairant de parler, dans le cas du jugement esthétique, d'une *attitude*. Celle-ci ne s'épuise pas dans une réaction émotionnelle unique mais apparaît dans le contexte plus vaste d'une relation globale avec l'objet en question. Ce n'est que dans un contexte d'expressions et d'actions plus large qu'il est possible de juger si quelqu'un est sincère dans l'énoncé de son jugement esthétique ou s'il ment. Quelqu'un qui achèterait la série de maisons dont parle Hungerland et trouverait criardes les couleurs de la clôture qui les entoure s'exprimera et se comportera différemment de quelqu'un sur qui elles suscitent une joyeuse impression de couleur. L'évaluation exprimée dans un jugement esthétique ne peut donc pas reposer simplement sur un seul sentiment, provoqué de manière causale. Elle semble plutôt s'appuyer sur une attitude « propositionnelle », plus ou moins consciente, qui dépend de convictions relatives à ses objets et change consciemment, et qu'il est possible de justifier.

1. L. Wittgenstein, *Leçons et conversations*, Paris, Folio-Gallimard, p. 75.

Si l'on admet qu'une certaine attitude du locuteur s'exprime dans le jugement esthétique, on peut dire, comme Frege, que l'attitude est extériorisée de manière expressive, comme une interjection. Mais on peut aussi défendre une autre opinion et dire que cette attitude, il est vrai latente, est exprimée sous une forme assertorique comme « une pensée complète ». Si l'on opte pour la seconde possibilité, on devrait alors considérer comme faux un jugement esthétique qui met clairement en évidence que le locuteur n'a absolument pas l'attitude qu'il exprime dans la proposition. Et l'on ne peut décider de révoquer ce jugement comme faux qu'en s'appuyant sur « l'usage général » des jugements en question. On peut, pour cela, observer comment sont utilisés ces concepts dans lesquels les prises de position négatives ou positives sont si fortement au premier plan que leur contenu descriptif peut être plus ou moins négligé, comme c'est à peu près le cas avec « beau » ou « laid ». « L'emploi général » de ces concepts montre cependant tout à fait clairement qu'une phrase comme « cette rose est belle » (qui sert constamment d'exemple standard) ne saurait être considérée comme fausse simplement parce que celui qui la profère n'a aucune attitude positive à l'égard de cette fleur. La phrase « c'est beau » ne dit pas

que quelque chose plaît au locuteur. C'est tout au plus l'occasion de l'exprimer. Il semble donc que l'attitude du locuteur joue un rôle similaire au fait que le locuteur croit ce qu'il affirme. Il n'est certes pas nécessaire logiquement de croire ce que l'on affirme, mais c'est toujours un paradoxe d'un point de vue pragmatique d'énoncer une proposition tout en concédant que l'on n'y croit pas. De manière analogue, il serait paradoxal de qualifier une danseuse de gracieuse et, en même temps, d'avouer qu'elle vous inspire du dégoût. Si on la désigne sérieusement comme gracieuse, on se trouve pour ainsi dire obligé d'avoir une attitude positive; en général, on n'usera pas de ce mot si nous n'avons pas, à l'égard de la dame que l'on désigne ainsi une attitude qui lui correspond, même s'il peut y avoir des exceptions. Bien que l'on puisse conclure quelle est l'attitude du locuteur, lorsqu'il utilise sincèrement un prédicat esthétique déterminé, inversement, le fait que le locuteur ait cette attitude ne peut être une justification pour l'emploi du prédicat correspondant. Si l'attitude positive du locuteur permet de conclure à sa sincérité lorsqu'il utilise tel prédicat esthétique, inversement, le fait que le locuteur ait cette attitude ne suffit pas à justifier l'emploi du prédicat correspondant. La validité des jugements esthétiques est indépendante – au même titre que celle des propositions assertoriques –

des états mentaux ou des dispositions de ceux qui les expriment. Si l'observation de l'état de conscience réel du locuteur (son « sentiment » ou son « attitude ») ne peut servir à vérifier ou à invalider son jugement esthétique, il semble impossible de déterminer quelles sont les conditions de vérité pour un tel jugement. Un jugement esthétique n'est pas un énoncé vrai ou faux sur les propriétés immédiatement perceptibles des objets, et n'est pas non plus une proposition énonçant quelque chose sur les états mentaux du locuteur en relation avec ces objets. Si tel est bien le cas, l'explication proposée par Frege selon laquelle les jugements esthétiques sont semblables à des expressions non-cognitives et ont à peu près la « valeur d'une interjection » devient assez plausible.

47.

La notoriété de Alfred Jules Ayer vient de ce qu'il a interprété les jugements esthétiques en un sens que lui-même a qualifié de « radicalement subjectif »[1]. Il est vrai qu'il développe sa théorie en premier lieu pour les jugements moraux, mais il ajoute expressément qu'elle vaut également, *mutadis mutandis*, dans le cas des énoncés esthétiques. A ses yeux, les jugements esthétiques ne sont pas des énoncés vérifiables, mais des modes d'expression de sentiments, et, comme tels, ils ne peuvent tomber sous la catégorie du vrai ou du faux. Ils sont invérifiables pour la même raison qui fait qu'un cri de douleur ou un ordre sont invérifiables, parce qu'ils ne formulent aucune proposition authentique. Un jugement esthétique ne contient même pas l'énoncé vérifiable qui dit qu'un locuteur éprouve une sensation déterminée. On ne peut donc exprimer ses sensations dans les jugements esthétiques que sur un mode expressif, comme on pourrait le faire avec des gestes d'illuminé ou des regards extatiques.
Si l'on en croit les notes de ses étudiants, Wittgenstein défendait une conception à certains égards semblable. Il disait qu'on apprend certains concepts esthétiques comme des interjections. Des mots comme « beau » « pompeux » etc. sont appris comme des succédanés pour l'expression d'un geste ou d'un visage. Contrairement à Ayer qui tient ces emplois en quelque sorte primitifs des concepts esthétiques pour leur unique mode possible

1. *Cf.* A. J. Ayer, *Langage, vérité, Logique*, Paris, Flammarion, 1956.

d'usage, Wittgenstein souligne toutefois que les jugements esthétiques, employés simplement comme l'expression d'un sentiment, « ne jouent pratiquement aucun rôle » dans les entretiens sérieux sur l'art et que seuls les gens qui ne savent pas s'exprimer correctement les utilisent[1].

La thèse qui veut qu'un jugement esthétique traduise de manière expressive les sensations du locuteur, présente un avantage relativement à la conception selon laquelle il énonce quelque chose de manière assertorique sur l'existence de telles sensations : elle nous fait comprendre que le jugement esthétique est un *jugement de valeur*. Une extériorisation expressive des sentiments à la première personne du présent peut être en effet considérée plutôt comme un jugement de valeur que comme une proposition assertorique sur les sensations réelles du locuteur – laquelle proposition n'est nullement un jugement de valeur. A part cela, la conception de Ayer ne se distingue de l'autre que d'une manière très superficielle, car, dans la perspective de la troisième personne, l'extériorisation expressive d'une sensation peut être traduite dans une proposition assertorique sur l'existence de cette sensation chez le locuteur. La signification des jugements esthétiques ne peut se ramener (du moins pour l'auditeur) au fait d'observer chez des

individus déterminés certains sentiments réels ou attitudes (à un moment déterminé).

On aboutit au même résultat lorsqu'on s'interroge sur la question de savoir ce qui rend possible les querelles dans les controverses à propos des jugements esthétiques. C'est un fait notoire que des querelles de ce genre se produisent chaque jour, et une présentation de l'usage des concepts esthétiques ne saurait être plausible si elle est incapable d'expliquer comment ces débats sont possibles et pourquoi ils sont importants. Une analyse qui conduit à considérer de tels débats comme « illusoires » n'est guère satisfaisante puisqu'elle contraint à regarder ce qui se produit en fait chaque jour comme l'effet d'une monstrueuse et inexplicable confusion. Une présentation adéquate des jugements esthétiques doit pouvoir montrer que les querelles à propos de ces jugements ne reposent pas sur une simple illusion, mais que les jugements qui s'opposent dans une controverse, sont réellement sujets à controverse.

1. *Cf.* L. Wittgenstein, *Leçons et conversations*, *op. cit.*, p. 19.

Si les jugements esthétiques étaient soit des énoncés assertoriques, soit la pure expression de sensations éprouvées par certaines personnes, aucune querelle à leur sujet ne pourrait faire l'objet d'une réelle controverse. En règle générale, une controverse ne naît que si différentes personnes ont différentes sensations et attitudes à l'égard d'objets déterminés. Un tel débat ne porte nullement sur la question de savoir si ces sensations existent ou non. Le débat ne commence véritablement que si cet état de fait ne peut être contesté. Reprocher à quelqu'un son manque de sincérité, peut être un argument approprié pour réfuter l'extériorisation d'une sensation, mais absolument pas dans un débat sur les jugements esthétiques. Il ne s'agit pas dans ce genre de débat de savoir quels sentiments ou quelles attitudes existent réellement chez le locuteur, mais quels sentiments ou quelles attitudes sont *adéquats* dans ce cas précis. Une controverse esthétique ne doit pas être comprise comme une dispute portant sur des faits. En effet, elle ne peut être tranchée ni en établissant quelles propriétés (descriptives) possèdent les objets en question, ni en constatant quelles attitudes psychiques ces personnes adoptent à l'égard de ces objets. Il ne s'agit pas non plus d'une querelle sur des mots, car pour qu'il y ait controverse dans les jugements, il faut que les protagonistes du débat emploient le concept qui fait l'objet de la contestation avec la même signification. Si différentes personnes appliquent le mot « gracieux » à différentes classes d'objets, on pourrait croire qu'ils l'utilisent avec deux significations différentes (comme un homonyme). Mais cette explication est par trop pacifique, car en ce cas, il n'y aurait plus de contradiction si l'un d'eux désignait un objet comme gracieux, et que l'autre s'avisait de le nier : pour l'un il serait gracieux et pour l'autre non-gracieux. Les querelles sur les jugements esthétiques peuvent être parfois arbitrées par des règles linguistiques de ce genre, mais rien ne saurait le garantir. La question de la controverse, qui est de savoir quels objets méritent l'évaluation positive exprimée par le mot « gracieux », reste ainsi en suspens.

18.

Wittgenstein a montré à plusieurs reprises qu'il n'est pas possible de comprendre les jugements esthétiques si l'on s'en tient seulement au fait que certains mots ou phrases sont exprimés : « Afin d'y voir clair en ce qui concerne les mots esthétiques, vous avez à décrire des façons de vivre. Nous pensons que nous avons à parler de jugements esthétiques tels que "ceci est beau", mais nous découvrons que si nous avons à parler de jugements esthétiques, nous ne trouvons pas du tout ces mots-là, mais un mot qui est employé à peu près comme un geste et qui accompagne une activité compliquée »[1]. Wittgenstein précise ce qu'il veut dire en prenant l'exemple de l'habit masculin auquel il accorde une place importante dans ses réflexions sur les questions d'esthétique : « Un homme qui s'y connaît en vêtements bien coupés, que fait-il par exemple en cours d'essayage chez son tailleur? "C'est la longueur correcte", "c'est trop court", "c'est trop étroit". Les mots d'approbation ne jouent aucun rôle, cependant que cet homme aura l'air satisfait si le vêtement lui va bien. Au lieu de : "c'est trop court", il aurait pu dire : "Voyez donc", ou au lieu de "correct", il aurait pu dire : "n'y touchez plus". Un bon coupeur peut très bien ne pas employer de mots du tout, mais se contenter de faire une marque à la craie pour apporter la modification voulue par la suite. Comment est-ce que je montre mon approbation en ce qui concerne un vêtement? Avant tout en le portant souvent, en l'appréciant lorsque je le vois »[2].

Si le contexte de l'action dans lequel les jugements esthétiques sont prononcés est aussi important que Wittgenstein l'affirme, on peut penser que la meilleure manière de comprendre leur usage serait d'observer les finalités pratiques qui sont poursuivies avec ces expressions. On peut supposer ainsi que le but de l'expression est d'exercer une influence sur l'auditeur ou de l'engager à des actions déterminées. Selon cette théorie, les jugements esthétiques seraient des impératifs travestis. Dans les faits, la fonction pragmatique de l'expression des jugements esthétiques consiste en effet souvent à influencer l'auditeur, mais l'on ne peut comprendre l'usage des concepts esthétiques uniquement par cette fonction; celle-ci peut disparaître dans certains contextes linguistiques déterminés (par exemple les propositions conditionnelles, les citations et les questions), sans que les concepts en question perdent leur signification. La tentative pour décrire les jugements esthétiques du point de vue des « actes de langage » qu'ils permettent d'accomplir ne mène donc pas très loin.

Les règles du « jeu » avec les concepts esthétiques doivent être décrites indépendamment des intentions pragmatiques des participants. Le point de

1. L. Wittgenstein, *Leçons et conversations*, *op. cit.*, p. 32.
2. *Ibid.*, p. 22.

départ de ce jeu, c'est que la formulation du jugement esthétique (X est A) est indépendante du sujet; et le jeu ne peut commencer qu'avec la revendication à une validité intersubjective qui est liée à cette formulation. Si, dans un jugement esthétique, chacun ne parlait que de ses visions, de ses attitudes ou de ses sentiments, tout débat sur le bien fondé d'un tel jugement serait impossible.

Il y a donc manifestement une bonne raison pour que les jugements esthétiques soient formulés en règle générale de manière non indexicale. Les philosophes qui veulent nous convaincre qu'une telle formulation est « proprement » erronée, ne décrivent pas l'emploi réel des jugements esthétiques mais projettent dans leur description une conviction normative concernant la possibilité de justifier cet emploi.

Même si l'on est persuadé que le jugement esthétique n'est en fin de compte qu'une proposition subjective, on ne peut dire que la phrase, dans sa formulation indépendante du sujet, n'a pas d'autre signification que subjective. Elle est manifestement employée autrement et elle a d'autres conséquences. Ce n'est pas un manque de lucidité linguistique qui incite le locuteur à exprimer cette phrase, car son expression est indispensable.

Il faut donc reconnaître que la prétention du jugement esthétique à une validité intersubjective est d'abord un *fait de langage*, qui peut être constaté indépendamment de la question savoir si l'on tient cette prétention pour susceptible d'être fondée. On trouve cette conviction dans la *Critique de la faculté de juger* de Kant. Elle joue même un rôle central dans l'ensemble de l'argumentation. Toute la réflexion du philosophe repose en effet sur la prémisse que la prétention du jugement esthétique à une validité intersubjective est incontestable, et que c'est seulement en s'appuyant sur le jugement esthétique qu'on peut poser la difficile question de savoir sur quoi est fondée cette revendication. Et, aux yeux de Kant, le fait qu'elle ne puisse pas être imposée de manière contraignante ne porte absolument pas préjudice à cette revendication. On ne peut pas « postuler » de manière contraignante l'assentiment des autres à un jugement sur le beau mais seulement « l'exiger ». Il serait donc absurde de dire qu'une revendication n'est pas une revendication si elle ne peut pas être justifiée. Un ordre qui n'est pas exécuté ou qui ne peut pas l'être n'en est pas moins un ordre.

49.

C'est précisément parce qu'ils sont subjectivement importants que les jugements esthétiques ont besoin de revendiquer une validité intersubjective. L'affirmation de cette revendication ne peut être qu'un point de départ pour parvenir à la reconnaissance de sa légitimité.

Cette entreprise a pour sens d'obliger les adversaires à vérifier si chacune de leurs attitudes vis-à-vis d'un phénomène déterminé sont adéquates. Et même si, à la fin, aucun ne parvient à convaincre l'autre du caractère approprié de son attitude, cette vérification réciproque n'est pas inutile. Le sens de cette opération est donc de rendre possible une réflexivité (ou une réflexion sur soi-même) de chaque mode vision et des attitudes qui leur sont étroitement liées. Il s'agit de parvenir à une certaine clarté sur la manière dont on voit les choses, comment on veut les voir et comment on devrait les voir. Cela est pour ainsi dire la variante perceptuelle de la « question pratique », et sa réponse mène à un « rapport à soi réflexif » en référence à la manière dont on voit le monde. Ce n'est pas un hasard si Wittgenstein traite ces questions en relation avec celles que pose la psychanalyse et souligne qu'il s'agit, dans les deux cas, de rendre plausibles des modes déterminés de vision qu'on ne peut démontrer de manière contraignante mais qui doivent être acceptés.

Lorsque des philosophes affirment qu'il est impossible de lier une revendication intersubjective à un jugement esthétique, cela a peut être un sens d'un point de vue épistémologique mais certainement pas du point de vue de celui qui s'intéresse sérieusement aux questions d'esthétique. Dans les débats esthétiques, ce n'est qu'à travers un processus de confrontation, et non par une vérification des propositions assertoriques que l'on parvient à une conclusion. On pourrait naturellement se limiter à une pure constatation de ce qui plaît réellement à quelqu'un. Cela impliquerait de renoncer à toute réflexivité, et, comme le remarquait Wittgenstein, de se mettre au niveau des animaux qui savent très bien, eux aussi, ce qui leur plaît. L'enjeu de la confrontation à propos des objets esthétiques n'est donc pas l'établissement des attitudes existantes mais leur légitimation. Si l'on admet pour les jugements esthétiques la revendication à une validité intersubjective, la tentation est forte, du moins chez les philosophes analytiques, de supposer que cette revendication doit être justifiée épistémologiquement sous peine d'être illégitime. Comme on l'a vu avec Sibley, il n'y a pourtant aucune raison de supposer qu'un jugement esthétique doit être vrai ou faux en un sens épistémologique. La légitimité d'un jugement esthétique ne peut pas être déterminée aussi clairement (autrement, le procès de réflexion sur les différents mode vision n'aurait absolument aucun sens). Bien que la prétention du jugement esthétique à une validité intersubjective ne puisse être légitimée ni sur le plan du langage ni sur celui de l'épistémologie, elle ne se situe pas pour autant (et pour de bonnes raisons) sur un plan normatif. On peut toujours souhaiter trouver une méthode susceptible de légitimer un mode de vision que l'on affirmerait *normativement* comme correct. Un principe général ne serait pas ici d'une grande utilité, ni nécessaire. Comme Wittgenstein l'a montré, pour justifier un jugement esthétique positif sur un poème, il suffit parfois de le lire d'une certaine manière. Pour ceux qui s'occupent de la structure générale des propositions axiologiques, toute évaluation consiste à déduire les jugements singuliers de principes généraux et à développer inductivement ces principes à partir de cas singuliers. Cette description minutieuse est d'un médiocre secours parce qu'elle est banale. La règle universelle de la généralisation selon laquelle il faut traiter de manière semblable des cas de la même espèce (ou suffisamment semblables) vaut également pour les jugements esthétiques, mais elle n'aide en rien à résoudre le problème crucial de savoir comment trouver des cas suffisamment semblables susceptibles d'être jugés de manière équivalente. Selon Wittgenstein, les justifications pour les jugements ne sont ni des raisons ni des causes, mais « des descriptions plus larges ». Elles décrivent ce qui est vu (comme dans le cas du canard-lapin) de façon à susciter une nouvelle manière de voir. C'est pourquoi la perception esthétique exige (de la même manière que la vision aspectuelle) un « phrasé », une « accentuation » de ce qui est vu, qui doit mener, comme les traits qui soulignent un contour dans une tableau, à une toute nouvelle « expérience de vision ». Toute attribution de qualités esthétiques autrement que par une description aspectuelle a nécessairement une composante normative, car elle contient toujours l'affirmation que la manière correspondante de percevoir les choses et l'attitude qui s'y exprime sont adéquates. Les jugements esthétiques ne peuvent affirmer que telle manière de percevoir les couleurs est *correcte* que sur un mode évaluatif. C'est pourquoi ces justifications recourent souvent à des impératifs. Comme le remarque Wittgenstein, dans les conversations sur les objets esthétiques, on dit souvent « tu dois voir ainsi telle chose », « tu dois écouter ces mesures » « il faut lire ainsi ce poème », « tu dois écouter cette sorte de son » [1].

Si ce que l'on a dit jusqu'à présent est juste, il faut partir du fait que les concepts esthétiques ne désignent pas simplement des phénomènes purement visuels que l'on peut connaître selon un mode de perception neutre et contraignant, comme c'est le cas avec les concepts descriptifs normaux de perception. Ils ne servent pas non plus à décrire des impressions sensorielles, les sentiments ou les attitudes du locuteur, ni à les extérioriser en les exprimant ou à les provoquer chez autrui. On les emploie plutôt en vertu d'une sorte de « voir-comme », en y ajoutant une prétention normative qui affirme ainsi que cette manière d'accentuer le perçu correspond à la vision correcte. Les jugements esthétiques sont essentiellement des jugements normatifs qui peuvent certes exiger notre accord, mais qui ne peuvent pas nous y contraindre.

1. *Cf.* L. Wittgenstein, *Recherches philosophiques*, *op. cit.*

chapitre 4
le statut de l'art

50.

Ce n'est pas tellement l'opposition aux théories traditionnelles qui a inspiré les recherches sur l'emploi des concepts esthétiques entreprises par les philosophes analytiques En réalité, ils n'ont guère fait plus que reprendre les conceptions traditionnelles en les répétant sous une nouvelle forme d'analyse du langage. Leurs résultats ne pouvaient pas produire un effet aussi saisissant que les thèses sur l'usage du concept d'art. La discussion sur les jugements esthétiques manquait de verve, languissait dans des oppositions stériles, et elle finit par s'éteindre complètement. La raison principale de cette improductivité, nous l'avons vu, tient au fait qu'il existait une tendance prépondérante à ignorer, comme dans la philosophie de l'art, tous les aspects évaluatifs du discours sur les états de chose esthétiques.
La discussion sur les concepts esthétiques se développa principalement autour de la question de savoir comment décrire et interpréter les œuvres d'art. Mais elle s'intéressa également à la manière dont on pouvait définir la classe des œuvres d'art. On ne peut nier en effet que l'attribution de propriétés esthétiques est susceptible de justifier le fait que certaines choses soient désignées comme des œuvres d'art. Entre les deux thèses centrales de l'esthétique analytique, dont l'une affirme qu'il ne peut y avoir aucune condition (nécessaire) pour l'emploi du concept d'art (Weitz et Kennick), et

l'autre qu'il n'existe aucune condition (suffisante) pour l'usage des concepts esthétiques (Sibley), il n'existe pas seulement un parallèle frappant mais aussi un lien logique.

S'il n'existe pour l'emploi des concepts esthétiques aucune condition non-esthétique (suffisante), ce n'est pas seulement, selon ce qui a été dit jusqu'à présent, parce qu'il s'agit de concepts de perception, mais aussi parce qu'ils ont en règle générale une composante évaluative. Mais s'il est possible de se servir de jugements esthétiques pour justifier le fait que des objets sont désignés comme des œuvres d'art, on doit en conclure que le concept d'art est un *concept de valeur.* Que l'on pense que l'attribution d'une qualité esthétique est elle-même déjà un jugement de valeur, ou qu'il s'agit au contraire d'un énoncé purement descriptif est ici sans importance puisque ceux qui défendent cette dernière conception ne contestent pas que les conséquences évaluatives découlent de l'attribution de propriétés esthétiques.

On peut tirer cette même conclusion de l'expérience de pensée à laquelle il a été fait allusion plus haut. Si l'on essayait de faire comprendre à un martien la différence entre un portrait de Rembrandt et le portrait-robot d'un

gangster en se référant à certaines propriétés esthétiques, il serait absurde de vouloir justifier l'emploi du concept d'« œuvre d'art » pour le portrait de Rembrandt en montrant que dans l'autre portrait, le mouvement du trait est mécanique, la composition déséquilibrée et le dessin banal et inexpressif. De telles propriétés ne parlent pas en faveur mais contre l'usage du concept d'art. Seules les qualités « positives » peuvent être alléguées comme de « bonnes raisons » pour désigner quelque chose comme une œuvre d'art.

C'est ce que l'on ne sait évidemment pas si l'on se réfère seulement à des généralisations inductives et empiriques. En apprenant le concept d'art, on apprend entre-autre à l'appliquer à des objets de ce genre qui montrent des qualités esthétiques « positives » et l'on apprend à l'employer *en s'appuyant* sur des qualités de ce genre. Il n'est pour l'instant pas nécessaire de préciser quelle sorte de relation existe entre l'usage du concept « d'œuvre d'art » et l'évaluation esthétique positive des choses ainsi désignées. Il suffit tout d'abord d'établir que l'attribution d'une certaine valeur esthétique peut jouer un rôle dans la justification du concept d'art; on peut en effet en conclure que l'usage de ce concept ne se réduit pas à une simple classification empirique.

51.

Si l'on conçoit le concept d'art comme un concept de valeur, on ne comprend que trop les raisons pour lesquelles toutes les tentatives pour le définir mènent encore et toujours aux mêmes difficultés que nous avons évoquées plus haut. Que les conditions qui sont formulées pour l'usage d'un concept de valeur ne puissent pas être acceptées par chacun, c'est ce qui n'est en rien étonnant. La fonction d'un tel concept de valeur n'est justement pas de délimiter une classe identique d'objets pour tous les locuteurs, qui reposerait sur des critères d'identification généralement admis. Elle consiste plutôt, en fonction de l'attitude du locuteur, à choisir une classe différente d'objets, selon les critères favoris de chacun, pour en faire l'éloge ou la critique. La définition d'un concept de valeur ne saurait être que « persuasive » parce qu'elle détermine toujours de manière unilatérale quelles propriétés méritent d'être louées ou critiquées. Puisqu'il existe différentes opinions concernant ces propriétés, l'emploi d'un concept de valeur est toujours conciliable avec différentes convictions normatives relativement à la question de savoir ce qui est à chaque fois digne d'éloge ou de blâme pour les choses qu'il sert à nommer.

Une définition qui établit un critère déterminé pour l'usage du concept de valeur ne peut donc jamais être en accord avec l'emploi réel et général de ce concept. Elle ne peut qu'absolutiser un certain mode d'emploi en prétendant qu'il est le seul. Une description neutre de la signification d'un concept de valeur n'est possible qu'en nommant une expression synonyme plus ou moins triviale, qui n'aide pas mieux que le concept de valeur lui-même à décider de son applicabilité dans des cas concrets et particuliers. Toute définition d'un concept de valeur ne peut être qu'« empiriquement fausse », parce qu'incapable d'embrasser les choses susceptibles d'être désignées dans l'usage réel du concept, dénuée de signification, ou faire fonction de principe normatif et dogmatique.

Les difficultés qui surgissent avec la définition du concept d'art ne peuvent guère surprendre si l'on conçoit ce concept comme un concept de valeur. Que ces difficultés apparaissent inévitablement lorsque l'on tente de définir le concept d'art en son sens évaluatif, c'est ce qui était déjà évident chez Weitz et Kennick. Ils avaient tenté d'éviter ces difficultés en faisant une stricte différence entre l'usage évaluatif et l'usage classificatoire du concept d'art pour porter toute leur attention sur l'usage classificatoire. Mais cela n'avait pas permis de mieux comprendre l'usage réel du concept d'art que les explications fournies par les théories traditionnelles.

On pouvait dès lors penser, comme nous l'avons fait, que le « concept d'art classificatoire », central dans leurs réflexions à tous les deux, n'était qu'une fiction, qui n'existait que dans leur imagination, et qu'on pouvait interpréter tout ce qu'ils disaient de ce concept comme une projection inconsciente. Si on lit les thèses de Weitz et de Kennick comme des thèses sur le concept de valeur, celle de Weitz selon laquelle le concept d'art est un « concept ouvert », est alors aussi banale que l'affirmation de Kennick selon laquelle l'intension de ce concept est pour ainsi dire « vide ».

52.

Si le concept d'art est un concept de valeur, toute tentative plus large pour spécifier ses conditions d'emploi semble à vrai dire vouée à l'échec, car on ne peut jamais établir définitivement et de manière solide les critères pour l'usage des concepts de valeur. Cette constatation est très insatisfaisante pour la théorie de l'art. Cela peut se comprendre si l'on cherche une consolation dans l'idée que la distinction entre art et non-art devrait toujours reposer sur la même *sorte* de qualités de valeur. Lorsqu'il faut décider par exemple si un portrait est une œuvre d'art, on doit juger sa valeur esthétique, mais non sa valeur sentimentale. On pourrait donc penser qu'il existe du moins une forme d'évaluation spécifique pour les œuvres d'art. Malgré sa critique de l'essentialisme d'Osborne, Strawson lui-même prend au sérieux une telle possibilité. Il croit que même un sceptique devrait admettre que nos évaluations des œuvres d'art reposent toujours sur une forme spécifique de « plaisir du spectateur » bien qu'il s'agisse peut-être là d'une multiplicité de plaisirs qui sont simplement liés par un réseau de ressemblances de famille.

La conviction selon laquelle on pourrait préciser quelles sortes d'expériences axiologique procurent les œuvres d'art se rencontre également chez les esthéticiens traditionnels. Dans ses dernières publications, Beardsley propose de définir l'œuvre d'art comme « quelque chose qui est produit intentionnellement pour satisfaire un intérêt esthétique, ou encore dans l'intention de procurer expérience esthétique »[1]. Dans ses premiers écrits, il avait expressément évité toute référence aux intentions de l'artiste et toujours assuré qu'une œuvre d'art est un objet qui a réellement « la capacité de susciter une expérience esthétique » – et non qu'elle doit l'avoir. Mais, déjà à cette époque, au *centre* de multiples définitions de l'œuvre d'art, revenait sans cesse sa préoccupation concernant *l'expérience esthétique*. C'est pourquoi, il convient d'exposer brièvement son concept d'expérience esthétique et la théorie qui lui est liée, parce qu'elle fut une référence importante dans l'élaboration de la théorie désignée comme théorie « institutionnelle » de l'art, ultime empreinte de la philosophie analytique donnant lieu à un débat.

La tentative pour définir les œuvres d'art en recourant à l'expérience esthétique qu'elles rendent possible, conduit à la même identification entre les critères de classification et les critères d'évaluation que l'on avait constatée déjà chez Osborne. Pour justifier cette identification, celui-ci avait proposé une définition fonctionnelle de l'art nullement différente de celle de Beardsley. Comme on a pu le voir, penser que l'on nomme les œuvres d'art comme des œuvres d'art seulement parce qu'elles ont une certaine valeur n'est pas aussi erroné que certains critiques de la théorie traditionnelle ont pu le dire.

La seule conséquence de cette identification, du point de vue de la théorie traditionnelle, est d'avoir à indiquer plus précisément en quoi consiste cette valeur. « Le concept d'expérience esthétique, écrit Beardsley, fournit une analyse commode et – selon moi – convaincante de la valeur artistique. C'est en cela, je crois, que consiste sa plus grande importance philosophique. Ceux d'entre-nous qui défendent une position métaphysique naturaliste, quelles que puissent être par ailleurs nos différences, chercheront le fondement de l'excellence artistique, comme de toutes les autres formes d'excellence, dans la valeur que les choses peuvent avoir pour le bien-être humain. Cela ne veut pas dire qu'une chose est bonne parce qu'elle a des effets sur les être humains, mais qu'elle est bonne parce qu'elle a la potentialité d'avoir de tels effets, en admettant que ces effets soient désirables. Et puisque les œuvres d'art sont des objets dénués de tout pouvoir d'affecter d'autres objets, à la manière dont une pelleteuse

1. M. C. Beardsley, « An Aesthetic Definition of Art », *in* H. Curtler (ed.), *What is Art?*, New York, 1983, p. 20-21.

mécanique ou un bâton de dynamite le peuvent, elles doivent être classées parmi les biens de consommation plutôt que parmi les biens de production de ce monde. Si on laisse de côté les beautés transcendantes et les intuitions ineffables, il semble que le seul fondement qui subsiste pour attribuer une valeur aux œuvres d'art est cette sorte d'expérience qu'elles sont capables de susciter »[1].

Cette explication « naturaliste » de la valeur artistique demandait cependant que Beardsley soit capable, d'une part, de montrer qu'il existe un mode distinct d'expérience que l'on peut identifier comme une « expérience esthétique », et, d'autre part, de prouver que ce type d'expérience est suscitée exclusivement par les œuvres d'art. Cette double tache ne devait pas être très difficile à remplir pour Beardsley, puisqu'il considère l'œuvre d'art, comme nous l'avons montré, exclusivement comme un « objet esthétique ». Il formula la première tâche de la manière suivante : « le problème est de savoir si nous pouvons isoler les traits de l'expérience esthétique et décrire en termes généraux ceux qui caractérisent d'une manière spécifique notre relation avec les objets esthétiques. Écouter de la musique est à bien des égards une toute autre expérience que visiter une cathédrale ou regarder un film... Mais y-a-t-il quelque chose que toutes ces expériences esthétiques ont en commun et que l'on peut à bon droit isoler? C'est du moins une question empirique qui mérite d'être posée »[2].

53.

Beardsley conçoit lui-même son analyse de l'expérience esthétique comme une analyse avant tout empirique. Il part du fait que les œuvres d'art, puisqu'elles sont toutes d'une même nature, suscitent un effet de même nature chez les personnes qui sont affectées par elles. Cet effet qui est causé de la même manière, mais à des degrés qualitatifs différents, par toutes les œuvres d'art, est précisément ce qu'il entend par « expérience esthétique ». Beardsley entreprend une recherche selon le même modèle que celui auquel on recourt pour analyser l'effet des produits chimiques sur le corps humain. Le fait de vouloir justifier la valeur esthétique en invoquant la

1. M. C. Beardsley, « L'espérance esthétique reconquise », dans D. Lories (éd.), *Philosophie analytique et esthétique*, *op. cit.*, p. 145.
2. M. C. Beardsley, *Aesthetics. Problems in the Philosophy of Criticism*, *op. cit.*, p. 527.

capacité de certaines choses a susciter une expérience esthétique ne présente pour lui aucune difficulté. « Cette capacité à procurer une expérience esthétique en tant que telle, est une propriété empirique, nullement une valeur. Mais c'est une valeur à condition que je considère comme profitable le fait d'avoir une expérience esthétique »[1].

Le constat que certains objets permettent de faire des expériences esthétiques est pour Beardsley aussi empirique que le constat que certaines substances rendent ivres ou soulagent les maux de tête. Que l'on trouve une valeur à de telles propriétés (ou dispositions), est une question qui relève d'un tout autre plan logique. L'expérience esthétique se caractérise, selon l'auteur, par les quatre traits suivants : 1. L'expérience esthétique est une expérience dans laquelle l'attention est attachée aux composantes hétérogènes, mais reliées entre-elles, d'un champ phénoménal objectif. 2. C'est une expérience d'une certaine intensité. 3. C'est une expérience qui a un degré inhabituel de cohérence et de continuité. 4. C'est une expérience qui est complète en elle-même d'une manière elle aussi inhabituelle.

La définition que donne Beardsley de l'œuvre d'art en recourant à sa capacité à susciter ce type d'expérience fait resurgir les mêmes problèmes que l'on rencontre avec chaque définition de l'art. Le caractère normatif de sa définition, pour ne mentionner que l'aspect le plus important, devient manifeste lorsqu'il l'utilise pour critiquer les formes artistiques d'avant garde. A la fin des années soixante, il constata avec effroi que les expériences esthétiques (harmonieuses et totalisantes) auxquelles il avait pris goût lors des représentations du « Pennsylvania Ballet company », jouaient un rôle de plus en plus mineur dans l'art contemporain. Selon lui, l'art des années soixante ne permettait plus aucune « expérience esthétique », au sens où il l'entendait, mais visait seulement à égarer l'esprit en s'adressant aux instincts les plus primitifs, et à épuiser les organes sensoriels. Puisqu'en face de tels phénomènes on ne pouvait plus faire de bonnes vieilles « expériences esthétiques » (telles qu'il les entendait), cela signifiait qu'on n'était plus en présence d'un phénomène artistique. Beardsley remarque cependant à un autre endroit que son analyse de l'expérience esthétique n'est pas une recherche empirique neutre, et qu'il s'agit d'une stratégie conceptuelle délicate. « Peut-être devrions-nous laisser le

1. M. C. Beardsley, *The Aesthetic Point of View : Selected Essays*, Ithaca, 1982, p. 321.

concept d'art prendre librement de l'expension, en l'appliquant à n'importe quelle sorte d'objet fait pour être livré à notre attention indivise – mais dans le même temps, garder notre concept d'expérience esthétique assez restreint : nous accepterions alors la conséquence que certains artistes contemporains ne s'occupent pas de procurer une expérience esthétique, soit parce qu'ils ont besoin de faire partager leur propre ennui, soit parce qu'ils croient sincèrement que la beauté et la forme significative ne sont plus bonnes pour l'homme moderne »[1]. Dans un élan de sincérité, Beardsley reconnaît honnêtement que son analyse (soi-disant purement empirique) de l'expérience esthétique est liée à certains intérêts d'ordre pragmatique. Il avoue en effet : « ce n'est pas seulement l'avenir du terme d'"expérience esthétique" que j'essaie d'assurer, mais celle de l'expérience esthétique elle-même »[2]. Son but n'est pas seulement de montrer que l'expression d'« expérience esthétique » peut être employée de manière utile ; il veut aussi défendre cette sorte d'expérience, telle qu'il l'entend, qui lui paraît essentielle dans notre relation à l'art.

54.

George Dickie, un auteur qui est parvenu à ce tour de force de publier toute une série d'écrits dont le contenu est presque toujours identique et dans lesquels il ne craint pas d'employer toujours les mêmes exemples et souvent avec exactement les mêmes formulations, est devenu célèbre en soutenant ce qu'on appelle la « théorie institutionnelle de l'art ». Cette théorie n'est nullement destinée à réfuter les doctrines traditionnelles de l'expérience esthétique. L'une des références essentielles de Dickie a toujours été la théorie de Beardsley. On pourrait même comprendre la conception à laquelle aboutit Dickie comme le résultat d'un effort continu pour donner à la théorie de Beardsley une forme qui corresponde à des standards empiriques rigoureux.

Dans sa critique de la théorie de Beardsley, Dickie ne remarque pas que des principes normatifs se dissimulent sous des énoncés empiriques apparemment neutres. Il traite ces énoncés comme s'ils étaient des énoncés purement empiriques et essaie de les réfuter exclusivement sur ce plan. Son

1. M. C. Beardsley, « L'expérience esthétique reconquise », art. cit., p. 156.
2. *Ibid.*

intention était originellement de démontrer que le concept d'expérience esthétique était dépourvu de toute référence et désignait par là-même un état fantôme. Cette intention restait liée à la conviction, fondamentalement behavioriste, que l'esthétique serait en bien meilleur état sans toutes ces références à des états de conscience ou à des processus mentaux qui ne peuvent mener qu'à des spéculations invérifiables. Toutefois, Dickie a considéré plus tard qu'il serait absurde de nier qu'il existe quelque chose comme le type d'expérience décrit par Beardsley. Mais il est persuadé que l'expérience harmonieuse et homogène que Beardsley apprécie tellement n'est pas l'unique forme d'expérience que l'on peut avoir avec les œuvres. Pour le démontrer, il établit une liste fastidieuse de huit autres variantes de l'expérience esthétique que l'on peut faire avec les œuvres d'art. S'il existe neuf modes différents d'expérience esthétique, cela signifie que la thèse de Beardsley selon laquelle l'expérience esthétique présente toujours les mêmes caractéristiques ne correspond pas aux faits. Si la manière dont Beardsley caractérise l'expérience esthétique soulève un problème aux yeux de Dickie, ce n'est donc pas parce qu'elle repose sur un principe normatif transformé en dogme, mais parce qu'elle conduit à une fausse généralisation empirique.

Dickie résume le résultat de ses réflexions de la manière suivante : « Si j'ai raison, alors les expériences qui résultent d'une relation avec des objets esthétiques ne possèdent aucune caractéristique qu'on peut saisir intuitivement pour les distinguer des autres. Si l'on veut distinguer l'expérience esthétique de l'expérience non-esthétique (à condition que cette distinction ait un sens), on ne peut le faire qu'en déterminant si l'objet dont l'expérience tire son origine est un objet esthétique ou non »[1].

Le problème est ici seulement déplacé, car la question se pose alors de savoir ce qu'il faut entendre par « objet esthétique ». Comme il l'a lui-même expressément souligné beaucoup plus tard, Dickie utilise cette expression dans un sens particulier, qui vaut « seulement pour les œuvres d'art ». Il ne faudrait cependant pas confondre le sens de cette expression chez Dickie avec celui qu'elle a chez Beardsley, qui conçoit dès le départ l'œuvre d'art uniquement comme un « objet esthétique », la réduisant ainsi à l'ensemble de ses propriétés esthétiques. Dickie fait un usage différent de

1. G. Dickie, *Art and the Aesthetic : An institutional Analysis*, Ithaca, 1974, p. 198.

l'expression « objet esthétique » qui désigne chez lui un certain nombre défini de propriétés d'une œuvre d'art. Puisqu'il pense manifestement dès le début, comme Beardsley, que les propriétés esthétiques d'une œuvre d'art sont uniquement ses propriétés signifiantes du point de vue artistique, il n'échappe pas, lui non plus, à l'idée ridicule d'utiliser l'expression « propriétés esthétiques » comme une *désignation* pour ces propriétés significatives du point de vue artistique et de résumer la somme de ces propriétés sous le concept d'« objet esthétique ». L'étrange expression d'« objet esthétique d'une œuvre d'art », comme il l'explique, est ce qu'on peut nommer « un concept collectif » qui « se rapporte à ces propriétés d'une œuvre d'art qui sont l'objet de l'évaluation et/ou de la critique [1].
Il y aurait donc des caractéristiques de l'œuvre telles que la couleur et la texture du revers d'un tableau, que l'on peut juger esthétiquement au sens habituel, mais qui n'appartiennent pourtant pas à « l'objet esthétique » de cette œuvre d'art, puisqu'ils sont sans importance pour la valeur esthétique du tableau en question. La question se pose donc pour Dickie de savoir quelles sont les caractéristiques d'une œuvre d'art qui constituent l'objet esthétique de cette œuvre et quelles sont celles qui n'en font pas partie. La réponse à cette question est importante de son point de vue, parce que les propriétés sur lesquelles porte l'évaluation de l'œuvre d'art sont en même temps les propriétés en vertu desquelles les œuvres d'art peuvent être considérées comme telles. Toutes les investigations de Dickie sur ce sujet aboutissent au même résultat qu'il est impossible d'émettre aucun énoncé général sur les propriétés. On ne peut, comme Beardsley, partir du fait que ces propriétés sont toujours des propriétés immédiatement perceptibles. Et on ne peut pas non plus, comme Aldrich et d'autres théoriciens, supposer qu'il existe un mode particulier de perception permettant de reconnaître de manière certaine ces propriétés. Dickie est convaincu que les qualités des œuvres d'art significatives du point de vue artistique ne peuvent être identifiées ni en se référant à une certaine *espèce* de propriétés, ni en se rapportant à des états mentaux spécifiques ou des expériences spécifiques. Fort de cette connaissance, Dickie pense qu'il est grand temps « de se libérer des analyses psychologiques et épistémologiques que les philosophes ont développées depuis le XXe siècle » [2].

1. G. Dickie, *The Art Circle*, New York, 1984, p. 105.
2. G. Dickie, *Art and the Aesthetic*, *op. cit.*, p. 178.

Mais, en ce cas, quelle sorte d'analyse reste-t-il faire? On trouve déjà dans ses premières publications une indication sur la manière dont il compte chercher une réponse à cette question. Il y critique la théorie de Bullough selon laquelle une attitude esthétique demande que l'on adopte une certaine « distance psychique » à l'égard des choses[1]. L'objection de Dickie consiste à dire que les phénomènes que Bullough décrit avec d'obscurs concepts psychologiques seraient beaucoup mieux expliqués si on les décrivait comme des cas où les comportements sont guidés par des règles. Si, par exemple, un spectateur de théâtre ne quitte pas le parterre pour venir en aide à une charmante jeune vierge qui est importunée sur scène par une infâme crapule, ce n'est pas parce qu'il se trouve dans une disposition psychique particulière, semblable à un état d'hypnose, comme l'affirme Bullough, mais simplement parce qu'il sait comment on se comporte dans un théâtre[2]. Il obéit à une convention bien définie qui lui interdit d'intervenir dans la représentation de la pièce.

Selon Dickie, il existe toute une série de conventions qui conduisent le spectateur à ne prêter aucune attention particulière à la couleur du rideau de scène, et les critiques de théâtre en parlent rarement dans leurs comptes rendus. Qu'il s'agisse de conventions et non de principes valables de tout temps et en toute circonstance, c'est ce que révèle le fait que la couleur du rideau pourrait jouer un rôle important dans certaines mises en scène, de même que l'aide du spectateur pourrait être souhaitable dans d'autres circonstances. Dickie a donc sans doute raison lorsqu'il dit que cela n'aurait aucun sens de se lancer dans des spéculations psychologiques sur certaines attitudes et états mentaux ou de vouloir fonder des caractéristiques importantes du point de vue artistique sur des principes généraux.

Puisqu'il n'existe aucun énoncé valide universellement sur le type d'expérience que l'on peut avoir avec des œuvres d'art ni sur les propriétés auxquelles se rapportent ces expériences, Dickie en vient par conséquent à la conclusion selon laquelle les aspects d'une œuvre qui sont significatifs d'un point de vue artistique ne peuvent être déterminés qu'en prenant en considération les « cadres institutionnels » de l'époque dans laquelle l'œuvre en question trouve sa place. C'est en ce sens que Dickie dit que : « la

1. *Cf.* E. Bullough, « "Psychical Distance" as a Factor in Art and an Aesthetic Principle », *The British Journal of Psychology* 5, 1912.

2. G. Dickie, « Is Psychology Relevant to Aesthetics? », *The Philosophical Review* 71, 1962, p. 299.

théorie institutionnelle de l'objet esthétique concentre son attention sur les pratiques et conventions que l'on met en œuvre lorsque l'on expose certains aspects déterminés des œuvres d'art à un public, et elle affirme que les conventions destinées à l'exposition isolent et localisent les objets esthétiques (propriétés) en tant qu'œuvres d'art »[1].

55.

Aboutir à la conviction que c'est seulement en vertu de certaines conventions que l'on peut déterminer quels aspects d'une œuvre d'art sont importants d'un point de vue artistique, ce n'est faire encore qu'un petit pas en direction de la thèse selon laquelle c'est seulement en vertu de ces conventions que peut être déterminé ce qui est ou non une œuvre d'art.

Partant du constat que les « cadres institutionnels » d'une époque jouent un rôle constitutif dans la contemplation et l'évaluation des œuvres d'art, Dickie en vient à cette idée que l'on pourrait également tenter de définir sur cette base le concept d'art.

Fort de son attitude fondamentalement empirique, Dickie considère comme une évidence qu'on ne peut répondre à la question de la définition de l'art qu'en donnant au concept d'œuvre d'art un sens descriptif. Il adopte la technique habituelle de l'esthétique analytique consistant à distinguer entre un usage évaluatif et un usage classificatoire afin d'exclure le premier usage et de porter exclusivement son intérêt sur le dernier. On ne peut, selon lui, définir le concept d'œuvre d'art en un sens évaluatif parce qu'en ce cas, il s'agit d'une expression destinée à l'éloge, qui n'est nullement spécifique et ne possède aucun contenu descriptif, de sorte qu'on peut l'appliquer en fonction de n'importe quels critères à n'importe quel objet, comme, par exemple, à de savoureuses pâtisseries. On voit bien là encore qu'il ne s'agit pas pour Dickie de prendre ses distances vis-à-vis de l'usage évaluatif du concept d'art qui jouait un rôle si important dans la théorie traditionnelle. Selon la théorie traditionnelle, cet usage repose en effet sur des critères (de valeur) établis de manière précise et il ne devait pas s'appliquer à n'importe quel objet, mais seulement à ceux que l'on peut désigner en un sens descriptif comme des œuvres d'art. Dans la mesure où Dickie ne dit rien touchant l'inévitable normativité des théories traditionnelles, cela

1. G. Dickie, *Art and the Aesthetic*, *op. cit.*, p. 12.

ne lui pose apparemment aucun problème de reprendre à nouveaux frais (et toujours sans succès) la recherche de propriétés communes aux œuvres d'art. La thèse de Weitz selon laquelle de telles propriétés n'existent pas et que le concept d'art est pour cette raison indéfinissable, est à ses yeux dépourvue de fondement. Il se rallie à l'argument de Mandelbaum qui est que Weitz n'a manifestement pas pris en considération toutes les possibilités d'une définition, et qu'il se limite, d'une manière totalement injustifiée, aux traits immédiatement perceptibles des œuvres d'art, négligeant ainsi la possibilité qu'il y ait aussi des propriétés qui ne sont pas lisibles extérieurement. Sensible à cet argument, Dickie s'efforce donc de trouver une définition du concept (classificatoire) d'art qui s'appuie exclusivement sur des propriétés relationnelles (« invisibles »). Et bien qu'on puisse difficilement considérer Dickie comme un adepte de Wittgenstein, il se réclame de son autorité pour garantir sa définition : « Comme Wittgenstein nous y incite, il faut analyser l'art comme une forme de vie ... au lieu de regarder fixement les œuvres d'art singulières pour découvrir quelles propriétés faciles à observer elles pourraient avoir en commun. Si nous faisons cela, nous serons peut-être en mesure de découvrir les caractéristiques essentielles, mais relationnelles et non visibles, des œuvres d'art »[1]. Quoique Dickie se réclame dans ce passage de Wittgenstein, il est clair en même temps qu'il ne tient nullement pour fausse la stratégie essentialiste des théories traditionnelles. Il est simplement convaincu qu'elle a été suivie jusqu'à présent sous un angle de vue trop étroit, et que les propriétés essentielles qui sont communes aux œuvres d'art ne peuvent être trouvées que si l'on se situe sur un plan que les théories traditionnelles ont toujours ignoré, à savoir celui des fonctions sociales.

56.

Dickie aimerait formuler sa définition du concept d'art tout à fait selon un modèle classique avec un *genus proximum* et une *differentia specifica* : il choisit comme *genus* la propriété (non visible extérieurement) d'être un artefact, c'est-à-dire faite par l'homme, et il entend découvrir la *differentia*

1. G. Dickie, « The Institutional Conception of Art », *in* B. Tilghman (ed.), *Language and Aesthetics*, Lawrence, 1973, p. 24.

de l'art « par la considération de ce que nous faisons avec certains objets »[1]. Nous pouvons certes faire des choses très différentes avec les œuvres d'art, mais Dickie voit quelque chose de commun dans nos différentes manières de les traiter : nous traitons tous les œuvres d'art comme des objets d'une certaine évaluation. S'appuyant sur sa critique de la théorie de Beardsley de l'expérience esthétique, Dickie part du fait qu'on ne peut pas spécifier de quelle sorte d'évaluation il s'agit. C'est pourquoi il recourt pour désigner cette évaluation à l'expression extrêmement indéterminée et brillante d'« *appréciation* »[2]. Partant du caractère vague de cette expression, Dickie peut en effet affirmer que toutes les œuvres d'art sont des « candidats à l'appréciation ». Il admet que « les œuvres d'art diffèrent tellement les unes des autres – par exemple, les comédies sont très différentes des tragédies –, qu'il paraît peu vraisemblable que l'appréciation qui caractérise notre expérience d'une certaine sorte d'œuvre ait quelque chose en commun avec l'appréciation qui caractérise notre expérience d'une autre sorte d'œuvre ». Mais, ajoute-t-il : « les tableaux, les poèmes et les pièces de théâtre sont les *objets* de notre appréciation et le fait que ces objets diffèrent considérablement entre eux ne signifie pas que les diverses sortes d'appréciation diffèrent également. De fait, si nous entendons par "appréciation" quelque chose comme "en expérimentant les qualités d'une chose on trouve qu'elles sont dignes d'éloge ou qu'elles ont de la valeur", il n'y a alors aucun problème avec le fait que différentes appréciations puissent être semblables »[3].

Dickie a donc trouvé ainsi les deux conditions nécessaires et en même temps suffisantes en fonction desquelles il peut définir ce qu'est une œuvre d'art : « En un sens classificatoire, une œuvre d'art est un artefact auquel est conféré le statut de "candidat à l'appréciation" par une personne ou quelques personnes qui agissent au nom d'une institution sociale déterminée »[4]. Cette définition a une apparence de neutralité axiologique. Si l'on introduit le *definiens* dans la proposition « Ceci est une œuvre d'art »,

1. *Cf.* G. Dickie, « Defining Art », *American Philosophical Quarterly* 6, 1969, p. 253-254.
2. Ludeking précise que ce terme ne peut pas être traduit en allemand. (N.D.T.)
3. G. Dickie, « Defining Art », art. cit., p. 255.
4. G. Dickie, *Art and the Aesthetic : An Institutional Analysis*, *op. cit.*, p. 34.

on n'exprime alors avec cette proposition aucune évaluation de l'objet en question. On dit simplement que l'objet est proposé par certaines personnes en vue d'être évalué et qu'il est investi d'un statut conforme à cette évaluation. Quelqu'un qui dit cette phrase dans le sens que lui prête Dickie, n'effectue donc pas lui-même une évaluation mais nous informe sur une évaluation. Dickie le rappelle expressément, sa définition ne fait pas obstacle à l'extension du concept d'art à de nouveaux cas : « La radicalité, le plaisir de créer et le caractère exaltant de l'art dont parle Weitz sont possibles à l'intérieur du concept d'art, bien que ce concept soit délimité par les conditions nécessaires et suffisantes de l'artefactualité et de la reconnaissance d'un statut » [1].

La condition décisive pour l'emploi du concept d'art, tel que le définit Dickie, consiste en ce que les choses auxquelles il est applicable sont déjà investies du statut d'œuvre d'art. La définition de Dickie permet de classer comme œuvres d'art des objets qui ont déjà été classés comme tels par d'autres. Il s'agit donc en quelque sorte d'une définition de seconde main, une définition qui s'appuie de manière parasitaire sur l'attribution préalable du statut d'art à un objet, et se contente de le vulgariser.

Mais la définition de Dickie ne permettant pas d'établir une réelle distinction entre l'art et le non-art, elle risque de lier le concept d'art à des critères de valeur. On ne voit pas comment elle pourrait l'éviter pour la simple raison qu'elle est incapable de résoudre le problème devant lequel les théories traditionnelles ont constamment échoué. La définition de Dickie ne se présente pas comme une alternative aux définitions traditionnelles dans la mesure où elle ne répond aucunement à la question à laquelle celles-ci tentaient vainement de répondre. À la différence des théories traditionnelles, Dickie ne dit rien sur les critères qui pourraient légitimer l'acquisition du statut d'œuvre d'art. Il a bien plutôt recours à une sorte de « procédure de légitimation ». Les critères qui ont toujours permis de prêter à un objet le statut d'œuvre d'art se réduisent ici au fait que ce statut a été légitimement acquis.

1. G. Dickie, *Art and the Aesthetic : An Institutional Analysis*, *op. cit.*, p. 33.

57.

Du 10 avril au 6 mai 1917, dans le Grand Central Palace à New York, eut lieu la première exposition de la « Society of Independant Artists » qui venait d'être fondée. Une sculpture devait être exposée au milieu d'autres, signée « R. Mutt 1917 », et portant le titre « *Fountain* ». L'objet ne fut pas montré à l'exposition parce que certains membres de la société s'offusquèrent du fait qu'il s'agissait d'un urinoir tout à fait banal. Il s'est avéré plus tard que celui qui avait exposé cet objet, Marcel Duchamp, était l'un des membres fondateurs de la société. Il l'avait acheté dans un magasin d'articles sanitaires situé dans la 5ᵉ avenue et signé avec un pseudonyme. Un article concernant l'événement fut publié dans la revue « The blind Man », et l'œuvre refusée devint célèbre grâce à une photographie d'Alfred Stieglitz.
Dickie prend cet épisode de la période héroïque de l'art moderne comme prétexte pour expliquer comment un objet acquiert le statut d'œuvre d'art, montrant à cette occasion qu'il est étonnamment mal informé sur ce sujet. Il a choisi un exemple qui fait pourtant problème par rapport au but qu'il poursuit. La référence à *Fountain* semble plutôt mettre en question la théorie de Dickie qu'elle ne l'illustre véritablement. S'il est exact que le statut d'œuvre d'art consiste à être l'objet de cette évaluation que Dickie nomme une « appréciation », et que cette appréciation se rapporte aux qualités de l'objet en question qui sont dignes d'une contemplation, il est en ce cas fort douteux que *Fountain* puisse être considéré comme une œuvre d'art. C'est en tout cas l'objection que fait Ted Cohen à Dickie : « Si je réussis à attribuer à un objet un statut artistique, il semble possible qu'il soit apprécié. Mais qu'en est-il d'un artefact qui ne peut manifestement pas être apprécié (au sens de Dickie). Je dis que ce genre de choses existe – par exemple, des punaises de bureau, des enveloppes en papier blanc bon marché, les fourchettes en plastic dans des restaurants drive-in –, et si la définition de Dickie était correcte, ces choses ne pourraient pas être des œuvres d'art parce qu'elles ne pourraient pas obtenir le statut requis. L'urinoir de Duchamp est de cette sorte » [1]. Dickie a fait à cette objection la réponse la plus maladroite qu'on puisse imaginer : « Pourquoi les qualités de *Fountain* – sa surface blanche et éclatante, sa profondeur qui fait que s'y

1. T. Cohen, « The Possibility of Art : Remarks on a Proposal by Dickie », *The Philosophical Review* 82, 1973, p. 78.

reflètent les objets qui l'environnent, sa plaisante forme ovale –, ne pourraient pas être contemplées de manière agréable ? Ce sont des qualités qui ressemblent à celles des œuvres de Brancusi et de Moore dont beaucoup ne craindraient pas de dire qu'on le contemple avec plaisir. De la même manière, les punaises, les enveloppes en papier et les fourchettes en plastic possèdent des qualités que l'on peut contempler avec plaisir si l'on fait des efforts et que l'on se concentre sur elles [...] Bref, il me semble peu vraisemblable qu'un objet n'ait pas une qualité qu'il soit possible de contempler et d'apprécier »[1].

On devrait donc pouvoir trouver dans *tous* les objets certaines qualités qu'il est possible d'apprécier. Dickie se réfère à la photographie et sans doute pense-t-il à la manière dont cet art fut pratiqué par Weston, qui note dans son *Journal*, huit ans après la provocante exposition de *Fountain*, à propos d'un objet analogue : « J'ai photographié nos toilettes, ce récipient émaillé étincelant d'une extraordinaire beauté [...] avec l'éclat de ses sobres contours et le mouvement énergique de ses lignes finement épanouies qui me rappellent d'une certaine manière la *Victoire de Samothrace* »[2].

L'objection de Cohen selon laquelle on peut ne trouver aucun plaisir à contempler *Fountain*, débouchait sur une alternative : soit on dit que *Fountain* n'est pas une œuvre d'art ; soit on abandonne la définition de Dickie. La défense de Dickie est faible quand il affirme simplement que *Fountain* – et en général, n'importe quel objet – peut tout à fait se prêter à une évaluation *esthétique*. Il va ainsi dans le sens des théories qui supposent que quelque chose ne peut devenir une œuvre d'art que si elle est appropriée pour une contemplation esthétique.

Duchamp a pourtant lui-même souligné à maintes reprises que s'il avait exposé l'urinoir, ce n'était pas parce qu'il aurait possédé cet attrait esthétique découvert par Dickie. Au contraire : il a voulu introduire le loup dans la bergerie en montrant au jardinier ce que fait le jardinier. Il était évident pour lui que *Fountain* ne devait pas être subsumé sous le concept d'art de son époque et que l'objet ne devait pas être exposé comme une œuvre d'art – ce que Dickie n'a pas encore remarqué après avoir passé presque dix ans à étudier ce cas. En présentant à une exposition artistique un objet qui certes appartenait à son temps, mais qui ne pouvait être

1. G. Dickie, *Art and the Aesthetic : An Institutional Analysis*, *op. cit.*, p. 42.
2. E. Weston, *Daybooks*, N. Newhall (ed.), New York, 1961, p. 132.

subsumé sous le concept d'art, Duchamp obligea précisément chacun à s'interroger sur ce concept. Et, sur ce point, *Fountain* est un exemple très riche d'enseignement pour une philosophie de l'art.

58.

Lorsque Dickie affirme qu'une œuvre d'art est un objet (possible) de contemplation esthétique, il fait sien paradoxalement ce concept d'art qui fut précisément mis à mal par Duchamp. Cohen remarque à ce sujet : « On ne peut pas dire que *Fountain* est un candidat à l'appréciation qui peut tout simplement ne pas être apprécié [...]. Sa résistance évidente à l'appréciation est le signe qu'elle n'est tout simplement pas un candidat à l'appréciation »[1].

Il est pour le moins paradoxal de vouloir maintenir la définition du concept d'art comme ce qui est candidat à l'appréciation alors même que cette définition exclut le cas paradigmatique qui servit à la construire. Ce paradoxe échappe complètement à Dickie. Pour lui, *Fountain* est aussi clairement un exemple d'œuvre d'art que la *Joconde*, puisque l'objet en porcelaine de Duchamp, si l'on croit ce qu'il en dit, peut exercer la même fonction d'objet de plaisir esthétique qu'un tableau de Léonard.

Du point de vue de ses propriétés esthétiques, *Fountain* ne se distingue pourtant nullement de tous les urinoirs analogues que l'on trouve ailleurs que dans les expositions artistiques, au point qu'on pourrait aisément les confondre. Le statut d'art par lequel le « ready-made » se distingue de son banal sosie repose manifestement sur d'autres qualités que l'éclat de sa surface ou la finesse de ses contours. Dickie devait sans doute regarder ces qualités comme inessentielles puisqu'elles relèvent de caractéristiques visibles.

Il est vrai que *Fountain* ne se distingue pas extérieurement d'un article sanitaire habituel que Dickie devrait sans doute regarder aussi comme inessentiel, et il est même d'une certaine manière identique, en dépit du fait qu'on peut lui attribuer, comme l'a noté Danto, certaines propriétés que les urinoirs n'ont pas, comme le fait d'être audacieuse, impertinente, irrespectueuse, amusante etc.[2]. Dickie lui-même dit dans un texte sur les

1. T. Cohen, « The Possibility of Art : Remarks on a Proposal by Dickie », art. cit., p. 79-80.
2. *Cf.* A. C. Danto, *La trasnfiguration du banal*, Paris, Seuil, 1989.

ready made de Duchamp que ce sont « des objets qui sont des œuvres d'art mais qui ne valent pas la peine d'être regardés ». Il fait cependant cette remarque, entre parenthèses, que « cela vaut la peine de réfléchir sur eux »[1]. Qu'il vaille la peine de réfléchir sur les travaux de Duchamp en fait, aux yeux de Dickie, des objets parfaits d'une théorie de l'art. Et l'on peut, par là, justifier aussi sa valeur artistique. En ce cas, la contemplation de l'objet ne s'épuise pas dans l'admiration de ses qualités esthétiques, mais implique aussi une réflexion sur sa *signification*. Voulant conserver le mot d'« appréciation » dans sa définition, Dickie est obligé de le prendre dans un sens si vaste qu'il peut comprendre, outre les plaisirs rétiniens, les conditions mentales de la contemplation de l'art.

L'auteur a donné ultérieurement une telle extension à la signification de ce mot qu'il a inclus en elle toutes les formes possibles de contemplation et d'évaluation en référence aux œuvres d'art. Mais une telle extension de la signification du terme « appréciation » le rend complètement inutilisable pour établir une distinction entre art et non-art. Même pris dans son sens étroit, le concept est déjà inadéquat pour faire une telle distinction. C'est pourquoi Dickie renvoie toujours ses critiques à des phénomènes qui ne sont pas des œuvres d'art, mais ont pour fonction d'être des « candidats à l'appréciation », tels que les habits de soirée, les bijoux, les reliques et les objets de souvenir, les jeux de cirque et les feux d'artifice. Il souligne pourtant lui-même que l'« appréciation » est un critère trop large pour distinguer la classe des œuvres d'art de celle des artefacts : beaucoup d'artefacts, qui ne sont pas des œuvres d'art, sont objets de contemplation et d'appréciation. Pour isoler la classe des œuvres d'art, il préfère insister sur le fait que leur statut est inséparable de l'espace qui les destine à être évalués.

Dickie, qui était parti du fait que les œuvres d'art sont des objets possibles d'évaluation, en vient donc finalement à abandonner complètement cette idée et à porter toute son attention sur un autre critère. Ce qui distingue les œuvres d'art des autres objets ne peut être trouvé que dans une détermination purement institutionnelle.

1. G. Dickie, « What is Anti-Art? », *The Journal of Aesthetics and Art Criticism* 33, 1975, p. 421.

59.

Afin de montrer clairement que le « cadre institutionnel » est d'une importance essentielle pour la question de savoir si quelque chose est ou non une œuvre d'art, Dickie compare *Fountain* de Duchamp à un urinoir ordinaire tel qu'on peut le voir dans la devanture d'un magasin et constate que les deux objets ont pour fonction d'être « candidats à l'appréciation », puisqu'ils sont présentées tous deux de manière que l'observateur puisse apprécier la valeur de leurs qualités. Selon lui, les deux objets ne sont pas seulement identiques du point de vue de leurs caractéristiques; ils sont aussi présentés avec la même intention, ils ont la même fonction et sont expertisés de la même manière.

La seule chose qui puisse encore constituer une différence entre eux est le « cadre institutionnel » de l'époque dans lequel l'artiste ou le plombier exposent cet objet : « La différence consiste en ce que l'action de Marcel Duchamp se produit à l'intérieur du cadre institutionnel du monde de l'art et que celle de l'installateur de plomberie a lieu en dehors »[1]. La différence entre une œuvre d'art et un objet banal se réduit ainsi au fait que les deux sont situés dans des contextes socialement différents. Ce qui fait que des objets deviennent des œuvres d'art tient à la place qui leur revient dans le monde de l'art ou, pour employer le néologisme heideggerien que Danto reprend de manière ironique, « son être-dans-le-musée »[2]. Un objet qui est transféré d'un environnement quotidien à la sphère de l'art, acquiert donc par ce simple fait un nouveau « statut institutionnel ». En dehors de cela, il demeure inchangé. Contrairement à Danto, Dickie ne s'attarde pas à chercher si *Fountain* possède certaines qualités qui ne sauraient jamais être attribuées à un objet ordinaire en céramique. Le statut artistique est pour lui une affaire tout à fait extérieure qui n'affecte en rien la nature ontologique de l'objet qui l'acquiert. On voit ici à nouveau combien Dickie reste largement tributaire de la pensée traditionnelle : le fait qu'une chose soit une œuvre d'art parce qu'elle est dans un musée, n'implique pas une transformation de l'objet lui-même. L'objet reste le même objet, mais dans un nouvel environnement.

1. G. Dickie, *Art and the Aesthetic : An Institutional Analysis*, *op. cit.*, p. 38.
2. A. C. Danto, « Artworks and Real Things », Theoria 39, 1973, p. 12.

Selon les théories traditionnelles, ce n'est pas parce que les œuvres d'art sont dans des musées que ce sont des œuvres d'art mais si elles sont au musée, c'est parce que ce sont des œuvres d'art. De leur point de vue, le fait d'être pour un objet une œuvre d'art tient à certaines qualités qui existent indépendamment de la question de savoir si cet objet est remarqué ou honoré par des institutions officielles. Dickie est encore largement tributaire de cette conception. Bien qu'il insiste sur le fait que seul le cadre institutionnel donne à une chose le statut d'œuvre d'art, il dit malgré tout que si un objet situé dans ce cadre attire notre attention bienveillante, c'est parce qu'il montre une certain nombre de « qualités esthétiques » qu'il avait déjà indépendamment de tout contexte institutionnel. Dickie désigne ces propriétés comme des traits indépendants du statut (« *nonstatus features* »). Cependant, à ses yeux, ces propriétés ne suffisent pas à elles-seules à faire de quelque chose une œuvre d'art. Certaines conventions sont en outre nécessaires pour attirer notre attention sur ces propriétés et se porter garant de leur importance artistique, permettant ainsi à l'objet d'être disponible en vue d'une contemplation. Dickie ne tient donc pas compte de la possibilité qu'un objet ayant toutes les qualités pour qu'on lui accorde le statut d'art ait pu ne pas les avoir auparavant. C'est pourquoi il imagine cette idée absurde qu'une expertise de *Fountain* ne peut se référer qu'à ces qualités qui sont immédiatement lisibles dans l'objet en porcelaine lui-même. *Fountain* possède sans nul doute les qualités que Danto a remarquées ; mais ces qualités ne fonctionnent que dans un contexte intentionnel. Danto a montré dans ses analyses subtiles qu'un objet banal qui est « transfiguré » dans une œuvre d'art ne change pas seulement d'environnement mais adopte des qualités complètement nouvelles qui se trouvent sur un tout autre plan que celui de propriétés que l'on peut décrire avec des prédicats de perception. L'urinoir auquel un heureux hasard du destin épargna d'avoir à exercer sa fonction hygiénique en l'élisant comme « *ready-made* », ne fut pas seulement transféré d'un « cadre institutionnel » à un autre. Il a acquis de cette manière une toute autre dimension ontologique par laquelle il n'est plus seulement un élément usuel du monde, mais quelque chose faisant partie d'un ensemble d'informations *sur* le monde. Il est devenu porteur de significations. De même que la table banale dont Marx dit qu'elle se métamorphose « en un objet suprasensible » dès qu'elle devient marchandise, le saladier le plus ordinaire acquiert des capacités transcendantes dès qu'il est métamorphosé en œuvre d'art.

Si cette réflexion est juste, ce serait sans aucun doute une faute de chercher les propriétés des œuvres d'art dans les qualités qui leur appartiennent en tant qu'objets matériels. On pourrait dire avec Wittgenstein que ce qui en fait des œuvres d'art est un usage particulier, de même que c'est l'usage qui fait de quelque chose une marchandise ou un objet porteur de signification. On comprend par là pourquoi la pensée de l'art emprunte si fréquemment des voies mystifiantes. L'usage ne peut pas se lire dans les choses mêmes et il est facile (par exemple par l'argent) d'attribuer à l'objet lui-même comme une propriété (mystérieuse), les qualités qui lui donnent de la valeur

60.

Si Dickie s'intéresse peu à la question de savoir quels changements se produisent dans un objet qui a acquis le statut d'œuvre d'art, cela tient au fait qu'il veut simplement trouver une méthode fiable permettant de définir la classe des œuvres d'art. Mais l'intérêt même limité qu'il porte à cette question le contraint à fournir quelques informations sur la manière dont un objet acquiert le statut d'art; il lui est impossible, sans ces informations, d'expliquer comment on peut savoir qu'un objet donné a acquis ou non ce statut. La difficulté pour Dickie est de décrire les procédures d'acquisition de ce statut de manière à ce qu'il n'en résulte aucune restriction normative concernant les objets susceptibles de l'acquérir. Comme Weitz, Dickie a conscience que « tout peut devenir de l'art »[1]. Il lui faut donc tenir compte de ce fait dans sa description de la manière dont ce statut est transmis.

Bien que Dickie souligne d'abord expressément que le changement de statut est l'œuvre d'un pouvoir social et non « individuel », ses analyses le conduisent à déterminer les conditions d'une transmission réussie du statut d'art en se référant aux actes et aux intentions de personnes particulières. Ceci est la première conséquence de son désir d'éviter toute restriction injustifiée. Il écrit ainsi : « Beaucoup d'œuvres d'art n'ont jamais droit aux cimaises d'un musée et quelques-unes ne sont jamais vues, sinon par l'artiste lui-même. Le statut d'œuvre d'art peut donc être transmis si une seule personne, le plus souvent l'artiste lui-même, traite un artefact comme un "candidat à l'appréciation" »[2].

1. G. Dickie, *Art and the Aesthetic*, *op. cit.*, p. 49.
2. *Ibid.*, p. 38.

Afin d'éviter que sa définition passe pour un simple enregistrement des œuvres des artistes établis, Dickie atténue la condition en stipulant que celui qui effectue la transmission du statut doit être « un agent du monde de l'art ». Se référant à *Fountain*, il affirme, de manière tout à fait logique, que « le livreur de l'article sanitaire aurait pu lui transmettre ce statut important *s'il* s'était perçu comme lié au monde de l'art et l'un de ses agents, et s'il avait voulu produire une œuvre d'art »[1]. S'il n'est pas question du propriétaire de l'entreprise ayant fabriqué l'urinoir dans les séminaires d'histoire de l'art et les ouvrages de philosophie, cela tient au fait purement contingent qu'« un marchand d'articles sanitaire ne se voit vraisemblablement pas comme étant en relation avec le monde l'art, et n'aura probablement pas le même désir que Duchamp »[2]. La décision qui détermine si un objet est ou non une œuvre d'art relève, en dernière instance, comme chez Ziff, du seul désir de personnes individuelles. En faisant dépendre de déterminations psychologiques et individuelles le rite d'initiation par lequel l'objet qui est « nominé » en tant qu'œuvre d'art devient une œuvre d'art, Dickie reprend à son compte l'un de ces critères psychologiques qu'il voulait bannir depuis le début de l'esthétique. Mais Dickie ne se contente pas d'affirmer que chacun d'entre-nous qui le désire peut « nominer » n'importe quel objet pour en faire une œuvre d'art. A l'en croire, il est même impossible d'échouer : « Il semble n'exister aucune possibilité pour que la transmission du statut artistique soit déclarée sans valeur »[3]. Que la présentation que fait Dickie de la transmission du statut artistique aboutisse à ce qu'aucune erreur ne soit possible est précisément ce qui constitue l'erreur de sa présentation.

Aussi étranges que puissent paraître les analyses de Dickie, on peut difficilement les considérer avec un sourire indulgent. Pourquoi quelqu'un qui occupe une chaire d'esthétique présente-t-il ces problèmes d'une manière aussi confuse? Cela tient simplement au fait qu'il veut définir le concept d'art de façon à ce que sa définition n'aboutisse à aucune limitation qui serait d'ordre normatif. Si, comme le veut la définition, chacun peut attribuer à n'importe quel objet le statut d'œuvre d'art, *rien* ne peut être exclu du nombre des œuvres d'art possibles. C'est pourquoi il est contraint

1. G. Dickie, « The Actuality of Art : Remarks on Criticism by Cohen », *Personalist* 58, 1977, p. 170.
2. *Ibid.*
3. G. Dickie, « Defining Art : II », *in* M. Lipman (ed.), *Contemporary Aesthetics*, Boston, 1973, p. 130.

de laisser ouvertes les conditions pour une transmission réussie du statut d'œuvre d'art, comme l'étaient pour Weitz les conditions imposées à l'objet à lui-même. Dickie est donc obligé de considérer comme légitime tout « acte de nomination ».

Il s'ensuit non seulement que sa théorie ne contient aucune information mais qu'elle est même fausse selon ses propres critères empiriques. Cohen a parfaitement raison quand il fait remarquer contre Dickie : « Même si c'est finalement un baptême réussi qui fait d'un objet une œuvre d'art, tout baptême n'est pas couronné de succès. Des conditions doivent être remplies aussi bien par celui qui attribue le nom que par la chose que l'on veut nommer »[1]. Qu'il y ait des conditions est manifeste, même si ce ne sont jamais les mêmes. Dire qu'il n'y a *aucune condition généralement valide* ne signifie pas qu'il n'existe *en général aucune condition*. Si Dickie avait indiqué les conditions qui doivent être remplies afin qu'un objet appartenant à la classe (en principe illimitée) des œuvres d'art *possibles* puisse pénétrer dans le groupe exclusif des œuvres d'art *réelles*, il aurait été lui-aussi amené à formuler des conditions restrictives, de la même manière que les théories traditionnelles. La définition de Dickie ne peut rester neutre qu'aussi longtemps qu'elle est incapable d'établir une distinction effective entre art et non-art; pour rendre possible une telle distinction, il lui faudrait tracer une frontière qui serait nécessairement arbitraire.

61.

Si Dickie avait été en mesure d'indiquer des critères pour une transmission réussie du statut d'œuvre d'art (ce qui est pour lui impossible pour des raisons de principe), sa définition aurait permis en un certain sens de distinguer l'art et le non-art mais seulement pour des objets ayant déjà acquis le statut d'œuvre d'art. Cela n'aurait pas marché pour des objets qui n'ont pas encore obtenu ce statut. Il est significatif que la définition de Dickie échoue devant les cas « nouveaux », même si c'est n'est pas du même point de vue que les théories traditionnelles. Pour des raisons différentes, sa théorie n'est pas non plus applicable.

Que l'on ne puisse pas appliquer le concept d'art, tel que Dickie le définit, aux objets dont le statut artistique n'est pas encore établi, n'est qu'une

1. T. Cohen, « The Possibility of Art : Remarks on a Proposal by Dickie », art. cit., p. 80.

conséquence inévitable du fait qu'il n'existe en réalité aucun critère sur le plan des règles du *langage* qui fixe l'emploi du concept d'art dans de tels cas. Dickie lui-même semble le laisser entendre : « Même si l'on n'a que l'on n'a commis aucune erreur *dans* la transmission du statut d'œuvre d'art, une erreur peut être commise *par* la transmission de ce statut. En conférant ce statut à un objet, on assume une certaine responsabilité vis-à-vis de cet objet en ce qui concerne son nouveau statut. La possibilité existe que personne ne regarde ni n'apprécie ce « candidat à l'appréciation » et que la personne qui a effectué cette transmission perde ainsi la face »[1].
Le fait de « nominer » un objet pour lui conférer le statut d'œuvre d'art ne met pas cette nomination à l'abri de toute réprobation. Celle-ci ne repose pas sur un handicap linguistique mais sur l'absurdité, d'un point de vue pragmatique, d'une recommandation dépourvue de sens. De la même façon, on ne commettrait aucune erreur de langage si l'on proposait un homme stupide pour le titre de professeur. Si la « nomination » (fictive) d'une œuvre d'art est effectuée explicitement par un acte de langage, alors la proposition : « ceci est une œuvre d'art », lorsqu'elle est exprimée dans une « situation de nomination », n'est pas une proposition assertorique soumise à des conditions de vérité. Si le fait de nominer un objet prétendant au titre d'œuvre d'art entraîne, comme le dit Dickie, un certain sentiment de « responsabilité », et qu'on peut « perdre la face », c'est donc bien qu'il ne s'agit pas là de la simple attribution d'un concept classificatoire. L'idée que se fait Dickie du concept d'art comme concept purement classificatoire s'appuie sur le fait qu'il existe (comme sa condition de possibilité) un autre usage du concept d'art qui n'est pas, quant à lui, classificatoire. Quand un objet est « nominé » pour le titre d'œuvre d'art, on n'établit pas son appartenance à une classe déterminée d'objets, on constitue cette classe. Selon Cohen, qui a amplement développé les réflexions de Dickie sur les procédures de nomination des œuvres d'art, on peut comprendre cet acte par analogie avec la promesse : celui qui transmet le statut d'œuvre d'art à un objet accorde quelque chose comme la promesse d'une récompense pour la contemplation de l'objet. Si « l'acte de nomination » implique, comme le veut la définition parasitaire de Dickie, la promesse que l'objet en question se révèlera digne de notre attention, alors cette « nomination » s'appuie

1. G. Dickie, *Art and the Aesthetic : An Institutional Analysis*, *op. cit.*, p. 50.

nécessairement sur des choix normatifs concernant la *valeur* de l'objet concerné. Bien que Dickie essaie, sous la contrainte, de bannir l'usage évaluatif du concept d'art, il ne réussit pas à éviter que sa propre pratique classificatoire du concept ne se fonde sur cet usage évaluatif.

62.

Compte tenu de l'inévitable indigence de la philosophie analytique de l'art et du fait qu'elle continue à se rapporter de manière souterraine au contenu des théories de l'art, il n'est pas étonnant que certains auteurs nous invitent à considérer d'une nouvelle manière les théories traditionnelles, et même qu'on publie des plaidoyers en faveur de leur réhabilitation. Dans ce contexte, les tentatives pour légitimer les théories de l'art traditionnelles avec d'authentiques arguments analytiques sont intéressante à observer. On les trouve chez James D. Carney et de Robert J. Matthews.

Tous deux font appel aux théories sémantiques de Kripke et de Putnam et partent de la prémisse que l'erreur majeure des théoriciens traditionnels de l'art comme d'une grande partie de leurs adversaires analytiques consiste dans la supposition que l'extension du concept d'« œuvre d'art » est déterminée par son intension. Résumant les théories antérieures, Carney déclare : « On a pensé que l'intension, pour le terme d'« œuvre d'art », consistait, soit en une description faite avec une conjonction de caractéristiques, dont chacune est nécessaire et qui sont suffisantes ensemble pour l'application du terme d'« œuvre d'art » ; soit en une disjonction de ces caractéristiques dont une partie est suffisante, étant nécessaire que X soit dénoté par « œuvre d'art » s'il possède la plupart de ces caractéristiques »[1]. La thèse selon laquelle l'intension d'un concept n'est pas décisive pour définir son extension, fut notamment développée en fonction de termes désignant des matières naturelles, des genres ou des processus, bref de termes importants pour les sciences naturelles. Elle était inspirée par le refus de voir une théorie relativiste déterminer les critères de vérité pour les énoncés scientifiques. Il est nécessaire que des termes qui désignent des matières naturelles, comme « or » par exemple, se réfèrent toujours à la même substance, indépendamment du fait de savoir quels critères sont utilisés dans différentes théories pour identifier cette substance.

1. J. D. Carney, « Defining Art », *The British Journal of Aesthetics* 15, 1975, p. 191.

Indépendamment des différentes conceptions qui déterminent son intension, l'extension d'un concept comme « or » ne peut être établie que si elle est déterminée par des cas paradigmatiques. L'extension du concept comprend alors ces cas et tous les autres du même genre. On ne peut savoir si une substance donnée s'accorde avec les cas paradigmatiques qu'en se référant aux théories scientifiques. Celles-ci peuvent faire l'objet de révisions et être améliorées parce qu'elles se réfèrent toutes à la même substance.

Quelles peuvent être les conséquences du transfert de ce « *rigid-designator-model* » au concept d'art? On dira que l'extension du concept d'« œuvre d'art » n'est pas déterminée par les critères des théories de l'art de l'époque, mais par des cas paradigmatiques. Le fait que l'on n'apprenne pas le concept d'art par des définitions verbales mais grâce à des exemples va naturellement dans ce sens : « Nous ne nous approprions pas le terme « œuvre d'art » au moyen d'une définition établie, mais selon un nombre d'exemples présentés comme des cas paradigmatiques. Nous employons le mot correctement lorsque nous sommes disposés à nommer art les cas paradigmatiques et les artefacts qui se trouvent dans une relation adéquate avec les cas paradigmatiques »[1].

A première vue, cette règle pourrait résulter des théories de Weitz ou de Ziff. La théorie que nous examinons ici se distingue de la doctrine des concepts ouverts (« c'est cela et autres choses semblables que nous nommons de l'art ») en ce que la détermination qui permet de savoir si un objet donné a une « relation adéquate » aux cas paradigmatiques, n'est pas exclusivement au service du vague critère de la ressemblance. Les œuvres d'art ne peuvent être reconnues que selon une « propriété universelle » qu'elles ont en commun avec les cas paradigmatiques. Bien que la référence d'un concept soit déterminée indépendamment de la variation des théories d'une époque portant sur les objets ainsi désignés, c'est toujours la théorie la plus élaborée des experts d'une époque qui fixe l'usage correct du concept.

C'est ici que se trouve pour Carney le point de jonction qui permet d'aborder la « théorie institutionnelle » : « Il n'est pas déraisonnable de supposer que ce que Danto, Dickie et d'autres ont nommé le monde de l'art est la sous-classe qui, dans la société, détermine la propriété universelle, en

1. J. D. Carney, « A Kripkean Approach to Aesthetic Terms », *The British Journal of Aesthetics* 22, 1982, p. 153.

s'appuyant sur les théories de l'art. Le monde de l'art serait comme les métallurgistes relativement à « or », et les théories de l'art joueraient un rôle analogue à celui des théories scientifiques dans la mesure où elles formulent des hypothèses sur la propriété déterminant l'extension de l'art »[1]. Carney se rallie donc à la thèse que c'est le monde de l'art qui définit ce qui est de l'art et ce qui ne l'est pas; il insiste simplement sur le fait que si la transmission du statut artistique peut être regardée comme arbitraire, ainsi que le pense Dickie, elle doit néanmoins s'appuyer sur un savoir théorique. Carney mentionne quelques-unes des théories auxquelles il est possible de recourir: « Les théories traditionnelles de l'art, des théories comme celles de Platon, la théorie de l'imitation, la théorie de Suzanne Langer, les théories formalistes de Clive Bell et de Roger Fry, la théorie institutionnelle de George Dickie et le théories marxistes peuvent remplir cette fonction »[2].

Bien que Carney mentionne la doctrine de Dickie, il est clair pour lui que celle-ci ne peut pas remplir la fonction qu'il assigne à une théorie de l'art. Carney souligne lui-même que l'on peut dire que « « l'art est un statut qui est conféré en ce sens où quelqu'un ne peut connaître et reconnaître un artefact comme étant de l'art qu'en fonction de la théorie en faveur dans le monde de l'art »[3]. Une théorie qui dit simplement que les œuvres d'art sont des objets qui correspondent à leur statut, ne peut pas servir de justification pour décerner ce statut à un objet. Une doctrine sur la « nature interne » des œuvres d'art paradigmatiques ne peut pas se réduire à déclarer que ces œuvres possèdent le statut d'œuvre d'art; elle doit bien plutôt se référer aux qualités qui peuvent légitimer ce statut, donc à ces caractéristiques que Dickie désigne comme « *non status features* ».

La doctrine selon laquelle l'appartenance d'un objet donné à la classe des œuvres d'art détermine l'extension du concept d'œuvre d'art doit par conséquent être une théorie substantielle des caractéristiques essentielles que *toutes* les œuvres d'art ont en commun. Une telle théorie est donc du même genre que celle à laquelle aspire l'esthétique traditionnelle. Matthews écrit ainsi: « nous réfléchissons à ce qui pourrait justifier l'affirmation

1. J. D. Carney, « Defining Art », art. cit., p. 200-201.
2. J. D. Carney, « A Kripkean Approach to Aesthetic Terms », art. cit., p. 153.
3. J. D. Carney, « Defining Art », art. cit., p. 204.

qu'un objet particulier est une œuvre d'art. Comme je l'ai analysé, sont des œuvres d'art tous les objets qui se trouvent dans une relation adéquate avec les cas paradigmatiques. La justification requise doit démontrer que l'objet présente une relation adéquate avec les cas paradigmatiques. Mais cette relation n'est évidemment pas donnée a priori; la justification doit donc spécifier ce qu'il faut considérer comme un relation adéquate. Cette spécification donnera une réponse explicite à la question « qu'est-ce que l'art? ». Cette réponse indique nécessairement ce qu'il faut considérer comme des généralisations universelles concernant les arts, car l'adéquation des relations entre les œuvres et les cas paradigmatiques peut s'avérer n'être rien de moins que des généralisations »[1].

C'est pourquoi, dit Matthews, les deux mille ans de pensée traditionnelle sur l'art n'ont pas été inutiles, car il n'existe « a priori aucun argument définitif contre l'essentialisme de l'esthétique traditionnelle »[2]. Ainsi, contrairement à ce que prétendait la critique bornée des philosophes analytiques de la précédente génération, influencés par Wittgenstein, l'esthétique traditionnelle ne repose donc pas sur une erreur. Bien au contraire : sa tentative pour découvrir les propriétés communes des œuvres d'art est pleinement justifiée, car c'est seulement si l'on connaît ces propriétés spécifiques de l'art qu'on peut trouver, exactement comme dans le cas de l'or, un fondement fiable permettant de distinguer les œuvres d'art des autres objets. Cette distinction ne peut être faite que par des gens compétents qui possèdent des connaissances théoriques sur l'art et non par le profane inexpérimenté qui maîtrise sans doute sa langue maternelle, mais n'entend rien à l'art.

Ce sont exactement les mêmes idées qui guidaient déjà la démarche de Osborne. L'argumentation développée par la philosophie analytique de l'art revient finalement à son point de départ. Et l'on ne peut même pas ajouter cette note apaisante : mais sur un plan supérieur!

1. R. J. Matthews, « Traditional Aesthetics Defended », *The Journal of Aesthetics and Art Criticism* 38, 1979, p. 47.
2. *Ibid.*, p. 49.

63.

A la différence des théoriciens de l'art traditionnels, Carney et Matthews ne sont pas eux-mêmes des représentants de ces conceptions essentialistes qu'ils estiment nécessaires. Comment expliquer leur foi tranquille dans la possibilité d'une telle théorie? Cette confiance est cependant hautement problématique. La philosophie analytique de l'art s'est efforcée de trouver une alternative aux théories traditionnelles qui retrouvaient ainsi un nouveau prestige à l'intérieur de l'esthétique analytique, celle-ci ayant échoué dans ses tentatives pour répondre à ses propres exigences. Toutes les hypothèses sur les « propriétés universelles » furent en effet toujours invalidées par des œuvres d'art nouvelles qui se distinguaient de tout ce qu'on avait désigné jusqu'alors comme œuvres d'art.

Les protagonistes d'un retour à la théorie traditionnelle ne voient là aucune difficulté. Les cas nouveaux obligent simplement (comme dans toute science) à vérifier chaque théorie valide et à l'abandonner le cas échéant en faveur d'une théorie nouvelle et plus approfondie : « Les œuvres d'art modernes, particulièrement celles qui, à première vue, revendiquent un statut artistique (peut-être parce qu'elles sont présentées par des artistes reconnus ou simplement parce qu'elles ont été exposées dans une galerie) constituent un défi pour le spectateur : soit une théorie reconnue comme valide doit les justifier et les défendre, soit la théorie doit être abandonnée au profit d'une nouvelle théorie qui inclut ces œuvres récentes et maintient en même temps le statut artistique des œuvres reconnues auparavant »[1].

Encore une fois, il est tout à fait clair que Carney et Matthews argumentent sur un plan métacritique. Ils n'adhèrent pas à une doctrine bien définie, mais affirment seulement que n'importe quelle théorie de ce genre est nécessaire. Et puisque les théories sur l'art (comme toutes les théories scientifiques) sont faillibles, elles doivent sans cesse s'améliorer et céder la place à de nouvelles. Chacune de ces doctrines a pour fonction d'indiquer une propriété qui est attribuée de la même manière aux manifestations les plus avancées de l'art comme aux œuvres paradigmatiques reconnues. Mais puisque le domaine de l'art devient toujours plus étendu et que les œuvres d'art deviennent de plus en plus hétérogènes, une théorie qui s'attache à ce qui est commun à toutes les œuvres est nécessairement vouée à fournir

1. R. J. Matthews, « Traditional Aesthetics Defended », art. cit., p. 48.

toujours plus d'informations. De même qu'un gaz peut se raréfier jusqu'à disparaître, une théorie des propriétés communes des œuvres d'art peut se réduire à un mince résidu nominaliste, qui diminue encore chez Dickie, pour qui ne subsiste de commun entre les œuvres d'art que le titre d'« œuvre d'art » qui leur a été décerné. Cette thèse qui apparaît comme l'ultime refuge de la théorie essentialiste de l'art ne fait encore une fois que manifester son improductivité.

Qu'il faille nécessairement faire l'hypothèse d'une théorie globale compte tenu des œuvres nouvelles est une affirmation parfaitement injustifiée. Une théorie ancienne n'a jamais été remplacée par une autre plus récente sans difficultés; il subsiste toujours une concurrence continuelle et impitoyable entre les différentes théories. Cela n'est pas étonnant puisque les théories de l'art ne sont en règle générale aucunement neutres et empiriques, mais des expressions plus ou moins conscientes de conceptions normatives. Contrairement aux sciences de la nature, il n'existe aucune division pacifique du travail théorique et linguistique entre les profanes et les experts, mais au contraire, une irréductible concurrence conceptuelle et théorique non seulement entre les profanes et les experts mais aussi entre les experts entre eux. Compte tenu des différences notoires et irréductibles, il est toujours possible de dire qu'il n'y a qu'une seule théorie qui puisse être dite correcte. Mais, comme pour les jugements esthétiques, il n'existe ici aucune méthode reconnue pour découvrir la théorie correcte, de sorte qu'il est plus facile d'admettre que plusieurs doctrines de l'art également valides peuvent co-exister. Même Carney l'a concédé, mais à condition que différentes théories ne mènent pas à différentes extensions. Il a même plus tard admis la possibilité que diverses extensions du concept d'art puissent être déterminées par différentes doctrines[1].

Si l'on admet que le concept d'art possède différentes extensions selon la théorie en faveur, il est difficile en ce cas de voir en quoi peut consister la différence avec la théorie contestée qui prétend que l'extension du concept d'art (dans différentes théories) est déterminée en fonction de ces diverses intensions. Le partisan du « *rigid-designator-model* » doit admettre que « l'extension du terme "art" est déterminée par les théories défendues par le monde de l'art »[2]. La seule option consiste à remplacer le concept

1. *Ibid.*, p. 154.
2. J. D. Carney, « Defining Art », art. cit., p. 201.

d'« intension » par celui de « théorie ». Si l'on admet que le concept d'« œuvre d'art » mène à différentes extensions chez différentes personnes selon la théorie qu'elle préfèrent, on voit mal ce que peut signifier l'affirmation que le concept d'art pourrait être compris d'après le « *rigid-designator-model* ». Carney lui-même était de plus en plus incertain sur ce point. La thèse centrale que l'extension du concept est déterminée une fois pour toutes (par des exemples paradigmatiques), indépendamment de chacune des conceptions et des théories, fut finalement abandonnée.

Que les œuvres d'art soient des entités possédant une « nature interne » immuable est une affirmation dont il est difficile de comprendre pourquoi et comment elle pourrait être importante. A la différence de l'or qui ne peut pas être l'objet de mutations chimiques par nos théories, il est possible de changer l'art par nos conceptions, et même de manière substantielle. Dans l'usage réel du concept d'art, l'affirmation qu'il s'agit, dans le cas des œuvres d'art, d'objets d'une nature immuable n'est en aucune façon démontrable. Cela indique que ce concept se distingue des concepts qui s'appliquent aux substances naturelles et aux phénomènes. Matthews souligne cette idée dans un passage : « Dans le meilleur des cas, on ne doit peut-être pas comprendre l'hypothèse essentialiste comme un pronostic que les œuvres d'art auront certaines propriétés essentielles, mais plutôt comme une prescription qu'elles doivent les posséder. Dans la mesure où la prescription influence la définition de ce que nous acceptons comme art, la prédiction se confirmera tout naturellement »[1].

C'est pourquoi les théories essentialistes de l'art ne sont trompeuses que si elles prennent la forme d'hypothèses empiriques (et des pronostics qui en dérivent) alors qu'elles ne sont que des prescriptions normatives de ce qui doit être accepté comme art. L'impression trompeuse qu'il s'agit d'hypothèses empiriques est paradoxalement d'autant plus forte qu'elle est moins justifiée. Plus les (prétendus) pronostics sont confirmés comme des prédictions purement empiriques, plus efficace est leur force normative cachée. Lorsque les pronostics de telles théories se réalisent, c'est simplement parce qu'il s'agit de « *self-fullfilling prophecies* ».

Si, dans une culture déterminée, dominent des normes homogènes et en général obligatoires auxquelles les œuvres doivent satisfaire, et si une

1. R. J. Matthews, « Traditional Aesthetics Defended », art. cit., p. 50.

théorie de l'art (comme celle de Osborne) limite le cercle de ses objets de recherches en fonction d'une telle norme, une investigation empirique des œuvres d'art ne peut mener qu'à la découverte des normes correspondant aux caractéristiques spécifiques de l'art. Et l'hypothèse qu'il faut trouver les caractéristiques correspondant à ces normes dans toutes les œuvres d'art conserve sa validité comme pure hypothèse *empirique* aussi longtemps que les normes en question sont en vigueur. Leur validité expire seulement lorsqu'une nouvelle œuvre qui ne présente pas les caractéristiques exigées jusqu'alors, parvient à être reconnue comme œuvre d'art. Ce cas ne se produit que si une révision des exigences *normatives* s'effectue concernant les œuvres d'art; une œuvre nouvelle, qui serait un cas problématique pour la théorie prétendument empirique, n'aurait sinon aucune chance de réussir en tant qu'œuvre d'art.

L'échec empirique d'une théorie de l'art généralisante n'est donc que le symptôme d'un bouleversement des standards normatifs que les œuvres d'art doivent satisfaire. Si une théorie n'est plus *tenable* empiriquement, cela n'est que l'expression trompeuse que la conception normative de l'art dont elle est le résultat incompris n'a plus de valeur incontestable. Les « nouveaux cas » sont donc en réalité le perpétuel *experimentum cruxis* pour toute théorie de l'art, non en ce qui concerne son exactitude empirique, mais seulement pour ce qui touche au caractère obligatoire et normatif de la conception qui s'exprime en elle inconsciemment.

conclusion

64.

La philosophie analytique de l'art s'appuie sur la conviction que l'esthétique traditionnelle « repose sur une erreur ». Ses propres efforts pour trouver une alternative ont mené cependant à des résultats tellement insuffisants qu'il faut supposer que ces efforts reposent aussi sur une erreur. Le zèle exagéré pour éviter le péché originel des théories traditionnelles a conduit l'esthétique analytique à une inhibition intellectuelle dont nous avons analysé différents symptômes. L'angoisse devant l'échec n'a mené de son côté qu'à de nouveaux échecs. Et puisque des insuffisances de cette sorte peuvent être repérées chez presque tous les théoriciens de la tradition analytique, elles doivent sûrement avoir une cause commune. Si nous levons l'anamnèse de cette insuffisance collective, nous trouvons tout d'abord à son origine la révolte des esthéticiens analytiques contre la génération de leurs pères philosophiques. Ce qui a déclenché cette rébellion a été, comme nous l'avons vu, le rejet des revendications essentialistes et prétentieuses de la théorie traditionnelle. Et bien que cette attaque contre le mode de pensée essentialiste n'a pas suffit à bouleverser tout ce qui avait été fait auparavant, elle n'était pas totalement dénuée de sens, comme certains le reconnaissent à nouveau aujourd'hui. Le fait que des auteurs comme Matthews ou Carney veuillent réhabiliter les théories essentialistes devrait être une occasion pour les considérer avec d'autant plus de suspicion. C'est pourquoi une critique de ce mode de penser n'est pas seulement pleinement justifiée ; elle est également d'une importance particulière, non seulement parce que quelques philosophes (en général ceux qui montrent une moindre souplesse intellectuelle) sont victimes de ce mode de pensée, mais surtout parce qu'elle est une tendance souterraine et séduisante toujours présente dans notre réflexion quotidienne sur l'art.

Nous l'avons vu, la pensée essentialiste exige la production d'énoncés généralisants s'appliquant à tous les membres de la classe des œuvres d'art. On ne peut produire de tels énoncés que si l'on éclaire préalablement le mode de composition de cette classe d'objets, ce que la théorie traditionnelle n'a jamais été en mesure de faire. La composition de cette classe est, comme l'a observé Weitz, étonnamment flexible, et il lui est toujours possible d'accueillir de nouveaux membres qui n'auraient pu être reçus auparavant. Pour Weitz, cela suffit déjà pour renoncer à tout espoir d'une définition réelle. De fait, après que les théoriciens traditionnels ont mis par écrit leurs généralisations, il est apparu que le champ auquel celles-ci se référaient s'était sensiblement modifié à leur insu, de sorte que leurs généralisations n'étaient plus pertinentes.

Une théorie généralisante sur l'art reste donc toujours liée à ces limites purement contingentes qui entourent l'empire de l'art depuis sa naissance. Dans la mesure où elles revendiquent de la valeur pour tout art en général, les théories essentialistes ne peuvent que conduire à renforcer ces limites contingentes. Leurs prétendues définitions réelles veulent maintenir de manière dogmatique des lignes de démarcation qui ont cessé entretemps d'exister. Il y a dans les théories traditionnelles une certaine étroitesse d'esprit et un côté rassis qui est à l'opposé de leurs propres prétentions généralisantes. Les théories de l'art ne peuvent posséder une force empirique énonciative que si elles prennent au sérieux le caractère historiquement changeant de leur objet.

Mais puisque les limites (valides provisoirement) de l'empire de l'art sont toujours le résultat de règles normatives qui établissent ce qui en permet ou non l'accès, une théorie essentialiste ne peut être construite que sur un fondement qui est déjà préformé par certaines conceptions normatives de l'art – et cela, même si elle est appliquée comme une théorie purement empirique. Quoiqu'un théoricien de l'art comme Osborne ne limite pas ses recherches aux objets qui correspondent à ses propres critères axiologiques, ses énoncés généralisants restent toujours marqués par le signe de Caïn de ces règles normatives qui étaient dominantes à l'époque de ses recherches.

D'où le fait qu'on ne peut jamais espérer être applaudi sans réserves lorsqu'on formule des énoncés généralisants sur les caractères essentiels des œuvres d'art. Si l'on cherche à fixer les critères pour l'emploi du concept d'art, ceux-ci ne sont jamais les critères utilisés ou revendiqués par chacun d'entre-nous. Tout ce que peut offrir une théorie essentialiste de l'art, dans la mesure où elle n'est pas complètement vague ou triviale, est donc une conception normative de l'art, plus ou moins clairement reconnaissable, qui ne peut être acceptée par personne.

65

Étant donné l'échec constant des théories essentialistes, les philosophes analytiques de l'art ont concentré leurs efforts, avec raison, sur la question de savoir comment s'opère originellement la classification des œuvres d'art. Bien qu'ils aient conçus leurs critiques des théories traditionnelles essentiellement comme une tentative pour dépasser une croyance sémantique erronée, leurs véritables motifs ont été pour l'essentiel de nature pragmatique. Ils ont découvert ce qui était familier aux artistes depuis déjà des générations, à savoir qu'une théorie essentialiste ne peut qu'absolutiser un mode de vision exclusif et conduit finalement à une clôture arbitraire des frontières de l'art. Le péché originel des théories traditionnelles consistait donc, selon la critique analytique, en ce qu'elles ne pouvaient être au fond que des tentatives (plus ou moins camouflées) pour diffuser des conceptions normatives de l'art.

Pour cette raison, les philosophes analytiques étaient convaincus qu'ils devaient éviter à tout prix la chute originelle dans la normativité. Ils furent donc réceptifs à l'idée séduisante qu'il devrait exister un concept d'art neutre et descriptif dont l'usage ne serait en aucune façon dépendant de principes normatifs.

Dès le commencement, ils travaillèrent à partir d'un présupposé qui devint un dogme indiscuté pour presque toute la philosophie de l'art, à savoir que pour trouver une alternative aux théorie traditionnelles il fallait établir une stricte distinction entre l'emploi évaluatif et l'usage descriptif du concept d'art, et bannir finalement le premier de l'esthétique. Les philosophes analytiques étaient convaincus que leur tâche ne consistait pas à déterminer les critères de l'emploi évaluatif du concept d'art mais de décrire l'usage du concept d'une manière demeurant complètement neutre. Mais comme il a fallu le constater avec regret, la règle tout à fait respectable qui énonçait une théorie descriptive du concept d'art se transforma bientôt en son contraire, une règle énonçant la théorie d'un concept d'art rigoureusement descriptif. Cette étrange transformation tient au fait que les philosophes analytiques ont toujours reculé avec un certain effroi devant l'idée de s'intéresser sérieusement à la question de savoir quel rôle jouent réellement les critères évaluatifs dans l'emploi du concept d'art. L'explication de tels critères devint un tabou théorique parce qu'on partait (à juste titre) de l'idée qu'une description neutre de l'usage du concept d'art devait éviter de fixer des critères normatifs pour son emploi. Mais cela ne signifie pas que l'on ne doit pas décrire le fait qu'il n'est possible d'employer réellement le concept d'art que selon de tels critères lorsqu'on se réfère à des cas concrets. Une telle description ne peut naturellement pas déterminer à *quels* cas on peut appliquer le concept d'art.

Les représentants de la philosophie analytique de l'art ne se sont pas contentés de décrire ce qui se produit lorsque l'on utilise le concept d'art. Ils partaient du fait qu'une description de l'emploi du concept d'art n'est adéquate que si elle est en mesure d'indiquer à quels cas ce concept est applicable. Par là même, ils succombaient encore, d'une certaine manière, à la tentation de dire ce que l'art est. La philosophie analytique de l'art n'est pas parvenu à satisfaire sa propre exigence descriptive.

Si l'on s'en tient à l'affirmation qu'une description du concept d'art doit indiquer à quels cas il est applicable, et si l'on ne veut pas se compromettre avec l'établissement de critères normatifs, c'est donc que l'on suppose qu'il est possible de distinguer entre l'art et le non-art sans recourir à des considérations normatives. Du point de vue de l'esthétique analytique, il est logique de présumer que la détermination de l'appartenance à la classe des œuvres d'art est réalisée par un concept empirique et classificatoire dont l'emploi n'est lié en aucune façon à des critères normatifs. Chacune des différentes manières de reconstruire l'usage d'un concept de ce genre s'est cependant révélée parfaitement insatisfaisante. On ne trouve dans aucune de ces théories une information utilisable pour savoir comment on pourrait établir de manière fiable l'affiliation d'objets donnés à la classe des œuvres d'art. On aurait pourtant été en droit d'attendre une telle information d'une théorie qui décrit l'emploi d'un concept classificatoire et affirme que c'est l'usage de ce concept qui nous permet de distinguer l'œuvre d'art des autres objets.

Un concept purement classificatoire ne doit naturellement rien exclure de prime abord de ce que pourrait être une œuvre d'art, aujourd'hui ou à l'avenir, sous peine de produire les mêmes restrictions injustifiées que les concepts normatifs de la théorie traditionnelle. C'est aujourd'hui un fait, depuis Duchamp, que tout objet quelconque peut devenir le cas échéant une œuvre d'art. C'est pourquoi le concept classificatoire d'art doit être décrit de telle sorte qu'il soit applicable en principe à n'importe quel objet. Toutes les conceptions que nous avons analysées aboutissent en effet à cela. Toutes décrivent le concept d'art d'une manière qui ne pose plus aucune sorte de limite pour son usage. Ces limites, qui dépendent de l'idée du concept classificatoire d'art, ne peuvent donc même pas correspondre au simple fait que tout objet quelconque peut être promu au statut d'œuvre d'art. Bien que le concept classificatoire d'art ait été conçu en vue d'expliquer comment s'effectue la classification effective des œuvres, il est incapable de le faire. Puisque la distinction de l'art et du non-art repose, dans chaque cas particulier, sur des décisions normatives, il est impossible de décrire l'usage du concept d'art d'une manière qui reste tout à fait neutre et qui puisse être néanmoins utilisée pour une classification effective des œuvres d'art. C'était pourtant le but de la philosophie analytique de l'art. Elle a cherché à résoudre un problème qui ne pouvait pas l'être.

66

Les réflexions des philosophes analytiques à propos de l'emploi du concept d'art ont ceci de commun qu'elles tendent toutes à détacher l'attribution de ce concept des critères nécessaires à cet effet. Pour certains, cela peut être un réflexe inconscient tenant au fait que ces critères ne sont pas seulement changeants historiquement mais aussi qu'ils diffèrent pour *des cas différents*. En général, on n'a pas pris ce fait en considération ou du moins au sérieux, parce qu'on cherchait toujours à déterminer les règles valides pour l'emploi du concept d'art. Il est tout aussi impossible de produire des énoncés généralisant sur tous les cas d'usage du concept d'art que sur toutes les œuvres d'art.

Il est important non seulement de montrer que l'on peut user du concept d'art pour différents genres ou pour des œuvres singulières selon plusieurs critères, mais aussi qu'il peut être employé par *différents locuteurs* avec différents critères, et pour désigner un différent nombre de choses. Le fait qu'il soit possible pour différents locuteurs d'employer un seul et même concept en vertu de critères différents et avec des extensions différentes, démontre en effet qu'il doit s'agir d'un concept de valeur. La philosophie analytique est restée fermée à cette idée parce qu'elle a toujours travaillé à partir du présupposé que le concept d'art devait être considéré comme un concept purement descriptif. Mais si le concept d'art est un concept de valeur, il est alors guère surprenant que divers locuteurs puissent employer l'expression « œuvre d'art » en vertu de différents critères et en se référant à diverses classes d'objets. Cela correspond exactement à l'usage des concepts de valeur.

En dépit de son usage en fonction de critères différents et pour des classes différentes d'objets, le concept d'art doit cependant avoir pour tous les locuteurs la même signification, car il serait sinon impossible de l'employer. Les disputes autour de la question de savoir quels objets sont subsumés sous le concept d'art et quels critères sont déterminants, ont été nombreuses; mais un tel débat serait impossible si les protagonistes ne s'accordaient pas au moins sur la signification du concept à propos duquel ils se querellent. Il n'y aurait aucun désaccord sur la chose sans un accord sur le mot. C'est pourquoi le terme « œuvre d'art » doit avoir une signification universelle généralement acceptée, indépendante des différents critères qui peuvent être exigés dans son usage par divers locuteurs.

Cette signification universelle, qui est incontestablement affirmée par tous, ne peut pas simplement consister dans une fonction d'éloge tout à fait dépourvue de spécificité, comme le supposait Dickie pour le concept évaluatif d'œuvre d'art. Bien que l'on emploie parfois ce concept comme un terme d'éloge, il se rapporte habituellement à cette classe bien connue d'objets que l'on trouve dans un musée et autres lieux semblables. Dans sa signification fondamentale et généralement acceptée, le concept « d'œuvre d'art » possède manifestement une composante descriptive qui détermine son extension à la classe des choses qui est délimitée empiriquement à un moment défini (avec un degré acceptable d'indétermination et de vague). La référence du concept à cette classe ne peut être déterminée par aucune de ces qualités qui peuvent servir à justifier le fait que quelque chose est membre de cette classe. Nous avons vu que de telles qualités peuvent toujours être données comme des critères normatifs, et que ces critères peuvent diverger non seulement d'un cas à un autre, mais également selon les locuteurs eux-mêmes. Le noyau sémantique, généralement accepté, du concept d'art ne peut que se référer au rôle particulier que jouent les œuvres d'art dans nos « formes de vie ». En vertu de ce rôle, elles ont un statut empirique déterminé, et celui-ci repose seulement sur une évaluation positive des objets. Si l'on décerne le titre d'œuvre d'art à un objet, il acquiert publiquement considération et respect. Il est présenté comme un objet qui joue un rôle dans notre culture, et pour jouer un rôle de ce genre, il doit montrer certaines qualités qui sont évaluées positivement. Le concept « d'œuvre d'art » désigne donc un statut *honorifique*. Une traduction de ce concept dans une autre langue n'est acceptable que si ces composantes évaluatives sont conservées. Notre ami martien ne comprendrait donc pas le sens que nous donnons à ce concept s'il devait classer exactement comme nous le faisons ces objets comme des œuvres d'art; mais il les traiterait autrement (exactement comme nous traitons des résidus encombrants).

67

Si le fait d'être une œuvre d'art consiste à occuper une certaine position honorifique, les caractéristiques permettant de justifier qu'un objet déterminé occupe cette position, peuvent ne pas être les caractéristiques qui sont constitutives de cette position. Aucune de ces caractéristiques ne peut expliquer « ce que signifie être une œuvre d'art », s'il est permis d'emprunter le mode d'expression d'Osborne. On n'expliquera pas ce qu'est un professeur en énumérant les mérites des personnes qui occupent habituellement cette position. Les qualités en vertu desquelles on peut justifier qu'un objet déterminé occupe la position d'œuvre d'art, sont évidemment d'une extrême diversité; quelquefois, comme dans le cas de *Fountain*, elles prennent plus d'importance dans l'objet en question seulement *parce qu'il* a cette position. Si l'on demande quelles sont ces qualités, il est clair que ce ne sont pas celles qui constituent la *signification* de l'objet, et il est également évident que ce n'est pas en recourant à cette signification qu'elles pourraient être déterminées. Ce ne sont pas les règles du langage qui décident si un objet peut appartenir ou non au cercle des œuvres d'art. Cela ne peut être décidé qu'en se référant à des considérations sur la valeur artistique des objets eux-mêmes. C'est parce que le contenu du concept d'art est sémantiquement indéterminé qu'il peut accueillir tous les critères possibles concernant la qualité artistique. C'est aussi pour cela que quelqu'un qui sait ce que signifie l'expression « œuvre d'art » ne sait pas nécessairement tout ce qu'il faut savoir pour décider si quelque chose est ou non une œuvre d'art. Il est possible de savoir *comment* on emploie correctement le concept d'« œuvre d'art » sans savoir avec certitude *où* l'employer correctement. Ces assoiffés qui maltraitèrent, dans une galerie d'art de l'Allemagne de l'ouest, une œuvre de Joseph Beuys consistant en une baignoire pour enfant, en y plongeant leurs bouteilles de bière pour les rafraîchir, et déclarèrent ensuite qu'ils n'avaient pas remarqué qu'il s'agissait d'une œuvre d'art, peuvent difficilement être accusés d'incompétence linguistique; ils comprenaient très bien ce qu'on leur disait lorsqu'on leur expliquait leur erreur embarrassante. Pour se préserver à l'avenir d'erreurs de ce genre, ils n'ont nul besoin qu'on leur enseigne leur langue maternelle. Ils doivent plutôt être éclairés sur les principes normatifs qui ont rendu possible que cet objet apparemment dépourvu de toute prétention artistique soit admis dans les galeries sacrées de l'art. Le problème est de savoir s'ils accepteraient les explications justifiant que des objets qui leur apparaissent comme des résidus soient désignés comme une œuvre d'art et doivent donc être traités comme tels. Quelqu'un qui peut employer le concept d'art sans blesser les règles de la langue ne sait pas encore pour quels objets il faut employer le concept adéquatement, car cela ne peut pas être fixé par les règles du langage. Le concept d'art manifeste par là un profond vide sémantique. Mais c'est en même temps ce qui fait sa supériorité : il nous laisse la liberté de le remplir avec des conceptions de l'art qui nous paraissent ingénieuses. C'est la raison pour laquelle les théories traditionnelles, qui ont tenté de définir les critères permettant de savoir, à propos d'un objet quelconque, s'il s'agit ou non d'une œuvre d'art, n'ont jamais prétendu définir la signification (linguistique) du concept d'art, nécessairement revendiquée par celui qui l'emploie. Et c'est également ce qui explique que les philosophes qui se sont efforcés d'apporter des éclaircissements sur la signification (linguistique) de ce concept, n'ont jamais pu trouver les règles suivant lesquelles le concept s'applique réellement à des objets déterminés.

On ne comprend que trop facilement pourquoi l'idée qu'il devrait exister un concept descriptif de l'art a pu exercer une telle fascination. Elle contenait la promesse d'une philosophie de l'art dont l'essor ne serait plus entravé par d'innombrables querelles et des discours normatifs litigieux. Elle semblait pouvoir apporter une solution aux problèmes de l'esthétique, en s'appuyant à nouveau sur l'observation neutre des faits de langage. Une théorie qui déclare que nous sommes tous en mesure d'employer l'expression d'« œuvre d'art », et que c'est à nous de nous débrouiller pour savoir comment on peut l'employer pour classer les œuvres d'art, est en effet pleine de promesses. Il est étonnant que cette recherche n'ait débouché pour ainsi dire sur à peu près rien. On est en effet enclin à croire que la capacité à user d'un concept déterminé consiste justement à connaître ses cas d'application. Il apparaît malheureusement que les règles du langage ne suffisent pas pour distinguer l'art et le non-art. C'est pourquoi, comme le fait remarquer Kennick, il n'est pas nécessaire de consulter les dictionnaires et les lexiques pour découvrir ce qu'est l'art. Il ne s'agit ni d'une question sémantique ni d'une question empirique : c'est une question de décision sur les valeurs dont personne ne peut nous décharger. Les critères en vertu desquels on emploie le concept d'art étant des critères axiologiques, aucun ne peut prétendre à une nécessité universelle ou revendiquer un assentiment général. La signification générale du concept d'art qui surplombe tous ces critères, est si vide qu'elle ne permet pas de connaître les œuvres d'art en tant que telles, pas plus que la connaissance du mot « bon » n'aide à connaître quels sont les hommes bons ou les bons restaurants.

68

Il semble résulter de toutes ces réflexions qu'il n'existe d'une façon générale aucun concept d'art classificatoire. Un telle conclusion est difficilement conciliable à première vue avec le fait qu'une classe définie d'objets qui sont traités comme des œuvres d'art, existe indépendamment de ce que les individus particuliers pensent de ces objets ou de la manière dont ils les évaluent. L'existence d'une telle classe d'objets dont le statut artistique constitue un simple fait empirique, est d'une grande importance, parce que son existence n'est pas seulement le fondement, jusqu'à présent mal compris, de tous les essais pour trouver les propriétés communes des membres de cette classe, mais aussi la base de toutes les conceptions alternatives analytiques qui, nous l'avons vu, n'aboutissent qu'à différentes variantes d'un concept d'art purement classificatoire.
On peut douter que la classe délimitable empiriquement des œuvres d'art puisse être considérée comme l'extension d'un concept classificatoire, car l'appartenance à cette classe repose seulement sur des décisions touchant la

valeur artistique des objets en question. C'est ce qu'il est impossible de prévoir avec les « nouveaux cas » problématiques qui n'ont pas encore obtenu le statut d'œuvres d'art incontestées. Cela vaut également pour les œuvres établies : l'accès au royaume de l'art ne leur fut octroyé que parce que les décisions concernant leur valeur artistique étaient positives. Au cours du temps, leur qualité de membre a été confirmée comme un fait indiscutable. Qu'elles aient pu obtenir autrefois une participation au monde de l'art en vertu de décisions normatives n'apparaît plus dans la factualité innocente de leur appartenance effective. Le fait qu'elles occupent une place dans le monde de l'art est devenu un simple fait empirique.

Les œuvres d'art doivent leur existence au lien qui existe entre le fait d'être des objets d'évaluation et celui de détenir une position empirique particulière. Elles occupent un statut réel défini, mais celui-ci ne peut être acquis (et maintenu) que s'il repose sur une évaluation positive. Toute querelle sur la question de savoir si un objet est ou non une œuvre d'art est une querelle concernant la *valeur* de cet objet, car sa position effective en dépend. Lorsqu'un excentrique comme Tolstoï met en question la classification habituelle des œuvres d'art, c'est parce qu'il met en doute la légitimité de leur statut réel. Aussi longtemps que cette légitimité demeure incontestée, le fait empirique – neutre – que l'objet concerné occupe ce statut, demeure lui aussi incontesté.

Il existe donc manifestement une relation entre la classification et l'évaluation des œuvres d'art. Cela signifie-t-il que nous serions à nouveau condamnés à ce mélange funeste de critères classificatoires et évaluatifs dont nous avons constaté les conséquences fâcheuses avec l'exemple de Osborne ? Heureusement, ce n'est pas le cas. C'est seulement pour chaque cas singulier et pour chaque locuteur que la classification des œuvres d'art repose sur des critères évaluatifs, et un tel contexte ne peut être généralisé ni à tous les cas ni à tous les locuteurs. C'est la volonté de généraliser à tous les cas et à tous les locuteurs qui fut l'unique raison de l'échec de la théorie d'Osborne.

Bien que cette classification des œuvres d'art s'appuie, dans chaque cas singulier, sur des critères normatifs, il est malgré tout possible d'employer le concept d'art pour déterminer le fait qu'un objet occupe la position d'œuvre d'art sans qu'il soit nécessaire d'affirmer une norme axiologique particulière. Comme on l'a montré avec l'exemple de Dickie, la distinction entre art et non-art ne peut pas se comprendre comme un acte résultant d'un usage purement classificatoire du concept. Cet emploi du concept présuppose qu'une telle distinction (s'appuyant sur des critères évaluatifs) a déjà été trouvée. Dickie ne pouvait élaborer sa définition du concept d'art classificatoire que sur la base des précédentes évaluations effectuées par d'autres que lui.

Il est clair par conséquent que l'appartenance à la classe des œuvres d'art n'est pas exclusivement le fait d'une simple classification empirique. On doit comprendre la classe des œuvres d'art comme le résultat non-intentionnel et imprévisible de tous les divers emplois concurrents et évaluatifs du concept d'art par d'innombrables locuteurs qui utilisent ce concept selon des critères évaluatifs les plus différents. La composition de la classe des œuvres d'art se présente comme un résultat incontrôlé, qui se fait en quelque sorte « dans le dos » des locuteurs particuliers qui usent du concept selon leurs critères favoris et décident des limites appropriées. Bien que la classe des objets qui possèdent, à un certain moment, une valeur artistique se donne finalement comme un fait ayant une validité intersubjective, cette classe n'est que le résultat d'innombrables usages non-coordonnés du concept d'art par d'innombrables locuteurs. C'est précisément pourquoi la classe des œuvres d'art est constamment soumise à des fluctuations imprévisibles qui vouent à l'échec tout essai pour formuler des propositions généralisantes sur ses membres. Si la classe des œuvres d'art ne peut se concevoir comme l'extension d'un concept descriptif isolé, il n'est pas étonnant que la recherche de critères pour l'emploi d'un tel concept (fictif) ne puissent obtenir aucun succès. Toutes les tentatives des philosophes analytiques pour donner une description de ce concept classificatoire avaient typiquement tendance à dissoudre l'intension de ce concept. L'intension, déjà très largement délayée par Weitz et Ziff, fut complètement éliminée par Kennick et Carney; quant à Dickie, il l'a simplement ignorée. Que toutes ces théories laissent parfaitement indéterminés les critères pour l'emploi du concept d'art n'est sans doute qu'un reflet inconscient du fait qu'il n'existe en réalité aucune règle sémantique qui permette de déterminer l'usage du concept d'art appliqué à des cas concrets. C'est pourquoi une investigation sur la signification (linguistique) du concept d'art aboutit également à des résultats décevants. Les recherches analytique du langage sont incapables, comme les esthéticiens traditionnels l'avaient toujours soupçonné, d'apporter une grande aide à la philosophie de l'art, parce que le concept d'art est vide du point de vue sémantique.

69

On pourrait dire avec Wittgenstein que la question « qu'est-ce l'art? » cause des crampes intellectuelles et qu'elle est l'expression d'un malaise intellectuel qui naîtrait de contradictions existant apparemment dans la grammaire[1]. Il existe tellement de modes d'emploi du concept qui se contredisent que l'on en a l'esprit parfaitement embrouillé, et une telle confusion, dit-il, naît surtout lorsque « nous sommes tentés d'employer un mot de plusieurs manières différentes »[2]. De toute évidence, c'est exactement le cas avec le concept d'art : d'une part, il est utilisé de manière évaluative; d'autre part, il peut également être employé pour désigner une classe empirique plus ou moins clairement délimitée d'objets. S'il est utilisé pour désigner cette classe empirique d'objets, il reste obscur quand il s'agit de savoir comment il peut s'appliquer à ces objets. De même, si le concept est fréquemment utilisé dans des propositions qui décrivent des états de choses empiriques, il est aussi utilisé pour effectuer des manœuvres « grammaticales ». Et puisqu'on ne sait pas le plus souvent si l'on doit l'employer ou non, tout se passe comme si on ne savait pas ce qu'il signifie. Et, ce qui est plus fâcheux encore, aucune définition du concept ne peut nous délivrer de l'embarras, car en essayant de donner une telle définition on mêle forcément des déterminations relatives à son usage réel à des recommandations visant un autre emploi[3].

Sur le concept d'art, se sont « accumulées plus de relations qu'il n'est possible d'en supporter », pour reprendre ce que dit Heinrich Hertz dans un passage que Wittgenstein voulait prendre à l'origine comme devise pour ses *Recherches philosophiques*. Il s'agit dans ce passage de la question de l'« essence » de phénomènes déterminés. Une telle question, dit Hertz, est trompeuse parce qu'elle anticipe la réponse. On ne peut pas éliminer l'inflation sémantique d'un concept par des développements conceptuels ajoutés, mais seulement par la dissolution des contradictions (apparentes) dans la grammaire de l'objet en question. « Si les contradictions douloureuses sont éliminées, on n'a certes pas répondu à la question de l'essence, mais l'esprit n'est plus tourmenté et cesse de se poser la question qui est

1. *Cf.* L. Wittgenstein, *Le cahier bleu et le cahier brun*, Paris, Tel-Gallimard, 2004.
2. Cf. *Ibid*.
3. Cf. *Ibid*.

injustifiée »[1]. Pour Wittgenstein, les théories traditionnelles posent la question « métaphysique » de l'essence de l'art comme s'il s'agissait d'une question scientifique portant sur les propriétés essentielles des œuvres d'art, et la manière dont cette question est posée implique une réelle absence de clarté touchant la grammaire de ce concept. Tous les efforts des philosophes analytiques pour rendre plus claire la grammaire de ce concept se sont finalement révélés insuffisants. Ils ont échoué parce qu'ils reculaient devant le fait que les seuls critères qui peuvent guider l'application du concept d'art à des cas concrets sont des critères évaluatifs sur lesquels on ne peut rien établir dans une théorie générale. La conception alternative d'un concept d'art classificatoire ne peut pas expliquer comment la classification des œuvres d'art fonctionne réellement : elle ne satisfait même pas ses propres exigences. Elle propose en fait beaucoup moins que les théories traditionnelles. Elle ne peut ni résoudre le vieux problème de savoir comment on connaît une œuvre d'art ni le faire disparaître, mais seulement le refouler. Puisque l'idée d'un concept d'art classificatoire est au fond tout ce que la philosophie analytique de l'art peut nous offrir, il n'est pas surprenant qu'on en tire la conséquence déprimante qu'une réhabilitation de la théorie traditionnelle paraisse inévitable. La philosophie analytique de l'art nous ramène donc aux vieux problèmes que les théories traditionnelles ne pouvaient déjà pas résoudre. De ce point de vue, les réflexions ingénieuses d'Arthur C. Danto dans son livre *La transfiguration du banal* ne proposent aucune issue. Le mérite de Danto ne consiste assurément pas à avoir découvert un critère incontestable pour distinguer art et non-art, et l'établissement d'un tel critère ne me semble pas avoir été son intention principale ; s'il s'était senti concerné par ce problème, sa théorie l'aurait conduit, lui aussi, dans l'une des trois impasses de la pensée essentialiste que nous avons décrites.

On ne peut donc connaître adéquatement la « grammaire » du concept d'art ni du point de vue des théoriciens traditionnels ni dans la perspective de ces critiques analytiques. Cela tient au fait que l'usage du concept d'art montre une confusion analogue à celle que l'on ressent à la vue d'un essaim de guêpes. Elle est le résultat d'une multiplicité confuse de mouvements d'un nombre énorme d'acteurs isolés qui peuvent suivre très exactement des

1. H. Hertz, *Die Prinzipien der Mechanik*, Leipzig, 1894, p. 9.

chorégraphies impossibles à transcrire. L'emploi du terme « œuvre d'art » peut être réglé plus ou moins rigoureusement pour chaque locuteur, mais de la rencontre de ces multiples usages particuliers résulte un enchevêtrement impénétrable. Il n'est pas possible de donner de cet enchevêtrement une « présentation synoptique » si on l'observe à partir de l'un des deux angles de vue limités que nous avons analysés. Les théories traditionnelles se contentent d'établir les conditions qui permettent à un locuteur isolé d'employer le concept d'art; mais ces conditions ne sont pas obligatoirement établies pour tous les locuteurs (et pas pour tous les cas). De leur côté, les théories analytiques décrivent l'effet global de nombreux usages particuliers divergents, pour ainsi dire « de loin ». Mais, par-là même, elles ne sauraient rien dire sur les critères qui déterminent l'usage du concept dans des cas concrets.

Ces deux formes de théories de l'art sont donc incapables d'expliquer les rôles que joue le concept d'art et d'éclairer les critères de son emploi dans le langage réel. Comme Wittgenstein l'a toujours souligné, ce sont pourtant ces rôles qu'il nous faut comprendre afin de pouvoir résoudre les paradoxes philosophiques. Et pour cela, il ne suffit pas d'une définition, et certainement pas de constater que le mot serait « indéfinissable »[1].

1. *Cf.* L. Wittgenstein, *rRecherches philosophiques*, *op. cit.*, p. 182.

épilogue
le rideau est baissé et toutes les questions demeurent ouvertes

Lorsque ce livre fut publié en 1988 pour la première fois, il y eut, même parmi ceux qui l'avaient lu avec intérêt et bienveillance, des lecteurs qui se plaignirent du fait qu'on se retrouvait à la fin en quelque sorte les mains vides.

Celui qui avait espéré que les représentants d'un courant esthétique peu connu dans ce pays lui offriraient de nouveaux éclaircissements sur l'art devait reconnaître avec regret qu'aucune de leurs théories n'était particulièrement éclairantes. C'est ainsi qu'un critique a déclaré à ses lecteurs que le résultat de mes investigations était « déprimant », puisqu'il apparaissait avec évidence que la philosophie analytique de l'art avait aussi peu contribué à clarifier les possibilités de distinction entre l'art et le non-art que sa rivale. Devant un tel résumé, on peut en effet se demander : à quoi bon s'absorber dans des recherches aussi infructueuses ?

Certes, il est parfois possible d'apprendre quelque chose de l'échec d'une théorie, mais, même de ce point de vue, cette réflexion n'offre qu'un médiocre soutien parce qu'elle n'indique pas explicitement quelles conséquences on peut tirer des théories qui ont échoué. Un autre critique diagnostiquait une « réserve » difficilement compréhensible et « un désintérêt frappant à l'égard des possibilités permanentes d'une philosophie de l'art ». Un troisième remarquait qu'après un parcours harassant à travers un labyrinthe de raisonnements embrouillés, il fallait se contenter d'entendre « un silence assourdissant du bruit des relations ».

Ces commentaires confirment ce que j'avais déjà supposé dans la préface de la première édition, à savoir que le livre produirait sur certains lecteurs un effet déconcertant dans la mesure où, « après la destruction de certaines théories, aucune nouvelle doctrine n'était proposée ». J'exprimais encore à l'époque l'espoir de pouvoir montrer dans le développement de mon exposé que « ce manque apparent peut être en réalité un profit ». Je n'y suis manifestement pas parvenu. C'est pourquoi j'essaie ici encore une fois.

Pour éclairer ce qui pourrait être la cause de ce sentiment de malaise, je voudrais d'abord citer le célèbre poème de Berthold Brecht qui se trouve au dernier acte de la *Bonne âme de Se-tchouan*. Il commence ainsi :

> — Allons, mon cher public, ne sois pas trop fâché !
> — Mais oui, on le sait bien, ce n'est pas la bonne fin.
> — C'était, dans notre esprit, la légende dorée.
> — Elle est devenue amère, par un détour secret.
> — Nous-mêmes, tout dépités, nous voyons – quelle misère !
> — Le rideau refermé et les questions ouvertes.

Les choses se passent ici autrement que dans un roman d'amour, par exemple, où manque le dernier chapitre qui devait nous révéler que le couple se retrouvait enfin, après bien des malentendus et des soupçons injustifiés. Toutes les questions demeurent à la fin de la pièce de Brecht, non parce qu'on aimerait savoir ce que deviennent les personnages de la pièce, mais parce que toutes les informations supplémentaires que l'on pourrait nous donner ne contribueront jamais à résoudre le problème principiel (moral et politique) qui fut exemplifié par leurs activités. Demeure la même incertitude qui était déjà formulée au début de la pièce : peut-on savoir s'il est possible de faire du bien aux autres sans en être pour ses frais. Parce qu'il n'existe aucune solution à ce problème, la figure principale est obligée de jouer un double rôle contradictoire : si elle aide les autres, elle se porte préjudice à elle-même; si elle cherche son propre avantage, elle porte préjudice aux autres. Que Brecht n'indique aucune issue à ce dilemme ne vient certes pas de ce qu'il n'en voit aucune. Il croit que le dilemme se produit seulement en fonction de relations sociales existantes, et c'est pourquoi il voudrait engager le public, une fois que celui-ci a quitté le théâtre et qu'il est retourné à la vie réelle, à se persuader, par ses propres réflexions, de la nécessité de changer l'ordre social. C'est ce que disent les deux dernières lignes de son poème :

> — Cherche donc, cher public, la fin qui fait défaut
> — Car il faut qu'elle existe ! il le faut ! il le faut !

La fin ouverte de la pièce à paraboles de Brecht n'a donc pas une fonction dramaturgique, mais avant tout pédagogique.

Ne pourrait-on dire la même chose, en guise de justification, de l'issue de ce présent traité, déjà singulier pour beaucoup ? On doit du moins reconnaître qu'il existe au premier abord quelques parallèles. Le malaise vient de ce que mon traité ne comporte « aucune bonne conclusion », et certainement du sentiment que l'histoire n'a pas été racontée jusqu'à la fin.

Personne ne pourra me soupçonner d'avoir passé sous silence l'ultime percée argumentative et triomphale qui aurait permis de conduire le drame de la philosophie analytique jusqu'à un *happy end*, et de le transfigurer en une légende dorée. Il est impossible de ne pas remarquer que ma présentation des problèmes est concentrique et close sur elle-même, qu'elle n'a pas la linéarité d'un récit menant à une fin, et qu'elle n'est pas une chronique que chacun peut continuer.

Pour cette raison, il aurait été tout à fait déplacé de ma part d'ajouter un supplément au texte pour la nouvelle édition où l'on aurait informé le lecteur de la suite du débat. Il y eut certes divers essais pour moderniser les arguments par un nouveau vocabulaire, pour les modifier ou les lier d'une nouvelle manière, mais présenter fidèlement toutes les pièces du dossier aurait été préjudiciable à l'exposition du problème dont il est question.

Exactement comme dans la pièce de Brecht, il ne s'agit pas ici de figures réelles ni d'histoires, mais d'un problème. Ce problème consiste à savoir comment l'on peut distinguer de manière fiable les œuvres d'art des autres objets ; et l'on remarque, non sans étonnement, qu'il existe dans les diverses tentatives pour le résoudre une propension semblable à celle de la figure principale de Brecht, à se mouvoir entre deux stratégies inconciliables et restreintes.

Si l'on formule, comme le font les théoriciens traditionnels de l'art, un critère propre pour la distinction de l'art et le non-art, on ne peut pas être certain que cette distinction soit effectuée de la même manière par les autres. En revanche, si l'on s'en tient strictement, comme les analytiques, à la classification généralement usitée des œuvres d'art et que l'on demande comment elle se réalise, on ne trouve aucun critère avec lequel on pourrait distinguer, même dans un cas donné, l'art et le non-art. On ne peut indiquer aucune issue à ce dilemme, mais cela ne tient pas seulement, comme chez Brecht, à des considérations dramaturgiques ou didactiques. La fin ouverte n'a pas été mise en scène pour que les lecteurs, abandonnés et embarrassés, se voient dans l'obligation de chercher la solution à un problème qui aurait été sournoisement caché par l'auteur à seule fin que ceux qui croient finalement l'avoir trouvée par eux-mêmes, s'y attachent avec d'autant plus d'obstination. Ce n'est absolument pas le cas. S'il n'y a à la fin de mon traité aucune issue au dilemme tel qu'il est formulé, c'est tout simplement parce qu'il n'en existe aucune.

Mais contrairement au problème qui préoccupait tant Brecht, ce n'est pas très grave. S'il est nécessaire de trouver une solution de manière urgente lorsque des intérêts privés ne sont pas conciliables avec le bien commun, il n'y a aucune raison de se faire du souci lorsque les jugements individuels sur les œuvres d'art se trouvent en contradiction avec la classification généralement en usage. Ce serait plutôt inquiétant si l'on était toujours d'accord sur ce que l'art est et pourquoi c'est de l'art. Puisque tel n'est heureusement pas le cas, la frontière entre l'art et le non-art ne peut être que le résultat toujours provisoire et constamment révisé d'un processus social complexe dans lequel d'innombrables agents interviennent avec des convictions opposées.

Contrairement au ciel, il n'y a pas qu'une seule porte pour accéder au royaume de l'art. L'entrée de ce royaume n'est pas gardée par un Saint Pierre imprévisible qui déciderait qui peut être admis ou non selon des lois connues et consignées par écrit. Il y a beaucoup d'entrées et d'innombrables gardiens qui autorisent l'entrée selon des appréciations variables et malheureusement aussi des humeurs changeantes. Être une œuvre d'art ne veut rien dire d'autre qu'avoir trouvé un accueil dans cet Olympe des objets, comme le fait d'être un parlementaire, par exemple, signifie seulement qu'on a été élu, mais ne dit rien des qualités (réelles ou seulement apparentes) et des mérites qui ont pu guider ce parcours. Cela n'aurait donc aucun sens de vouloir, par l'étude minutieuse des objets qui sont rassemblés à un certain moment dans les espaces sacrés de l'art, déterminer les exigences qu'un objet doit satisfaire pour y être admis. Et cela n'aurait pas plus de sens d'écouter ce que disent les gardiens en exercice du royaume de l'art pour trouver quel pourrait être le dénominateur commun à leurs décisions concernant qui a le droit ou non d'entrer dans ce royaume. De tels efforts, même s'ils pouvaient aboutir à des connaissances, arriveraient toujours trop tard. On ne pénètre pas de cette manière les procédés en vertu desquels un objet est promu au rang d'œuvre d'art; on peut, dans le meilleur des cas, reconnaître les caractéristiques des choses auxquelles cet honneur fut accordé dans le passé.

On ne peut s'étonner que les philosophes qui veulent découvrir comment se fait la distinction de l'art et du non-art, aient finalement peu de choses à dire. Les critères qu'ils indiquent pour cette distinction, soit obligent à une sélection extrêmement spécialisée, soit ne permettent aucune délimitation claire. Mais on ne peut guère attendre d'autres informations d'une théorie philosophique de l'art. La présente introduction à l'esthétique analytique ne pouvait pas être un *sightseeing tour* édifiant à travers toutes sortes de palais d'idées magnifiques et d'édifices de pensées construits dans le territoire de la philosophie de l'art. Ce qu'elle propose à la place aux lecteurs, c'est un réaménagement complet et sans compromis au terme duquel il ne reste plus aucun argument.

C'est probablement la raison de la déception et du mécontentement de ceux qui déplorent que mes recherches aient une fin si amère. Elles ne disent pas à quoi l'on peut s'en tenir et on se retrouve à la fin sans l'aide de personne. Cela peut faire peur. Ceux qui ne sont pas très familiers avec le monde déroutant de l'art sont naturellement les plus anxieux, et ce sont eux qui espéraient sans doute le plus que la philosophie, dont ils ont une opinion erronée, les aide à s'y retrouver. On est ici guéri de cette illusion. On voit que même les efforts les plus persévérants et les plus sérieux de la philosophie n'ont pas permis de découvrir comment parvenir à un jugement certain sur l'art.

Cette pensée n'est nullement aussi déprimante qu'elle peut sembler à première vue. Qu'il soit impossible de trouver une justification à toute épreuve pour les jugements sur l'art ne signifie pas qu'il faille s'abstenir de tels jugement ou que l'on soit condamnés à s'exprimer sans raisons solides. Cela signifie simplement que l'assentiment des autres n'est pas garanti a priori. On pourra être contredit et l'on en tirera peut-être un enseignement. Il n'y a pourtant aucune raison contraignante d'adopter le jugement des autres. L'absence de certitude prouve qu'on est libre de se former son propre jugement à propos des questions artistiques. « Aie le courage de te servir de ton propre jugement! » pourrait être la devise de ce traité qui veut ainsi introduire à un nouvel ethos du jugement.

L'aporie à laquelle on est conduit à la fin de ma recherche peut certainement susciter chez le lecteur un sentiment d'oppression et de gêne, s'il croit à tort qu'elle nuit au prestige de la philosophie, et montre que celle-ci est d'un piètre secours pour distinguer l'art du non-art. Mais tous ceux dont le cœur bat pour l'art plutôt que pour la philosophie, devraient y voir un encouragement à développer sa propre capacité de jugement critique. Pour parler métaphoriquement, on doit apprendre à voir les choses comme les gardiens du royaume de l'art. On ne peut naturellement voir leurs qualités que si l'on a l'œuvre en question devant les yeux. C'est pourquoi, après la lecture de ces investigations, les questions demeurent ouvertes : les réponses ne se trouvent qu'en présence des œuvres.

On devra toujours s'interroger à nouveau pour savoir si le système de formes qu'est l'œuvre d'art que l'on a sous les yeux présente réellement des qualités suffisantes pour qu'on lui décerne le titre honorifique d'œuvre d'art. Qu'on me permette ici une parenthèse : ce ne sont pas seulement les amateurs d'art qui doivent s'interroger mais aussi les artistes qui jugent de manière critique le développement de leurs propres travaux, et même les historiens d'art qui ne peuvent résister à l'accumulation de faits; chacun doit dire ce qui est visiblement remarquable dans les œuvres. L'invitation pressante faite à chacun, si pesante soit-elle parfois, d'exprimer des jugements sur la valeur des œuvres singulières et de les justifier, peut être vécue à la longue comme une exigence excessive. Un tel effort est à coup sûr récompensé car le regard se porte alors sur toutes ces petites singularités, parfois troublantes, qui font que nous aimons tellement l'art.

bibliographie

ALDRICH Virgil C., « Pictorial Meaning, Picture-Thinking and Wittgenstein's theory of Aspects », *Mind* 67 (1958), p. 70-79.

– « Picture space », *The philosophical review* 67 (1958), p. 342-352.

– *Philosophy of Art*, Englewood Cliffs, 1963.

– « Back to Aesthetic experience », *The Journal of Aesthetics and Art Criticism* 24 (1965-1966), p. 365-371.

– « Aesthetic perception and Objectivity », *The British Journal of Aesthetics* 18 (1978), p. 209-216.

ASCHENBRENNER Karl, *The concepts of Criticism*, Dordrecht, 1974.

AUSTIN John L. « A plea for excuses », *Proceedings of the Aristotelian Society* 57 (1956-57), p. 1-30 ; trad. fr. « Plaidoyer pour les excuses », *Écrits philosophiques*, Paris, Le Seuil, 1994, p. 136-169.

AYER Alfted J. *Language, Truth and Logic*, Londres, 1936, trad. fr. *Langage, Vérité, Logique*, Paris, Flammarion, 1956.

BAMBROUGH Renford, « Universals and Family Ressemblances », *Proceedings of the Aristotelian Society* 61 (1960-61), p. 207-222.

BARETT Cyril, « Are Bad Works of Art, Works of Art? », *Philosophy and the Arts*, G. Vesey (ed.), Londres, 1973, p. 182-193.

BEARDSLEY Monroe C., *Aesthetics, Problems in the Philosophy of Criticism*, New York, 1958.

– « The definition of the Arts », *The Journal of Aesthetics and Art Criticism* 20 (1961-1962), p. 175-187.

– « Aesthetic Experience Regained », *The Journal of Aesthetics and Art Criticism* 28 (1969-70) p. 3-11 ; trad. fr. « L'expérience esthétique reconquise » dans *Philosophie analytique et esthétique*, D. Lories (éd.), Paris, Klincksieck, 1988, p. 142-157.

– « What is an Aesthetic Quality », *Theoria* 39 (1973), p. 50-70.

– « The descriptivist Account of Aesthetic Attributions », *Revue internationale de philosophie* 28 (1974), p. 194-209.

– « Is Art Essentially Institutional? », *Culture and Art*, L. Aagaard-Morgensen (ed.), Atlantic Highlands, 1976, p. 194-209.

– « In Defense of Aesthetic Value », *Proceedings and Addresses of the Amercian Philosophical Association* 52 (1978-1979), p. 723-749.

– « The Aesthetic Point of View », *Selected Essays*, Ithaca, 1982; trad. fr. « le point de vue esthétique » dans *Philosophie analytique et esthétique*, D. Lories (éd.), Paris, Klincksieck, 1988, p. 160-177.

– « An Aesthetic definition of Art », *What is Art?* H. Curtler (ed.), New York, 1983, p. 15-29.

BELL Clive, *Art*, Londres, 1914.

BITTNER Rüdiger, « Ein Abschnitt sprachanalytischer Äesthetik », *Das ästhetische Urteil*, hrsg. Vn R. Bittner-P. Pfaff, Köln, 1977, p. 251-279.

BLIZEK William L. « An Institutional Theory of Art », *The British Journal of Aesthetics* 14 (1974), p. 142-150.

BROILES R. David, « Frank Sibley's Aesthetic Concepts », *The Journal of Aesthetics and Art Criticism* 23, (1964-65) p. 219-225.

BROWN Lee B., « Definitions and Art Theory », *The Journal of Aesthetics and Art Criticism* 27, (1968-1969), p. 409-415.

– « Traditonal Aesthetics Revisited », *The Journal of Aesthetics and Art Criticism* 29 (1970-1971), p. 343-351.

BULLOUGH Edward, « "Psychical Distance" as a Factor in Art and an Aesthetic Principle », *The British Journal of Psychologie* 5 (1912), p. 87-118.

BYWATER William G., « Who's in the Warehouse now? », *The Journal of Aesthetics and Art Criticism* 30 (1971-1972), p. 519-527.

CARNEY James D. « A Kripkean Approach to Aesthetic Terms », *The British Journal of Aesthetics* 22 (1982), p. 150-157.

COHEN Ted., « « Aesthetics/Non aesthetic and the Concept of Taste : a critique of Sibley's Position », *Theoria* 39 (1973), p. 113-152.

– « The Possibility of Art : Remarks on a proposal bby Dickie », *The Philosophical Review* 82 (1973), p. 69-82.

COLLINGWOOD Robin G. *The Principles of Art*, Oxford, 1938.

DANTO Arthur C., « The Artworld », *The Journal of Philosophy* 61 (1964), p. 571-584; trad. fr. dans D. Lories (éd.), *Philosophie analytique et esthétique*, Paris, Klincksieck, 1988, p. 184-198.

– *The Transfiguration of the CommonPlace*, Cambridge, 1981; trad. fr. *La transfiguration du banal*, Paris, Le Seuil, 1989.

DICKIE George, « Is Psychology Relevant to Aesthetics? », *The Philosophical Review* 71 (1962), p. 285-302.

« Beardsley's Phartom Aesthetic Experience », *The Journal of Philosophy* 62 (1965), trad. fr. « Beardsley et le fantôme de l'expérience », dans *Philosophie analytique et esthétique*, D. Lories (éd.), Paris, Klincksieck, 1988, p. 135-142.

« Defining Art », *American Philosophical Quaterly* 6 (1969) p. 253-256.

– *Aesthetics. An Introduction*, Indianapolis, 1971.

– « The Institutional Conception of Art », in *Language and Aesthetics*, B. Tilgham (ed.), Lawrence, 1973, p. 21-30.
– « Defining Art II », in *Contemporary Aesthetics*, M. Lipman (ed.), Boston, 1973, p. 118-131.
– *Art and the Aesthetic : An Institutional Analysis*, Ithaca, 1974.
– « What is Anti-Art? », *The Journal of Aesthetics and Art Criticism* 33 (1974-1975), p. 419-421.
– « The Actuality of Art : Remarks on Criticism by Cohen », *Personalist* 58 (1977), p. 169-172.
– *The Art Circle*, New York, 1984.
DIFFEY Terence J. « Essentialism and the Definition of Art », *The British Journal of Aesthetics* 13 (1973), p. 103-120.
DUNCAN Elmer H. « The Ideal Aesthetic Observer : A second Look », *The Journal of Aesthetics and Art Criticism* 29 (1970-1971), p. 47-52.
ELTON William K., *Aesthetics and Language*, W. Elton (ed.), Oxford, 1954.
FRANKENA William K, « The naturalistic Fallacy », *Mind* 48 (1939), p. 464-477
FREGE Gotlob, *Logik* (1897), in *Nachgelassene Schriften*, hrsg. Vin H. Hermes, F. Kambartel, F. Kaulbach, Hambourg, 1969, p. 137-163; trad. fr. *Écrits posthumes*, Nimes, J. Chambon, 1999.
GOMBRICH Ernst, *Art and Illusion*, New York, 1960 ; trad. fr. *L'Art et l'Illusion*, Paris, Gallimard, 1971.
GOODMAN Nelson, *Languages of Art*, Indianapolis, 1968; trad. fr. *Les langages de l'art*, 2e éd., Nimes, J. Chambon, 1990.
– « When is Art? » in *The Arts and Cognition*, D. Perkins, B. Leondar (eds.), Baltimore, 1977, p. 11-19; trad. fr. « *Quand y a-t-il art?* » dans *Philosophie analytique et esthétique*, D. Lories (éd.), Paris, Klincksieck, 1988, p. 199-210.
GUYER Paul. *Kant and the Claims of Taste*, Cambridge, 1979.
HAMPSHIRE Stuart, « Logic and Appreciation », *The World Review* (1952), p. 36-40.
HARE Richard M. *The Language of Morals*, Oxford, 1952.
HERTZ Heinrich, *Die Prinzipien der Mechanik*, Leipzig, 1894.
HOSPERS John, « The Ideal Aesthetic Observer », *The Bristish Journal of Aesthetics* 2 (1962), p. 99-111.
HUME David, « »Of the Standard of Taste » in *Four Dissertations*, Londres, 1757; trad. fr. M. Malherbe, « De la règle du goût », dans *Essais sur l'art*, Paris, Vrin, 2010.
HUNGERLAND Isabel C., « The Logic of Aesthetics Concepts », *Proceedings and Adesses of the American Philosophical Association* 36 (1962-63), p. 43-66.
– « Once again, Aesthetic and Non-Aesthetic », *The Journal of Aesthetic and Art Criticism* 26 (1967-68), p. 285-295.
ISENBERG Arnold, « Critical Communication », *The Philosophical Review* 58 (1949), p. 330-344.
JESSUP Bertram. « Analytical Philosophy and Aesthetics », *The British Journal of Aesthetics* 3 (1963), p. 223-233.
KENNICK William E., « Does traditional Aesthetics Rest on a Mistake? », *Mind* 67 (1958), p. 317-334.
– « Definition and Theory in Aesthetics » in *Art and the Philosophy*, W. Kennick(ed.), New York, 1964, p. 86-92.
KIVY Peter, *Speaking of Art*, Den Haag, 1973.

– « Aesthetics and Rationality », *The Journal of Aesthetics and Art Criticism* 34 (1975-1976), p. 51-57.

– « Aesthtetic Concepts : Some Fresh Considerations », *The Journal of Aesthetics and Art Criticism* 37 (1978-79), p. 423-432.

KUPPERMAN Joel J. « Art and Aesthetic Experience », *The British Journal of Aesthetics* 15 (1975), p. 29-39.

LEVINSON Jerold. « Defining Art Historically », *The British Journal of Aesthetics and Art criticism* 19 (1979) p. 232-250 ; trad. fr. « Pour une définition historique de l'art » dans *L'art, la musique et l'histoire*, Paris, L'éclat, 1998

MAC DONALD Margaret, What are the Distinctive Features of Arguments used in Criticism of the Arts ? » in *Proceedings of the Aristotelian Society*, supplementary vol. 23 (1949), p. 183-194.

– « Review : Weitz, M. Philosophy of the Arts », *Mind* 60 (1951) p. 561-564.

– « Review : Osborne, H. Aesthetics and Criticism », *The Journal of Aesthetics and Art Criticism* 14 (1955-56), p. 391-393.

MANDELBAUM Maurice. « Family ressemblances and Généralization Concerning the Arts », *American Philosophical Quaterly* 2 (1965), p. 219-228.

MARGOLIS Joseph, *The Language of Art and Art Criticism*, Detroit, 1965.

MATTHEWS Robert J. « Traditional Aesthetics Defended », *The Journal of Aesthetics and Art Criticism* 38 (1979-1980), p. 39-50.

MOORE Georges Edward, « Wittgensten's Lectures in 1930-33 (Part III) », *Mind* 64 (1955), p. 1-27.

MORREAL John S. « Aldrich and Aesthetic Perception », *The British Journal of Aesthetics and Art Criticism* 17 (1977), p. 275-280.

OSBORNE Harold, *The Theory of Beauty*, Londres, 1952.

– *Aesthetics and Criticism*, London, Routledge, 1955.

– « Definition and Evaluation in Aesthetics », *The Philosophical Quaterly* 23 (1973), p. 15-27.

– « The New Sensibility of the 1960's », *The British Journal of Aesthetics and Art Criticism* 16 (1976) p. 99-107.

– « Organic Unity Again », *The British Journal of Aesthetics and Art Criticism* 16 (1976) p. 210-217.

– « Non Iconic Abstraction », *The British Journal of Aesthetics and Art Criticism* 16 (1976) p. 291-304.

– « Some Theories of Aesthetic Judgment », *The British Journal of Aesthetics and Art Criticism* 38 (1979-80), p. 135-144 ;

– « What is a Work of Art ? », *The British Journal of Aesthetics and Art Criticism* 21 (1981), p. 3-11.

PASSMORE J. A. « The Dreariness of Aesthetics », *Mind* 60 (1951) p. 318-335.

PETTIT Philipp, « The Possibility of Aesthetic Realism » in *Pleasure, Preference and Value*, E. Schaper (ed.), Cambridge, 1983, p. 17-38.

PRITCHARD H.A. « Does Moral Philosophy Rest on a Mistake ? », *Mind* 21 (1912), p. 21-37.

QUINE W. V. *The Roots of reference*, La Salle, 1973.

RICHMAN Robert J. « Something Common », *The Journal of Philosophy* 59 (1962), p. 821-830.

RUDINOW Joel, « Colours, Cognitivity and Aesthetics », *The British Journal of Aesthetics and Art Criticism* 17 (1977), p. 320-334.

SCHWIZER H.R.G. « Sibley's Aesthetic concepts », *The Philosophical Review* 72 (1963), p. 72-78.

SIBLEY Frank, « Aesthetic Concepts », in *Philosophy Looks at the Arts*, éd. Marolis, New York, 1962; trad. fr. « Les concepts esthétiques » dans *Philosophie analytique et esthétique*, D. Lories (éd.), Paris, Klincksieck, 1988, p. 41-69.

– « Aesthetic Concepts : A rejoinder », *The Philosophical Review* 72 (1963), p. 79-83.

– « Aesthetic and Non aesthetic », *The Philosophical Review* 74 (1965), p. 135-159.

– « About taste », *The British Journal of Aesthetics* 6 (1966), p. 68-69.

– « Objectivity and Aesthetics » in *Proceedings of the Aristotelian Society*, Supplementary volume 48 (1974), p. 1-21.

– « General Criteria and Reasons in Aesthetics » in *Essays on Aesthetics*, J. Fischer (ed.), Philadelphia, 1983, p. 3-20.

SIRCELLO Guy, « Arguing about Art » in *Language and Aesthetics*, B. Tilghman (ed.), Lawrence, 1973, p. 65-86.

SNOEYENBOS Milton H, « Vagueness and Art », *The British Journal of Aesthetics* 18, 1978, p. 12-18.

STAHL Gary, « Sibley's Aesthetic Concepts : an ontological Mistake » *The Journal of Aesthetics and Art Criticism* 29 (1970-71), p. 385-389.

STEVENSON Charles L., « Persuasive Definitions », *Mind* 74 (1938), p. 331-350.

– « Interpretations and Evaluations in Aesthetics » in *Philosophical Analysis*, M. Black (ed.), Ithaca, 1950, p. 341-383.

STOLNITZ Jérome, « Review : Weitz M. *The opening Mind* », *The Journal of Aesthetics and Art Criticism* 37 (1978-1979), p. 219-221.

STRAWSON Peter F., « Review : Osborne H. *Theory of Beauty* », *Mind* 63 (1954), p. 413-416.

– « Aesthetic Appraisal and Works of Art », *The Oxford Review* 1 (1966), n° 3, p. 5-13.

TATARKIEWICZ Wladyslaw, « What is Art? The problem of Definition Today », *The British Journal of Aesthetics* 11 (1971), p. 134-153.

TOLSTOÏ Léon, *Qu'est-ce que l'art* (1898) ; trad. fr. Paris, P.U.F., 2006.

TORMEY Alan, « Critical Judgments », *Theoria* 39 (1973), p. 35-49

TUGENDHADT Ernst, *Selbstbewustsein un Selbstbestimmung*, Frankfurt/m, 1979; trad. fr. *Conscience de soi et auto-détermination*, Paris, A. Colin, 1987.

WAISMANN Friedrich, « Verifiability », *Proceedings of the Aristotelian Society*, supplementary volume 19 (1945), p. 119-150.

– « Analytic-Synthetic II », *Analysis* 11 (1950), p. 25-38.

WALTON Kendall, « Review : Dickie, G, *Art and the Aesthetic* », *The Philosophical Review* 86 (1977), p. 97-101.

WEITZ Morris, « The role of Theory in Aesthetics », *The Journal of Asthetics and Art Criticim* 15 (1956-57), p. 27-35; trad. fr. dans *Philosophie analytique et esthétique*, D. Lories (éd.), Paris, Klincksieck, 1988, p. 27-40.

– « Open Concepts », *Revue Internationale de philosophie* 26 (1972), p. 86-110.

– *The opening Mind. A philosophical Study of Humanistic Concepts*, Chicago, 1977.

WITTGENSTEIN Ludwig, *Philosophische Untersuchungen*, ed. Anscombe, Rhees, Oxford, 1953; trad. fr. *Recherches Philosophiques*, Paris, Gallimard, 2004.
– *The Blue and Brown books*, ed. Rhees, Oxford, 1958; trad. fr. *Le cahier bleu et le cahier brun*, Paris, Tel-Gallimard, 2004.
– *Lectures and Conversations on Aesthetics, Psychology and Religious Belief*, Oxford, 1966; trad. fr. *Leçons et conversations*, Paris, Gallimard, 1992.
– *Zettel*, Ed. Anscombe, von Wright, Oxford, 1967; trad. fr. *Fiches*, Paris, Gallimard, 1967.
– *Notes for Lectures on Private experience and Sense Data*, ed. Rhees, *The Philosophical Review* 77 (1968), p. 271-320); trad. fr. *Notes sur l'expérience privée et les sense data*, Mauvezin, TER, 1989.
– « Philosophy » in *Wittgenstein's Lectures*, Cambridge, 1932-1935, ed. Ambrose, Oxford, 1979, p. 3-40; trad. fr. *Les Cours de Cambridge*, Mauvezin, TER, 1998.
– *Bemerkungen über die Philosophie der Psychologie*, Oxford, 1980; trad. fr. *L'intérieur et l'extérieur, derniers écris sur la philosophie de la psychologie II*, Mauvezin, TER, 2010.
WOLHEIM Richard. *Art and its objects*, Cambridge, 1980; trad. fr. *L'art et ses objets*, Paris, Aubier, 1980.
ZIFF Paul, « Art and the Object of Art », *Mind* 60 (1951), p. 66-480.
– « The task of Defining a Work of Art », *The Philosophical Review* 62 (1953), p. 58-78.

table des matières

Imprimé sur les presses de Jouve - Mayenne
2128902J - dépôt légal : octobre 2013 - date d'impression : octobre 2013